ediciones**carena**

Primera edición: julio 2011

© Francisco Morales Lomas
© Ediciones Carena

c/Alpens, 8
08014 Barcelona
Tel. 93 431 02 83
www.edicionescarena.org
carena@edicionescarena.org

Diseño cubierta: Mireia Rojas
Ilustración portada: Marc Vicens
Maquetación: José Membrive
Depósito legal: SE-5548-2011
ISBN: 978-84-15324-05-8

JORGE LUIS BORGES, LA INFAMIA COMO SINFONÍA ESTÉTICA

FRANCISCO MORALES LOMAS

A Antonio García Velasco
y a Antonio Garrido Moraga

Dios totalmente se hizo hombre pero hombre hasta la infamia, hombre hasta la reprobación y el abismo.
Jorge Luis Borges

Yo no pregunto de qué raza es un hombre, basta que sea un ser humano: nadie puede ser nada peor.
Mark Twain

La literatura no es otra cosa que un sueño dirigido.
Jorge Luis Borges

Oh destino el de Borges,
haber navegado por los diversos mares del mundo
o por el único y solitario mar de nombres diversos,
haber sido una parte de Edinburgo, de Zürich,
/ de las dos Córdobas,
de Colombia y de Texas,
haber regresado, al cabo de cambiantes generaciones,
a las antiguas tierras de su estirpe,
a Andalucía, a Portugal y a aquellos condados
donde el sajón guerreó con el danés y mezclaron
/ sus sangres,
haber errado por el rojo y tranquilo laberinto de Londres,
haber envejecido en tantos espejos,
haber buscado en vano la mirada de mármol
/ de las estatuas,

haber examinado litografías, enciclopedias, atlas,
haber visto las cosas que ven los hombres,
la muerte, el torpe amanecer, la llanura
y las delicadas estrellas,
y no haber visto nada o casi nada
sino el rostro de una muchacha de Buenos Aires,
un rostro que no quiere que lo recuerde.
Oh destino de Borges,
tal vez no más extraño que el tuyo.
Jorge Luis Borges

Yo en cambio leí acerca de la vida de personas famosas y luego delibera-
damente las modifiqué o distorsioné de acuerdo a mi propia fantasía. Por
ejemplo, tras leer Las pandillas de Nueva York, de Henry Ashbury, ela-
boré mi propia versión de Monk Eastman, el pistolero judío, en flagrante
contradicción con mi autoridad elegida. Lo mismo hice con Billy The Kidd,
John Murel (a quien rebauticé Lazarus Morell), el Profeta Velado de
Khorassan, el Demandante de Tlchbome y muchos más...
Jorge Luis Borges

ÍNDICE

PARTE III: A modo de conclusión:

PRÓLOGO

Dios te libre, lector, de prólogos largos.
Francisco de Quevedo

El principio que sostiene la literatura borgeana es que «la literatura no es otra cosa que un sueño dirigido». La ficción estética y sus galanes procesos nacen y crecen en los sueños, como la existencia de los seres humanos en la imaginación de Dios y de Lucifer. Así lo declara en el Prólogo de El informe Brodie (1970), donde realiza un análisis epilogal y expresivo de su estética literaria y, entre otras cosas, observa que con sus cuentos no pretendió sino distraer y conmover. Creo que estos dos principios, que suscriben muchos escritores entre los que me encuentro, son inherentes al hecho literario, lejos de esa dimensión estética y ética que igualmente posee, al menos para el que esto subscribe. También nos afirma Borges que pocos han sido los argumentos que le han hostigado a lo largo del tiempo y, en consecuencia, se autodefine como un escritor monótono temáticamente. Y siempre ha preferido en su obra «la preparación de una expectativa o la de un asombro» y no las sorpresas del estilo barroco o las que deparan un final imprevisto. Se define lingüísticamente en la indefinición porque nunca ha pretendido concentrar su obra en lo que dicen los diccionarios a los que considera reductores de la realidad. Pero, sobre todo, se ha dejado llevar en la construcción por el principio absoluto de la libertad, de ahí el situar sus obras en lugares lejanos al momento en que escribe que impidan los límites espaciales tanto como la relación sentimental con la causa-efecto.

En consecuencia, sus principios rectores son:

El escritor debe elaborar su obra en plena libertad creativa.

La literatura debe distraer, entretener o divertir al lector.

La literatura debe conmover, emocionar, impresionar al lector.

La literatura debe crear expectativas y asombro en el lector.

La literatura debe abarcar la lengua en su más elevada dimensión.

Estos son los principios rectores de su obra que podríamos aplicarlos propiamente al caso que nos ocupa, la primera obra narrativa de Borges, Historia universal de la infamia, sobre la que procuramos un acercamiento estético, literario, ético y filosófico. Pero también en esta primera obra narrativa advertimos que están las claves de todas sus obras posteriores como bien ha visto la crítica:

> Borges establece aquí el patrón para un tipo de narrador que él va a crear en muchos de sus cuentos futuros. Sin embargo, aún los mejores críticos han visto en este trabajo inicial como una excepción a su prosa mejor conocida, sin darse cuenta para la importancia del establecimiento de temas y técnicas narrativas. Aunque las dieciséis "historias" no tienen un mismo modo narrativo, en casi todas ellas predomina un tipo de narrador intruso, no dramático, frecuentemente distante, y sin embargo suficiente (sic) familiar para narrar en primera persona. Este tipo de narrador que Borges estableció en sus primeras creaciones, persiste a través de toda su prosa de ficción[1].

La conformación del escritor Borges no tendría, sin embargo, mucho sentido sin una serie de principios teóricos sobre los que ampara su quehacer, delimitan su versatilidad y ofrecen la explicación de uno de los escritores mundiales más geniales de la pasada centuria, sólo comparable a Cervantes, Quevedo o Lope de Vega como autores clásicos y, clásico[2], lo es ya.

¿Cuáles son esas señales o principios que delimitan su territorio particular?

Creo que la dependencia de Cervantes es fundamental en el terreno estrictamente estructural pero también en la dimensión del hecho creador, en sus juegos literarios, en sus ocultaciones, en sus despechos y alianzas entre lo ensayístico y literario... Este valor del juego literario está totalmente presente en la creación de Borges. En múltiples obras lo declara directa o indirectamente. Por ejemplo, en "Pierre Menard, autor de El Quijote"[3] dice el narrador del cuento:

> Yo he contraído el misterioso deber de reconstruir literalmente su obra espontánea. Mi solitario juego está gobernado por dos leyes polares. La primera me permite ensayar variantes de tipo formal o psicológico; la segunda me obliga a sacrificarlas al texto "original" y a razonar de un modo irrefutable esa aniquilación.

Borges no existiría sin Cervantes en cuanto concepto teórico y libresco. A pesar de ser crítico con él cuando así lo considera oportuno:

---

1 T. E. Lyon, "Borges y el narrador (casi) personal y (casi) omnisciente", Revista chilena de literatura, núms. 5-6, 1972, pp. 60-61.

2 J. L. Borges, "Sobre los clásicos", Otras inquisiciones, Prosa completa, Bruguera, Barcelona, Vol. 1, 1980, p. 304. Afirma Borges que "clásico no es un libro (lo repito) que necesariamente posee tales o cuales méritos; es un libro que las generaciones de los hombres, urgidas por diversas razones, leen con previo fervor y con una misteriosa lealtad".

3 J. L. Borges, "Pierre Menard, autor de El Quijote", Ficciones, Prosa completa, Bruguera, Barcelona, Vol. 2, 1980, p. 336.

En verdad, basta revisar unos párrafos del Quijote para sentir que Cervantes no era estilista (a lo menos en la presente acepción acústico-decorativa de la palabra) y que le interesaban demasiado los destinos de Quijote y de Sancho para dejarse distraer por su propia voz.[4]

Pero tampoco podría discutirse la aportación lingüística de Quevedo[5] al que consideraba en su libro Otras inquisiciones (1952) como el «primer artífice de las letras hispánicas»[6]. Para a continuación cifrar en la palabra su enorme valor de escritor y considerarlo el:

Literato de los literatos. Para gustar de Quevedo hay que ser (en acto o en potencia) un hombre de letras; inversamente, nadie que tenga vocación literaria puede no gustar de Quevedo.

4 J. L. Borges, "La supersticiosa ética del lector", Prosa completa, Bruguera, Barcelona, Vol. 1, 1980, p. 42. Añade también algunas opiniones poco encomiables para el genial escritor, obra de Leopoldo Lugones, que dice: "El estilo es la debilidad de Cervantes, y los estragos causados por su influencia han sido graves. Pobreza de color, inseguridad de estructura, párrafos jadeantes que nunca aciertan con el final, desenvolviéndose en convólvulos interminables; repeticiones, falta de proporción, ése fue el legado de los que no viendo sino en la forma la suprema realización de la obra inmortal, se quedaron royendo la cáscara cuyas rugosidades escondían la fortaleza y el sabor (El imperio jesuítico, p. 59)".

5 J. L. Borges, "Quevedo", Prosa completa, Barcelona, Vol. 2, 1980, p. 164. En las siguientes palabras trata de explicar las razones por las que Quevedo no ha traspasado las fronteras españolas para convertirse en un escritor universal e intemporal: "Virtualmente, Quevedo no es inferior a nadie, pero no ha dado con un símbolo que se apodere de la imaginación de la gente: Homero tiene a Príamo, que besa las homicidas manos de Aquiles; Sófocles tiene un rey que descifra enigmas y a quien los hados le harán descifrar el horror de su propio destino..."

6 Ibidem, p. 171.

La grandeza de Quevedo es verbal[7].

De este modo, sólo así podemos colegir que Borges se hace Quevedo en Historia universal de la infamia (1935). Su lenguaje despierta un inusitado interés literario porque procede directamente del conceptismo en su aplicación y desmenuza el lenguaje para obtener de él toda la resistencia verbal al tiempo y al clasicismo estético. Quevedo está presente en estas historias, en la formación lingüística que las soporta y en la voluntad de estilo, lo único que sostiene al final a un escritor, como ya dejó dicho Valle-Inclán[8].

Pero es obvio que Borges no es sólo Quevedo y Cervantes, también es Stevenson[9] del que admiraba su prosa; y, por supuesto, su acercamiento a la literatura de aventuras inglesa de los siglos XVIII y XIX no tendría ningún sentido desdeñarla porque, de hecho, sostiene el esquema general de estas historias de malvados que comentamos.

7 Ibidem, p. 165.

8 Ibidem, pp. 43-44: "La página de perfección, la página de la que ninguna palabra puede ser alterada sin daño, es la más precaria de todas. Los cambios del lenguaje borran los sentidos laterales y los matices; la página 'perfecta' es la que consta de esos delicados valores y la que con facilidad mayor se desgasta. Inversamente, la página que tiene vocación de inmortalidad puede atravesar el fuego de las erratas, de las versiones aproximativas, de las distraídas lecturas, de las incomprensiones, sin dejar el alma en la prueba (...) La referida equivocación de la literatura de hoy es el énfasis. Palabras definitivas, palabras que postulan sabidurías adivinas o angélicas o resoluciones de una más que humana firmeza –único, nunca, siempre, todo, perfección, acabado- son del comercio habitual de todo escritor".

9 J. L. Borges, "Borges y yo", Prosa completa, Bruguera, Barcelona, Vol. 2, 1980, pp. 349-350 [349]: "Me gustan los relojes de arena, los mapas, la tipografía del siglo XVIII, las etimologías, el sabor del café y la prosa de Stevenson".

Si todos estos precedentes son irrefutables, no es menos trascendente el valor de la lectura como elemento que configura
también el proceso creador del escritor. Con Borges la recepción alcanza la fundamentación del texto literario. Borges se
consideraba, fundamentalmene, un lector. Y su inquietud por
los valores de la recepción se evidencia desde el origen. Ya en
su temprana obra Discusión (1932)[10], aborda en "La superstición ética del lector"[11], los fundamentos sobre los que debería
sostenerse la recepción. Al que dedicaremos su importancia en
el apartado final, al que remitimos. Bástenos ahora afirmarlo
porque forma parte de la esencia del escritor Borges y de su
capacidad como creador.

Pero, ¿por qué Borges se centra en estos textos infames que
analizaremos? ¿Qué lo lleva en una primera obra propiamente
de creación a la recreación libresca? Para Avalle-Arce la respuesta es evidente:

> Lo que el narrador pretende con su infidencia inicial, que
> forma parte del título, es despertar lo que la cultura ha acumu-
> lado por siglos en el subconsciente del hombre occidental.
> Desde este punto de vista, la labor de Borges en esta ocasión
> es una extensión, una ampliación de la historia, biografía,
> hagiografía, es una verdadera superfetación de la historia y
> ciencias afines. Ha actuado como un cazurro Salustio porteño

---

10 Es la primera obra con la que inaugura la Prosa completa, Bruguera,
Barcelona, 1980, edición que seguimos desde el principio.

11 J. L. Borges, "La supersticiosa ética del lector", Discusión. Prosa completa, Bruguera, Barcelona, Vol. 1, 1980, pp. 41-44.

que en vez de doce Césares ha escogido siete infames para consagrar en los anales de la Fama[12].

Hubo en su espíritu de hombre pasivo y de salón, de espadachín de cera de cuarto de estar y de pirata de tierra adentro mucho de aventurero en ciernes que no siendo capaz de llevar a cabo sus aventuras en la realidad las llevó a cabo con sus palabras construyendo libros. Esta dimensión de aventura de la palabra de Borges (como un modo de contribución a la aventura personal), que está perfectamente señalada en su obra en general, no se debe obviar en Historia universal de la infamia, todo un canto a la acción y a la sed de aventura.

Pero hay más, Borges conoció en Europa la sed de vanguardias, él mismo fue un vanguardista y un acérrimo seguidor del ultraísmo, un profundo conocedor del modernismo y sus técnicas... Todo ello aporta a su literatura la trascendencia de la dimensión lingüística y su capacidad para explorar los límites de la palabra de la que es un maestro consumado aun en su aparente concisión o incluso teniendo a ella como guía suprema. Y, por último, no podemos olvidar los débitos de Borges a las grandes literaturas orientales que llegan desde China, Japón, India u Oriente Próximo, a la literatura inglesa y a la literatura griega y romana, fundamentalmente de Homero, al que considera uno de sus inmediatos referentes (incluso hasta en la ceguera).

En estas claves consideramos que tiene cabida la literatura profunda, aventurera, creadora y transformadora de la realidad

---

12 J. B. Avalle-Arce, Las novelas y sus narradores, Ediciones del Centro de Estudios Cervantinos, Madrid, 2006, pp. 369-370.

que nos presenta Borges con Historia universal de la infamia, que lejos de ser un libro de juventud, lleno de apariencias y juegos (como han querido ver algunos), es una gran obra madura de un hombre que ya es un clásico de la literatura española.

Valgan estos versos publicados por Borges en 1981 para dar fin a este prólogo:

> *La lenta mano de Virgilio acaricia*
> *La seda que trajeron*
> *Del reino del Emperador Amarillo*
> *Las caravanas y las naves.*

Con motivo de su fallecimiento con estas palabras resumía Edward A. Garganen, en el *New York Times,* su obra:

> *His writings explored the crannies of the human psyche, the fantastic within the apparently mundane, imaginary bestiaries and fables of obscure libraries and arcane scholarship».* Del que ya Updike había dicho lo siguiente en 1975: «*His fables are griten from a height of intelligence less rare in philosophy and physics than in fiction (...) Furthermore, he is, at least for anyone whose taste runs to puzzles or pure speculation, delightfully entertaining*[13].

En cualquier caso, lo que nos demuestra *Historia universal de la infamia* es el amor que Borges sintió siempre por el libro, por la lectura. Él se consideraba antes buen lector que escritor, y este amor por el libro, la base de todas las historias que se cuentan aquí nace de esa profunda pasión y de aquel principio que puso de moda Mallarmé cuando decía que El mundo existe para llegar a un libro. Esta pasión corre pareja al término infamia, hasta

---

13 E. A. Gargan, "Jorge Luis Borges, a master of fantasy and fable, is dead", New York Times, June 15, 1986.

el punto de que ambos (extrañamente) son emparejados en boca de César, cuando llegó a afirmar que el libro era una memoria de infamias:

> Un libro, cualquier libro, es para nosotros un objeto sagrado: ya Cervantes, que tal vez no escuchaba todo lo que decía la gente, leía hasta "los papeles de las calles". El fuego, en una de las comedias de Bernard Shaw, amenaza la biblioteca de Alejandría; alguien exclama que arederá la memoria de la humanidad, y César le dice: Déjala arder. Es una memoria de infamias. El César histórico, en mi opinión, aprobaría o condenaría el dictamen que el autor le atribuye, pero no lo juzgaría, como nosotros, una broma sacrílega. La razón es clara: para los antiguos la palabra escrita no era otra cosa que un sucedáneo de la palabra oral[14].

14 J. L. Borges, "Del culto de los libros" en Otras inquisiciones, Prosa Completa, Bruguera, Barcelona, Vol. 2, 1980, p. 229.

PRIMERA PARTE

LA INFAMIA
Y LOS EJERCICIOS LITERARIOS

I

APROXIMACIÓN A LA INFAMIA Y SU ORIGEN
LA FUNCIÓN DEL ESCRITOR

Los escritores están condenados a vivir la vida de otros. Transformar la pasividad de escritorio en procesos, acciones y sensaciones que cautiven al lector, pero que, antes, los cautiven a ellos. Un escritor es un asesino si crea la historia de un asesino, y es un anacoreta si cree en él mismo como múltiple y eremita. Pero la historia de la literatura está organizada y cautivada por los perdedores, perdularios, fracasados, calaveras e infames. Y para ellos la ofensa, la ignominia, la degradación y la abyección son un arte. Habría que consentir en que el escritor, como malversador de los fondos imaginarios, está más cerca de Lucifer que de Dios —aunque lo fuere al crear- y que, a la hora de inventar historias, la imperfección, la caída, el yerro o el pecado es mejor ocasión que la virtud, la probidad o la dignidad. Los extremos de la existencia han sucumbido al encanto de los lectores; en menor medida los personajes anodinos, similares a nosotros mismos. El inicuo de la película no es sólo la otra cara de la moneda, sino el paradigma de la existencia del texto narrativo.

Sin embargo, aunque no consta necesidad de ello, porque Borges no está mediatizado ni limitado por circunstancias algunas, como no sea por su absoluta libertad de creación y su libérrima voluntad de ironía y sarcasmo creativo, divertimento existencial (que podríamos decir) en una línea cercana a Cervantes,

ha habido ensayistas que han querido ver en esta fogosidad de
lo infame un acercamiento a la realidad de su país, como nos
decía Guillermo Tedio[15]:

> Es interesante observar que Borges titule el libro en el que
> incluye HER, Historia universal de la infamia, volumen publi-
> cado, como ya anotamos, en 1935, uno de los años que confor-
> man en Argentina la llamada <Década infame> (avance del
> fascismo europeo, imposiciones comerciales desventajosas de
> Gran Bretaña a la economía gaucha, recesión, gobierno militar,
> fraudes electorales), lo que parece ser, a pesar del proverbial
> alejamiento de Borges de la temática política, un guiño tropo-
> lógico malicioso a la historia de su país.

Mucho de recreación y divertimento, no obstante, puede
encontrar el lector en ellos, como el propio Borges observó
desde la distancia de la tercera persona pero hablando de su
propia obra:

> Los doctores del Gran Vehículo enseñan que lo esencial del
> universo es la vacuidad. Tienen plena razón en lo referente a
> esa mínima parte del universo que este libro. Patíbulos y pira-
> tas lo pueblan y la palabra infamia aturde en el título, pero bajo
> los tumultos no hay nada. No es otra cosa que apariencia, que
> una superficie de imágenes, por eso mismo puede acaso agra-
> dar. El hombre que lo ejecutó era asaz desdichado, pero se
> entretuvo escribiéndolo; ojalá algún reflejo de aquel placer

---

15 G. Tedio, "El relativismo de las visiones en la narrativa de Jorge Luis
Borges" [en línea] Dirección URL:<http://www.ucm.es/info/especulo/nume-
ro20/relativi.html>. (Consultado el día 3 de noviembre de 2006).

16 J. L. Borges, "Prólogo a la edición de 1954", Prosa completa, Bruguera,
Barcelona, Vol. 1, 1980, p. 150.

alcance a los lectores[16].

Pero, en última instancia, estos escritos de Borges deben ser vistos como una síntesis entre los alimentos del gran lector que siempre fue, los rudimentos de la erudición, el proceso de simbiosis entre géneros (que algunos en el momento actual lo dan como una novedad, ¡qué ironía!) y la capacidad de seducción del lenguaje como hecho creador máximo: «La erudición alimenta una construcción que, aunque apoyada en datos fidedignos, los distorsiona y en los intersticios de la distorsión se fundamenta la invención»[17].

En cualquier caso, el concepto de infamia no debe ser apreciado, en absoluto, como una idea moral, como se ha dicho:

Historia universal de la infamia (1935)

contiene una atractiva galería de malhechores, pero Borges no considera básicamente a la infamia como un tema moral; sus cuentos no sugieren de ninguna manera un cuestionamiento de la sociedad, de la naturaleza humana o del destino. Tampoco sugieren el punto de vista despreocupado de Lafcadio, el héroe nietzscheano de Gide. Aquí, en cambio, la infamia funciona como un principio formal, estético. Las historias, literalmente, no tendrían forma si no fuera por la presencia, en su núcleo mismo, de la villanía. Los mundos que se invocan son muchos y diferentes: plantaciones de algodón cerca del Mississippi, mares australes infestados de piratas, el viejo oeste, los barrios bajos de Nueva York, cortes japonesas, desiertos árabes, etcétera. Todos estos mundos no tendrían forma sin la presencia

17 M. Glantz, "Borges: ficción e intertextualidad" [en línea] Dirección URL: <http://www.elortiba.org/borges.html#Hombre_de_la_esquina_rosada> (Consultado el día 16 de septiembre de 2006)

18 R. Quesada (Trad.), "Paul le Man. La lección del maestro", La Jornada Semanal de New York Review of Books, 22 de agosto de 1999.

ordenadora de un villano en su centro[18]

Pero también y quizá pudiera suceder que

El tema borgiano de la infamia podría ser simplemente otra forma del esteticismo del fin de siécle, un último estertor de la agonía romántica. O, tal vez peor, Borges podría estar escribiendo por desencanto moral como un escape a las trampas del estilo[19].

Borges en *Historia universal de la infamia* (1935) quiso atraernos hacia el envilecimiento y sus conquistas de la mano de personajes históricos o legendarios: Lazarus Morell, Tom Castro, la viuda Ching, Monk Eastman, Bill Harrigan, Kotsuke no Suke, Hákim de Merv, Francisco Real... Piratas, delincuentes, asesinos... son los personajes de la fábula, los histriones de este espectáculo literario que es la vida. Existe en todos ellos un elemento común que ha sido visto por E. Serra como un proceso de contrarios y contrariedades diversas:

Los siete relatos, distintos pero solidarios entre sí, se cohesionan en una unidad orgánica sintetizada en el título general otorgado al conjunto. Aunque, desde luego, pueden ser leídos en su sentido literal —entretenidas historias de impostores, bandoleros, asesinos y piratas- configuran en el macrocontexto siete variantes metafóricas de una invariante semántica: la infamia, categoría de no-valor encarnada en personajes y acciones. El papel del oxímoron es capital en el investimiento semántico de las historias narradas ya que expresa la unión de opuestos en

---

19 Ibidem. "Probablemente porque Borges es un escritor tan brillante, su mundo especular es también, aunque siempre de manera irónica, profundamente siniestro. Los matices del terror van desde el gusto criminal de la Historia universal de la infamia hasta el mundo más obscuro y desaliñado de Ficciones".

20 E. Serra, "La estrategia del lenguaje en Historia universal de la infamia", Revista Iberoamericana, julio-diciembre de 1977, núms. 100-101, p. 657.

una auto-contradicción, significante, tensa de significado[20].

Personajes que viven en el infierno. Infierno al que dedicó su escrito "La duración del infierno", perteneciente a su libro Discusión (1932)[21]. Tras advertirnos que su creación no es privativa de la iglesia católica y generar una serie de teorías históricas sobre el porqué de su esencia, afirma, como es el caso de estos asesinos que pueblan su infamia, que se trata de individuos que «sucumben a la fantasmidad de su ser, pero se renuevan entre la descendencia diabólica» y, tras advertir del poder y la suculencia de este infierno tanto en cuanto de sus protagonistas, concluye que

> En el impensable destino nuestro, en que rigen infamias como el dolor carnal, toda estrafalaria cosa es posible, hasta la perpetuidad de un Infierno, pero también que es una irreligiosidad creer en él.

En consecuencia, infierno como arte literaria y proceso creador, como veremos, son dos mecanismos esenciales que configuran el alma del texto, su razón de ser y su virtualidad como hecho escritural.

Según el DRAE, la infamia en una primera acepción es el descrédito, la deshonra, y, en una segunda acepción, maldad, vileza en cualquier línea. La infamia es una degradación del ser humano que se comporta siguiendo sus más bajos instintos y perfecciona lo que se ha dado en llamar el infierno, también el infierno de Borges.

---

21 J.L. Borges, "La duración del infierno", Prosa completa, Bruguera, Barcelona, Vol. 1, 1980, pp. 84-85.

Pero en esos componentes infames incluso hay que advertir la voluntad de estilo, el valor simbólico-alegórico de todo el proceso, la correspondencia entre el hecho literario, el hecho festivo y su mundo imaginario. Barros-Lémez[22] relataba de este modo las diversas infamias a las que asistimos:

En Morell tenemos la 'infamia' del Padre las Casas, la de los blancos esclavistas, la de los 'poor whites' y la de los mulatos. Por contraposición, la infamia redimible de los esclavos. En Castro, la 'infamia' es tanto la maquinación de Ebenezer Bogle como la de los parientes de Lady Tichborne (...) En la viuda Ching, las 'infamias' van desde los accionistas del negocio de la piratería, pasando por la relación entre el poder imperial y sus súbditos, hasta llegar a la recuperación de la zorra por el dragón. Para el relato de Eastman, las 'infamias' van desde la propia New York y sus códigos vitales -enfrentados a los de Buenos Aires- pasando por todo la saga de Eastman en esa ciudad y posteriormente en la infamia de la guerra europea, que amplía la del personaje. Para Bill Harrigan, la 'infamia' se centra en su desprecio por la vida ajena, la insensibilidad y la falta de sentido de su accionar, así como del medio en que se mueve, hasta su muerte que lo convierte en atracción pública 'infamante'. En la historia del incivil maestro de ceremonias, el enfrentamiento entre la 'infamia' real -la de Kotsuké no Suké- y la irreal -la del consejero Kuranosuké- da los parámetros para otros niveles de infamia, ligados a tradiciones absurdas e inhumanas o, en otro sentido, así vistas desde nuestra perspectiva

22 A. Barros-Lémez, "La infamia de Borges. Apuntes para otra historia posible", [en línea]. <http://letras-uruguay.espaciolatino.com/barros/las_infamias_de_borges.htm>. (Consultado el día 2 de septiembre de 2006).

actual. Finalmente, en Hákim de Merv, la 'infamia'central de su herejía está rodeada de las infamias de la persecución religiosa, las de enfermedades e ignorancias, las de transmutación de la realidad -la labor de tintorería, de cambio de colores- para finalizar en la de la traición recibida.

Pero existe otra percepción de la infamia que radica en la relación que existe entre el estilo y el concepto en sí. De modo que se pueden establecer puntos de contacto entre uno y otro habida cuenta de la permanente relación entre literatura y proceso creador, entre el texto y el intertexto y sus similitudes y diferencias en aras de dotar a este de una nueva visión. En este sentido decía Alfonso del Toro lo siguiente:

> Borges forma su literatura basándose en procedimientos desterritorializantes tales como 'falsear', 'tergiversar', 'intercalar' donde el contenido orillero ('patíbulos', 'piratas', 'infamia') no juega un papel principal, sino su transportación, transmutación llevándolo a un nivel puramente literario o autorreferencial ('pero bajo los tumultos no hay nada'), donde reina el placer estético ('irresponsable juego'/ 'el hombre que se entretuvo'). La 'infamia' es la osadía del plagio, pero de un plagio especial, que ostenta y escenifica el préstamo, es un plagio descentrante, desplazante, esto es, tergiversador, subvertidor, recodificador y transmutador de los textos leídos. La 'infamia' es la creación de textos originales a espaldas de otros originales formando así una cadena infinita de textos, una red dialogizante[23].

Y él actuó también como una especie de traductor, tergiversador, relector, escritor que dirime su creación desde lo ya creado

---

23 Toro, "Jorge", op. cit., p. 115.
24 A. Del Toro, "Cervantes, Borges y Foucault: la realidad como viaje a tra-

para volver a crear ahora algo diferente. Algo similar al proceso creado por Cervantes[24], al menos inicialmente en el punto de vista adoptado: Cervantes se vale de los personajes que pueblan los libros de caballerías para crear un modelo que ya es el de

vés de los signos", conferencia pronunciada el 8 de 1993 en Ibero-Amerikanischen Forschungsseminar de la Universidad de Hamburgo. Ha sido ya publicado en alemán y en una versión bastante más breve en Zeitschrift für Ästhetik und Allgemeine Kunstwissenschaft 2, 39 (1994), pp. 243-259: "Su trabajo describe cómo estos autores tratan de leer y de interpretar el mundo y los signos, y precisamente éste es el lugar de la similitud epistemológica o el eje sémico en común de Cervantes y Borges: ambos autores emprenden un viaje en busca de signos. Don Quijote/Cervantes busca los signos perdidos que lo llenan de nostalgia y de donde surgirán los signos de la Época Moderna; los personajes de Borges persiguen la perlaboración ('Verwindung') de antiguos y preñados signos y la recodificación de nuevos signos, donde la nostalgia de un refugio, de una revelación parecen determinar la escritura de Borges: mas de allí surgirán signos rizomáticos y con ello la postmodernidad. Ambos autores emprenden el camino, abandonan la patria conocida para arrojarse a lo nuevo, a lo incierto: Don Quijote emprende la tarea de restituir el mundo del mito, de los caballeros armados, de los escudos de armas, de los símbolos y de las unidades y analogías que contienen al mundo entero encauzando su trayectoria en un viaje de aventuras determinado por la mimesis. Ese viaje es el motivo del autor implícito para declarar como superado el antiguo mundo, la antigua organización de los signos, la transformación de las analogías en similitudes y diferencias. Borges no tiene como objetivo la restauración de un mundo y signos caducos, sino su perlaboración ('Verwindung'). Por esto su "viaje de aventuras" no es mimético, referencial con respecto al mundo, sino una búsqueda semiótica, los signos hablan constantemente de sí mismos y no se concretizan en significados, sino en significantes. Preguntémonos nuevamente: ¿por qué se ocupan Foucault y Borges de Cervantes? (...) Es evidente que a Borges, en su lectura de Cervantes, le interesa el problema de la mimesis y con ello la relación realidad/ficción, mas en primera línea vale su atención a la relación literatura/literatura. Expresado de otra forma: se trata de la relación entre la

Cervantes; Borges se basa en los modelos de malhechores para crear sus propios modelos que ya son definitivamente copyright de Borges. Actúa librescamente. Al comienzo más como lector[25] que como escritor aunque a resultas conforme su propio mundo:

> El universo de Borges se define como una literatura que tiene a la literatura como principal asunto, como su eje central. Como el mismo Borges declara, toda su experiencia es una experiencia leída, no vivida, extraída de las páginas de los libros. Su carácter de lector empedernido era el que le llevaba

escritura/lengua del yo y aquélla del mundo, de la forma en que el mundo se lee y de su interpretación literaria. En este punto se producen las diferencias entre los sistemas sígnicos: mientras Don Quijote se lanza al mundo exterior/real en busca de signos que le permitan confirmar sus lecturas y su mundo libresco, Borges se retrae del mundo exterior/real y se dirige al mundo del pensamiento puro y de los signos puros".

25 C. Cordua, "Borges y los servicios de la palabra" Borges Studies Online. On line. J. L. Borges Center for Studies & Documentation, [en línea] Dirección URL:<http://www.uiowa.edu/borges/bsol/cordua.shtml>. (Consultado el día 3 de octubre de 2006): "La vida de Jorge Luis Borges, se podría decir exagerando un poco, fue un constante ejercicio lingüístico. Una vida, principalmente, de lector, de escritor y de conversador. De sí mismo él afirma que ha hecho "una vida menos consagrada a vivir que a leer." Por eso, tanto la persona como su obra se caracterizan por haberle exigido al lenguaje una gran variedad de funciones: en efecto, Borges convierte al castellano en bueno para la poesía, la narración, el ensayo, la conferencia, la entrevista, la crítica y la teoría literaria, la especulación parafilosófica. Además, instaló en nuestra lengua obras de otros idiomas en versiones tan sueltas y legibles que casi pueden pasar por originales".

26 P. Ruiz Pérez, "Borges, hacedor de ficciones. Una guía del laberinto", Cuenta y Razón, núm. 25, diciembre 1986, pp. 113-130 [113].

a afirmar que se enorgullecía más de las páginas leídas que de las escritas[26].

Borges fue un gran imitador y, como Cervantes, creó arte desde la mimesis, recreó e inventó su obra, pero sobre todo siguió un principio y una técnica narrativa inventada por él, el llamado "anacronismo deliberado", técnica que fue la seguida por Pierre Menard para escribir El Quijote[27]:

> Menard (acaso sin quererlo) ha enriquecido mediante una técnica nueva el arte detenido y rudimentario de la lectura: la técnica del anacronismo deliberado y de las atribuciones erróneas.

Desde sus expectativas vanguardistas y su formación clásica, Borges prorrumpe con un modelo estético similar que será básico en la historia de la literatura desde el Barroco: la deformación, la caricatura, la apariencia creadora, la mimesis creativa:

> El diseño en Borges, al igual que el género, se apoya en un contrapunto de referencias y citas que estructuran el relato. Algunas de ellas de difícil o imposible comprobación; otras, decididamente apócrifas y dispersas casi siempre en páginas plagadas de precisiones verificables. La simple lectura nos plantea la dificultad de decidir dónde Borges se atiene a la verdad y dónde la falsea[28].

Solución similar a la percepción literaria de Cervantes. Esa voluntad libresca que había en el genial manchego, que le llevó

---

27 Borges, "Pierre", op. cit., p. 339.
28 E. Rey, "Polifonía y contrapunto en la narrativa de Jorge Luis Borges" [en línea] Dirección URL: <http://www.lehman.crit 04.htm> (Consultado el día 13 de diciembre de 2006)

a escribir sobre un antihéroe (no en este caso por su maldad, sino porque asumía el canon del héroe hasta entonces) pero a la inversa, dotándose de los mismos elementos para contravenirlos. Borges se centra en los héroes también, pero en los héroes «malvados», pero, al fin y al cabo "héroes", lo que rehúye su voluntad didáctica y moralista, como ya venimos afirmando reiteradamente, y en la que insiste Gil Guerrero:

> Del mismo modo HUI se aleja de cualquier intento didáctico. En el título mismo la palabra «infamia» ya participa de este propósito. Borges no se ha propuesto presentar una serie de infames a modo de antiejemplos para el lector sino todo lo contrario. Estos infames son presentados por los narradores respectivos como héroes, eso sí, como héroes de la infamia[29].

No había nada que más le repudiara a Borges que la moralización de la literatura. De hecho, uno de los hechos que más abominaba era la instrumentalización moralizadora en la que habían caído muchos al convertir cuantiosas historias en propias de la infancia y adolescencia, llevados acaso por esa aventura moral. Repudiaba, con convicción, ese proyecto moralizador para la literatura.

Esta visión literaria, que no se puede verificar porque existe una voluntad clara de expropiar los límites entre ambas realidades múltiples, instituye lo que la ensayista L. Annick[30] llama narrador-scriptor, la creación de nuevas situaciones y estipulaciones para la creación literaria, en las que el narrador bascula entre la ficción y el discurso anterior, probablemente histórico

---

29 H. Gil Guerrero, Poética narrativa de Jorge Luis Borges, Madrid, 2008, p. 98.
30 L. Annick, Jorge Luis Borges: œuvre et manœuvres, Paris, 1997.

o no, quizá legendario. Existiría en palabras suyas un transcriptor de una fuente histórica (pero es una fuente no aclarada, no
mostrada) lo que produce dudas en torno a su autenticidad,
convirtiéndose así el escritor en una especie de mediador.

Y, en consecuencia, la infamia no posee un valor moral sino
literario. El alimento que lo sustenta es la recreación novelesca.
No interesa tanto la historia en sí, que es conocida por muchos,
sino el proceso creativo de la misma, la transformación de la
anécdota en literatura, que es, sin duda, mucho más que la historia en sí; en definitiva, la literatura es eso, un proceso de transformación en palabras de la anécdota libresca con sus componentes estéticos y sus procesos formales. Obviamente existen
los dos grandes principios sobre los que se sustenta su literatura, el entretenimiento y la conmoción diversa ante el hecho literario; pero, sobre todo, y fundamentalmente, el hecho en sí de
la creación literaria con todos los sumarios estéticos que esta
conlleva.

Y observamos que Borges es organizado, contenido, remiso a
la expansión literaria y sumiso al original, ofreciendo pocas
novedades y sí bastante fidelidad al modelo inicial tomado
librescamente. Pero como escritor avezado emplea los recursos
que eran consecuentes en el barroco y en Cervantes: la ironía, el
desdoblamiento de los procesos significativos, las recreaciones,
las deformaciones, las aportaciones novedosas, las ambigüedades, el retorcimiento del proceso creador hasta crear un nuevo
elixir literario. Como nos recuerda Alberto Giordiano,[31] al

---

31 A. Giordano, "La creación de una obra" [en línea] Dirección URL:
<http://www.uiowa.edu/borges/vb4/giordano.htm>. (Consultado el día 16 de
septiembre de 2006).

hablar sobre el libro de Annick,

Una de las hipótesis más fuertes de Jorge Luis Borges: œuvre et manœuvres, formulada y argumentada en el capítulo "D'un support coupable à un autre", se refiere específicamente a la composición de Historia universal de la infamia. Sobre la base de que toda recopilación entraña un trabajo de creación, después de reconstruir el contexto de revistas y editoriales en las que Borges había publicado y publicaba en la década del 30, la autora se ocupa de demostrar cómo los elementos formales de Historia manifiestan, indirectamente, las mismas concepciones literarias que se afirman en los relatos recopilados.

DISQUISICIONES EN TORNO
A LOS «EJERCICIOS DE PROSA NARRATIVA»
INTERTEXTUALIDADES

Los primeros trabajos narrativos de esta obra de Borges, reunidos en 1935 en Historia Universal de la Infamia, fueron escritos entre 1933 y 1934, y fueron publicados inicialmente en la revista Crítica, en su suplemento sabático denominado Revista Multicolor de los Sábados[32], que dirigió Borges junto a Ulises Petit de Murat, entre agosto del 1933 y septiembre del 1934, una revista que ha sido tildada como sensacionalista, dinámica, inquieta, sensiblera, demagógica e informada, y donde comenzó la serie de relatos aventureros, fantasiosos, escritos a partir de fuentes enciclopédicas que luego reunió en su primera incursión por la prosa narrativa en Historia universal de la infamia. Él los consideraba en el "Prólogo a la primera edición", escrito en Buenos Aires el 27 de mayo de 1935, «ejercicios de prosa narrativa». Así lo recordaba Aguinis, que rememora que todavía no firmaba con su nombre sino con el seudónimo de H. Bustos:

Aún no se atrevía a redactar ficción pura y, sin embargo, esos relatos anticipaban la mayoría de sus rasgos distintivos. El volumen se llama Historia Universal de la Infamia. Ocupa un

---

32 Había colaboraciones de Swift, Kipling, Chesterton, Wells..., así como comentarios bibliográficos, reseñas, etc. y colaboraciones de escritores argentinos. Existe mucho de sensacionalismo en el suplemento y también curiosidades de diverso tipo, relatos terribles de personas condenadas a morir, ilustraciones, etc.

ambiguo espacio entre la ficción y la no ficción, habitado por delincuentes históricos que actuaron en los contornos de la sociedad. Alternan extremistas puritanos con inventores de mundos falsos que alienaban a sus corifeos. Borges se burla de estos villanos y de su repugnante conducta. Los convierte en personajes, aunque reduzca su vida "a dos o tres escenas", como advierte en el prólogo[33].

En consecuencia, el valor que les daba era relativo, al menos desde esa supuesta modestia (que sonaba más a afectación) que proyectaba. Se trataba de relecturas (para Borges lo fundamental fue siempre el placer de la relectura) de Stevenson, Chesterton[34] y los primeros films de Von Sternberg[35] con las

33 M. Aguinis, "Borges enamora en Washington", La Nación, 26 de mayo de 2006.

34 J. L. Borges, "Sobre Chesterton", Otras Inquisiciones, op. cit., pp. 205-208. En estas páginas Borges no es ajeno a los elogios que propala sobre Chesterton del que se siente heredero y en el que destaca grandes aciertos que luego heredarían otros como Kafka. Dice, entre otras cosas, sobre él: "La maestría no agota la virtud de estas breves ficciones; en ellas creo percibir una cifra de la historia de Chesterton, un símbolo o espejo de Chesterton. La repetición de su esquema a través de los años y de los libros (...) parece confirmar que se trata de una forma esencial, no de un artificio retórico (...) Chesterton se defendió de ser Edgar Allan Poe o Franz Kafka, pero que algo en el barro de su yo propendía a la pesadilla, algo secreto, y ciego y central. No en vano dedicó sus primeras obras a la justificación de dos grandes artífices góticos, Browing y Dickens: no en vano repitió que el mejor libro salido de Alemania era el de los cuentos de Grimm. Denigró a Visen y defendió (acaso indefendiblemente) a Rostand, pero los Trolls y el Fundidor de Peer Gynt eran de la madera de sus sueños, The stuff his dreams were made of. Esa discordia, esa precaria sujeción de una voluntad demoníaca, definen la naturaleza de Chesterton".

35 M. F. Servelli, "Mirando al sesgo: el cine en el texto borgeano", Everba, 2002-2003, pp. 81-96 [88]: "La ley del hampa (Underworld, 1927) uno de los films de Sternberg asiduamente citado por Borges con notas de admiración, nos

aportaciones de la biografía de Evaristo Carriego[36], un poeta olvidado que él rescató de la indiferencia desde que lo conociera de pequeño en su casa familiar durante muchos domingos junto a su padre. Este autor le permitía a Alfonso del Toro decir algunas de las claves de la escritura de Borges:

> El eclecticismo es total y la escritura es el resultado de una lectura de diversos autores de cine y lo más sensacional de una biografía inventada por Borges mismo, Evaristo Carriego, un texto sobre un poeta popular "amigo y vecino", "casi invisible" (Autobiografía 84-85) cuya referencia real comienza a desaparecer detrás del proceso de la escritura: "Cuanto más escribía,

proporciona un caso de aplicación precisa de este procedimiento, que Borges define como "pormenores lacónicos de larga proyección", esto es, momentos privilegiados de una narración que disponen una concatenación de motivos donde las justificaciones verosímiles ceden su función a un ordenamiento mágico, "donde profetizan los pormenores". En una de las escenas iniciales del film, correspondiente a la presentación de la protagonista femenina, Feathers (Plumas) —caracterizada por Evelyn Brent—, la cámara sigue en su recorrido el ingrávido vuelo de una pluma, cuyo camino aéreo nos lleva directamente al personaje evocado, hacia el final de la película, el gángster Bull Weed (George Brancroft) conocerá al salir de la cárcel, por una de esas plumas halladas en su guarida, que su amante lo ha engañado con su abogado".

36 Poeta argentino nacido en Paraná, Entre Ríos, en 1833. Se educó en Buenos Aires, y desde joven participó en tertulias literarias y movimientos de tipo intelectual. Escribió en diversas publicaciones de la época, como «La Protesta», «Ideas», «Caras y caretas» y otras. Su obra literaria se extendió al teatro y al cuento dejando varias publicaciones junto a su único libro de versos editado en vida, Misas herejes, en 1908. Después de su muerte, ocurrida en 1912, se publicó el conjunto de su producción poética con el título de Poemas póstumos y La canción del barrio. J. L. Borges escribió sobre Carriego un ensayo en 1930 que lleva por título Evaristo Carriego. Este era amigo del padre de Borges, a quien visitaba habitualmente los domingos de vuelta de las carreras. Puede ser

menos [le] importaba [su] héroe". Parte de un lugar de la peri-
feria de Buenos Aires, de los "tristes arrabales", de un autor
que muere a los veintinueve años y deja una sola obra. Durante
el proceso de escritura la persona de Carriego desaparece
cediendo el espacio a la metrópolis de Buenos Aires[37].

En la misma idea anterior de «ejercicios», aplicados a los escritos narrativos de Historia universal de la infamia, insistirá casi
veinte años más tarde en el prólogo a una edición de 1954: «Son
el irresponsable juego de un tímido que no se animó a escribir
cuentos y que se distrajo en falsear y tergiversar (sin justificación
estética alguna vez) ajenas historias». Palabras que le merecen a
Midence el siguiente comentario:

> Esas ajenas historias no son más que las propias, las historias
> que él siempre quiso protagonizar y que, en algunas ocasiones
> protagonizó como cuando hablaba de individuos librescos,

que Borges, cuando niño, observara aquellos diálogos de su padre con Carriego
y recogiera en su mente el tartamudeo revelador, un conjunto de detalles que
atestiguan los testimonios escritos de críticos como Marcelo del Mazo, Roberto
F. Giusti o José Gabriel. En su ensayo sobre Carriego, Borges lo que buscaba
era rescatar para el placer de lectores exigentes un poeta menor que la crítica
argentina había creído insignificante, digno apenas del aplauso de consumido-
res de letras de tango y semanarios sentimentales. En aquellos años, Borges
tiene unos treinta y admira polémicamente a Carriego, que le ha llegado por vivo
contacto familiar. El joven Borges ataca a los que niegan a Carriego porque no
es bastante culto (el poeta culto era, entonces, Leopoldo Lugones). Y quiere rescatar su poesía, la de un Buenos Aires de compadritos y conventillos, de tango
y duelos a cuchillo.

37 A. del Toro, "Jorge Luis Borges o la literatura del deseo: descentración-
simulación del canon y estrategias posmodernas", Taller de Letras, núm. 39,
2006, pp. 101-126 [113-114].

pasivos, indefensos, impostores, cosmovisionarios pero, de igual manera cuando hablaba de criaturas cuchillescas o aventuras con un cuerpo constitutivo de intriga, de búsqueda o quizá fantástico que tanta fama le ha granjeado ya sea, el protagonista Dhalman o el detective Lonnrot o el heresiarca de Tlon Uqbar Orbis Tertius no son otra cosa que los personajes simbolizando al mismo Borges. Pues el símbolo lo que hace es ocultar y representar connotativamente a otro objeto[38].

Estas historias iniciales de Borges fueron celebradas con reseñas elogiosas por Amado Alonso en la revista Sur, y celebró la llegada de una nueva voz narrativa; sin embargo, pronto pasarían desapercibidas y olvidadas, no siendo hasta el año 1954 cuando en la estela de Ficciones y El Aleph comenzarían a ser tenidas en cuenta y reivindicadas como obras literarias de gran altura[39].

Pero en última instancia lo que sí se observa en ellos es un

38 C. Midence, "La imagen simbólica en Jorge Luis Borges: una aproximación a su propia realidad" [en línea] Dirección:
URL:<http://www.grupoese.com.ni/1999/bcultural/112/imagen112.htm>.
(Consultado el 19 de septiembre de 2006).
39 R. de Costa, "De cómo Borges escribe para divertir", La Raza, 17 de julio de 2005. Dice Costa que "Desde entonces han sido mitificadas por los borgianos, que las han considerado el campo de experimentación de las técnicas narrativas, el punto de referencia para valorar sus <progresos> como narrador y también para comparar las fuentes con las versiones que Borges nos ofrece, e incluso, para maravillarse de aquellas historias totalmente inventadas por él –como si la invención fuera un hecho insólito en la historia de la literatura. Borges contribuyó a esta mitificación empleando en sus prólogos y entrevistas que se trataba únicamente de meros <ejercicios> de un joven tímido, que no se atrevía a escribir un cuento directo. Fue sólo en 1970, después de traducir esos textos al inglés con Norman Thomas de Giovanni, cuando Borges admitió que eran <hoaxes>, supercherías, o sea, obras de invención, de creación".

fenómeno que cultivará durante mucho tiempo y es la clave de
su escritura: la alianza entre la literatura anterior y la suya propia, la transcendencia del intertexto y el subtexto en toda su
producción, este juego de alianzas que a su vez genera otros textos diferentes partiendo de la idea de que la realidad presenta
una singladura caótica y la literatura ha de crear un orden determinado:

> De ahí la constante vuelta a los mismos temas, la fijación en un
> delimitado número de ideas, que Borges fatiga volviendo cons-
> tantemente sobre ellas, hasta crear con esta repetición un ritmo
> cíclico, que constituye en representación universal[40].

Es sintomático de su producción este sostenimiento libresco
en la producción anterior, como si de una autoridad se tratara,
que ha de ser llevado necesariamente al texto propio para darle
quizá la autoridad escatimada, una técnica que ya llegaba desde
el siglo XVI. El propio Cervantes, al que tanto admiraba
Borges[41], lo aplicó con frecuencia así como otras técnicas que

40 Ruiz Pérez, "Borges", op. cit., p. 116.
41 E. Spielmann, "Borges y Fuentes, autores y lectores del Quijote, a propósito de un homenaje en el IV centenario", Revista de Crítica Literaria
Latinoamericana, año XXXI, núm. 62, 2º semestre de 2005, pp. 237-249 [242].
Afirma la escritora: "De Mojica sigue a Williamson para diferenciar tres etapas
de <la evolución del interés permanente de Borges por el Quijote y las concepciones que se hace de esta novela>. En la primera, en la etapa vanguardista y
luego nacionalista de Borges, Cervantes es el <modelo de autor/héroe/dios>.
Hacia 1924 la ambición de Borges es hacer para Buenos Aires lo que había conseguido en 1922 Joyce con Dublín: <fundar un omphalos>, el ombligo griego
(antiguo) del mundo, en un poema épico o en una novela capaces de crear,
como Ulysses, una mitología, de constituirse en el (moderno) clásico argentino

inciden en ese proceso y en las que entraremos en su momento. Margo Glantz afirma que

> Borges ejercita su vacilante pluma en un texto flagrantemente intertextual. Es más, si su producción ya largamente extendida por el siglo se coloca en dos extremos y si se revisa el tipo de libros que escribió cuando empezaba y ahora que termina, constatamos dos libros, uno del principio de su carrera, Historia universal de la infamia, fechado en 1935, y Libro de sueños, aparecido en 1976, por tanto del final. Ambos son presentados en sus prólogos como "ambiguos ejercicios" sobre los cuales no se tiene mayor derecho que el que podría tener un traductor o un lector. Es decir, su actividad escrituraria es concebida como un ejercicio que permite luego pasar a una "trabajosa composición" de ficciones. Ficción e intertextualidad, pues. Borges escribe ficciones que se inscriben en el universal ámbito de lo intertextual y su filiación es ampliamente declarada y su participación como escritor denigrada y soslayada[42].

Sean ejercicios, contaminaciones literarias, absorciones, juegos[43], recreos, intertextualidades, solaces o travesuras —que en la

---

para construir la nación. Este propósito toma hacia 1930 los rasgos del proyecto de una narración en prosa o una novela, <lo que suscita una reflexión sobre la realidad>. El ejemplo de Cervantes pasa así a enseñarle a Borges <lo decisivo: la 'magia' de contar un relato>. 1939 marca la fecha clave de la segunda etapa, cuando Borges tiene que abandonar por irrealizable para él el proyecto de novela que no ha conseguido escribir —Norah Lange lo rechaza definitivamente después de una relación de diez años—, debe reescribir la novela de su padre y emplearse en la biblioteca Miguel Cané. <Pierre Menard, autor del Quijote>, <nota necrológica con fecha, indicación de lugar, pero sin firma>, señala entonces el cambio hacia <una concepción más modesta del autor como lector>".

42 Glantz, "Borges", op. cit..

43 A este respecto decía Ramírez, "Primeras", op. cit. lo siguiente: "Me mara-

obra de Borges todo forma parte del mismo proceso creador-
en la que está presente un espíritu barroco preciso en el deam-
bular por escritos anteriores y ofrecer una nueva visión, una
nueva imagen, una nueva caricatura:

> ¿Cuál es el sentido entonces de la intertextualidad en Borges?
> Las citas de autores, las breves referencias a teorías distintas y
> hasta opuestas versan sobre interpretaciones o postulaciones
> de la realidad. Esta multiplicidad pone de manifiesto que el
> mundo admite infinitas interpretaciones y ninguna. La inter-
> textualidad parece remitir siempre a la impotencia del conoci-
> miento y a la nada que el mundo puede llegar a ser para quien
> advierta esa impotencia[44].

Pero también la voluntad de hermetismo, que no significa
ocultación, sino el atrevimiento fabulador de la interpretación.
Como Cervantes, Borges no dice nunca la última palabra ni la
puede decir nunca ningún crítico sobre él porque siempre exis-
tirá la riqueza de la multiplicidad de puntos de vista y de guías;
quizá todas válidas y contradictorias para interpretar su obra
literaria.

Por eso dirá Borges:

Ya el excesivo título de estas páginas proclama su naturaleza

---

villaba ver cómo Borges articulaba sus distintos instrumentos, o ámbitos de la
ficción, como un todo, la filosofía, la teología, la mitología, y la crítica, literaria,
las traducciones, las citas de autores verdaderos, o imaginados. Nada escapa a
esta inmensa urdimbre, desde la que siempre estará haciéndonos un guiño, porque al fin y al cabo Borges viene a resultar un formidable humorista. Un humorista con vestiduras de escritor serio, como Chesterton, o como Quevedo".

44 Rey, "Polifonía", op. cit.

barroca. Atenuarlas hubiera equivalido a destruirlas; por eso prefiero, esta vez, invocar la sentencia quod scripsi, scripsi (Juan, 19, 22) y reimprimirlas, al cabo de veinte años, tal cual[45].

Barroco que era entendido por el escritor argentino como un estilo que agota sus posibilidades en sí mismo llegando hasta la caricatura. Y, también, la etapa final de todo arte cuando este se recrea, avanza en exceso y sus medios los dilapida a través de su exhibición intelectual. Pero, a la vez, mucho de humorismo existe en toda labor intelectual, aunque sea un humorismo involuntario como le sucede a Baltasar Gracián o consentido —dice Borges- como le acaece a John Donne.

Pero en última instancia, el concepto de intertextualidad en Borges es diferente al que han promovido otros autores y sobre el que tanto se ha hablado. Nace y se sostiene sobre un principio rector que ha defendido con promiscuidad en sus obras literarias (todas las obras en Borges son literarias, incluso el ensayo, que como tal forma parte de la literatura con mayúscula) y desarrollado con cierto esmero (no deja de ser una ironía hablar de esmero en Borges, habida cuenta de su laconismo inquebrantable) en "La flor de Coleridge"[46]. Siguiendo a Valéry sostiene que más que hablar de Historia de la literatura convendría hablar de Historia del Espíritu como productor o consumidor de literatura. Idea que lleva indefectiblemente y como cuentas de un rosario a otras la unicidad del concepto de literatura, la literatura como lo esencial (y no los escritores), el valor ecumé-

---

45 Borges, "Prólogo" en op. cit., p. 149.
46 J. L. Borges, "La flor de Coleridge", Otras disquisiciones, Prosa completa, vol. 2, op. cit., pp. 138-151.

nico de ésta y su relación con el sentido de la copia y la creación personal. Sugiere que esa creación personal apenas si existe y si así fuera sería una visión más, un fragmento, un episodio de esa globalidad:

> Quienes minuciosamente copian a un escritor, lo hacen impersonalmente, lo hacen porque confunden a ese escritor con la literatura, lo hacen porque sospechan que apartarse de él en un punto es apartarse de la razón y de la ortodoxia. Durante muchos años yo creí que la casi infinita literatura estaba en un hombre. Ese hombre fue Carlyle, fue Johanes Becher, fue Whitman, fue Rafael Cansinos-Asséns, fue De Quincey[47].

Una visión literaria que nos conduce a entender estos textos infames como salidos de la gran literatura de todas las épocas, libres al desafío del escritor que en perfecta sintonía con su visión global de la literatura apuesta por lo que llama humildemente "ejercicios", que no es sino una forma de decir que su literatura es una visión más, una parcela más, un fragmento más de la historia de la literatura y a sus predecesores siempre se remite (hemos de remitirnos). No somos un ente aislado que crea sino un punto y seguido en el proceso de la construcción literaria:

> Shelley dictaminó que todos los poemas del pasado, del presente y del porvenir, son episodios o fragmentos de un solo poema infinito, erigido por todos los poetas del orbe (A Defence of Poetry, 1821)[48].

Desde esta perspectiva, y sólo desde esta se debe entender el concepto de intertextualidad y el origen de la infamia y los infa-

---

47 Ibidem, p. 141.
48 Ibidem, p. 138.

mes más famosos de la historia particular de Borges. Un conjunto de ideas que desarrollará y reafirmará más profusamente en otros títulos como "El tiempo y J. W. Dune", "Nathaniel Hawthorne"... En este último hay algunas ideas que complementan lo que venimos diciendo: «La deuda es mutua; un gran escritor crea a sus precursores. Los crea y de algún modo los justifica. Así ¿qué sería de Marlowe sin Shakespeare?»[49]

La obra está conformada por los siguientes títulos: El atroz redentor Lazarus Morell, El impostor inverosímil Tom Castro, La viuda Ching, pirata, El proveedor de iniquidades Monk Eastman, El asesino desinteresado Bill Harrigan, El incivil maestro de ceremonias Kotsuke No Suke, El tintorero enmascarado Hákim de Merv, Hombre de la esquina rosada, y Etcétera. La función última de todos ellos era interpretada del modo siguiente:

Borges está poniendo en marcha una tremenda desterritorialización ('falsear', 'tergiversar', 'intercalar', 'visceras', 'conversiones', 'vacuidad') de los temas orilleros ('patíbulos', 'piratas', 'infamia'), transportándolos, transmutándolos, llevándolos a un contexto puramente literario, autorreferencial ('pero bajo los tumultos no hay nada'), donde los hechos reales pasan a ser palabras, semiosis, meras representaciones de un 'juego' ('irresponsable juego'/'el hombre que se entretuvo'/ 'No es otra cosa que apariencia, que una superficie de imágenes'). Ese decir, así como se debe reinterpretar el término 'criollo', así también deben releerse los términos 'cuchillero' y 'compadrito'[50].

---

49 J. L. Borges, "Nathaniel Hawthorne", Otras disquisiciones, Prosa Completa, op. cit., p. 186.

El relato inicial, El espantoso redentor Lazarus Morell[51], se desarrolla en la primera mitad del siglo XIX, si bien es cierto que está presente el s. XVI a través de las referencias existentes a Bartolomé de las Casas; El impostor inverosímil Tom Castro se desarrolla a finales del siglo XIX; La viuda Ching, pirata tiene lugar a finales del XVIII; El proveedor de iniquidades Monk Eastman también en el siglo XIX como El espantoso redentor Lazarus Morell, pero entre finales y las primeras décadas del XX como Hombre de la esquina rosada; El asesino desinteresado Bill Harrigan también en el XIX pero en la segunda mitad; El incivil maestro de ceremonias Kotsuké no Suké", a principios del XVIII; y El tintorero enmascarado Hákim de Merv podríamos situarlo a mediados del siglo I. Desde el punto de vista espacial, los relatos se sitúan en los siguientes lugares: dos en China y Japón, tres de ellos en EE.UU., uno en Inglaterra, otro en América del Sur y en el Medio Oriente.

Se trata de historias verosímiles o a las que dota de una verosimilitud necesaria, como a todos sus textos que estarían a caballo entre el cientifismo y la ficción, entre la realidad y la fantasía, entre el texto y el intertexto, sin saber muchas veces hacia dónde se encuentra o desde dónde podemos advertir sus límites. Por eso estos relatos no debemos entenderlos como pertenecientes

---

50 A. de Toro, "La 'literatura menor', concepción borgesiana del 'Oriente' y el juego con las referencias. Algunos problemas de nuevas tendencias en la investigación de la obra de Borges" en Iberoromania, Heft 53 (2001), S. 68-110. También [en línea], Dirección URL: http://www.uni-leipzig.de/~detoro/sonstiges/borgoriente.htm> (Consultado el día 3 de enero de 2010).

51 Fue publicado el año I, núm. 1, p. 3, 12 del 8 de 1933, ilustrado por Premiani en Revista Multicolor.

a la realidad. De hecho sería absurdo plantearnos en Borges este asunto. Afirmaba en este sentido Eloy Martínez que

> La declaración de Borges sobre la falsificación de hechos en Historia universal de la infamia acierta con dos de los estímulos mayores de las ficciones verdaderas: llenar un vacío de la realidad, como en el caso de Schwob, escribir lo omitido, plantar la bandera de la imaginación en los sitios por los que no se ha aventurado la historia, o bien rehacer la realidad, rescribirla, transfigurando según las leyes del propio deseo o, como bien señala Borges, del placer[52].

Y también como señala Rey Beckford cuando afirma que

> La ahistoricidad de estas historias de la infamia no deriva de la presunta falsificación de los hechos. Falsificación, por otra parte, cuyos alcances no pueden ser determinados a través de una simple lectura. Ignoramos dónde Borges se atiene a los hechos y dónde los falsea. Sabemos, en cambio y con absoluta certeza, que la totalidad es ficticia. Y lo sabemos no porque el texto lo declare de un modo expreso, sino porque lo oculta de un modo expreso. Es a través de un procedimiento irónico, de un deliberado exceso de semejanzas y similitudes con la historia, que Borges alcanza la ficción[53].

---

52 T. E. Martínez, "Ficciones verdaderas" en Letras Libres, núm. 46, julio 2005, también recogido [en línea] Dirección URL:<http://www.revistasculturales.com/articulos/91/letras-libres/382/4/ficciones-verdaderas-html> (Consultado el día 16 de marzo de 2006).

53 R. Rey Beckford, "Jorge Luis Borges: el sentido de la violencia" [en línea] Dirección:.URL:<http://www.lehman.cuny.edu/ciberletras/v1n1/crit_05.htm >. (Consultado el día 8 de agosto de 2006).

En estas historias Borges usa del retrato como técnica para derivar hacia lo simbólico-alegórico, pero el relato se sostiene sobre él mismo, sobre la fuerza de su palabra y el poder de contención de su lengua. La eliminación de lo complementario o lo innecesario y la predisposición a un lenguaje de enorme elevación literaria hace considerar estos relatos como de los más interesantes escritos por Borges. Le bastan unos cuantos trazos para crear una imagen y un personaje, sobre los que suscita una especial imantación y atractivo. Por ejemplo, cuando dice de Anne Bonney: «Era una irlandesa resplandeciente, de senos altos y de pelo fogoso, que más de una vez arriesgó su cuerpo en el abordaje de naves». La lengua se puede emplear de muchas formas pero en muchas ocasiones Borges la emplea del modo más expresivo y certero: la irlandesa podía tener otros adjetivos, pero él le aplica el de "resplandeciente", que para una pirata no deja de llamar la atención. Como también el fijarse en sus senos y aplicarles el calificativo de "altos", o el cabello "fogoso", o la forma en que presenta que era una persona valiente. Cualquier otro escritor lo hubiera dicho sin duda de una forma diferente, pero él prefiere un rodeo literario: «Más de una vez arriesgó su cuerpo en el abordaje de naves». Es una forma de presentar el recurso lingüístico y Borges descuella no sólo por su creatividad y recreación literaria sino por su conformación de un estilo, un estilo que tiene como norte fundamental la directa comunicación y sus posibilidades. Al respecto decía en su texto "La supersticiosa ética del lector"[54], recogido en Discusión (1932), lo siguiente:

54 J. L. Borges, "La supersticiosa ética del lector" en Prosa completa, op. cit., pp. 41-42.

La condición indigente de nuestras letras, su incapacidad para atraer, han producido una superstición del estilo. Una distraída lectura de atenciones parciales. Los que adolecen de esa superstición entienden por estilo no la eficacia o la ineficacia de una página sino las habilidades aparentes del escritor: sus comparaciones, su acústica, los episodios de su puntuación y de su sintaxis (...) No se fijan en la eficacia del mecanismo, sino en la disposición de sus partes. Subordinan la emoción a la ética, a una etiqueta indiscutida más bien.

Y en otro momento, en torno a la importancia y la precisión que le daba a su estilo, se decía de él lo siguiente:

Borges no dejaba de apuntar, por supuesto, si ustedes recuerdan, que la pasión de Flaubert por limpiar cada párrafo de repeticiones y rimas impertinentes, no era sino una manía de quien lee, pero no un estorbo para quien escucha, porque en fin de cuentas la prosa es oral; y que la mejor manera de escribir un relato de ficción es en verso, para hacer que el lector reconozca, a través del artificio, que se trata de mentiras, como en una penitencia constante. Consejos, por supuesto, que alguien como él, que perseguía la perfección con delirio, muy poco practicó. Y, prueba en su contra, siempre buscó alejar al lector de la idea de que el acto de leer es el acto de aceptar una mentira, tratando de fingir a fondo para lograr algo que fuera lo más parecido a la verdad, aún con trampas, como las citas falsas de autores que nunca existieron[55].

Tampoco se puede olvidar en esta capacidad de creación de

---

55 S. Ramírez, "Primeras letras con Borges", Encuentro Borges y yo, Buenos Aires, Argentina, 8-11 de junio de 1990.

Borges la técnica de la síntesis y el resumen, la reducción a la mínima expresión de una historia que lleva implícita, no obstante, la máxima expresividad gracias al buen uso del lenguaje. Un concepto que lo defendió en obras como El muerto, donde la voluntad de epítome es manifiesta o al menos de éste como técnica literaria. La historia de la que quiere hablar Borges es la del destino de Benjamín Otálora, pero él no quiere crear una historia sobre él, ni inventar un documento periodístico o una crónica, sino una sinopsis: «Ignoro los detalles de su aventura; cuando me sean revelados, he de rectificar y ampliar estas páginas. Por ahora, este resumen puede ser útil»[56].

Indefectiblemente unido al concepto de la obra literaria como comentario (oral acaso), ejercicio literario, notas de múltiples lecturas y obras anteriores. Una voluntad que ha reiterado con frecuencia y puso de manifiesto en el Prólogo de Ficciones (1944):

> Desvarío laborioso y empobrecedor el de componer vastos libros: el de explayar en quinientas páginas una idea cuya exposición oral cabe en pocos minutos. Mejor procedimiento es simular que esos libros ya existen y ofrecer un resumen, un comentario. Así procedió Carlyle en Sartor Resartus; así Butler en The Fair Haven; obras que tiene la perfección de ser libros también, no menos tautológicos que los otros. Más razonable, más inepto, más haragán, he preferido la escritura de notas sobre libros imaginarios[57].

Pero, ¿cómo son esos relatos?, ¿qué define la voluntad de esti-

---

56 J. L. Borges, El muerto en El Aleph, Prosa Completa, Vol. 2, op. cit., p. 24.
57 J. L. Borges, "Prólogo" de Ficciones (1944), Obra Completa II, op. cit., pp. 313-314.

lo de los mismos?, ¿en dónde radica su unidad como textos literarios bajo el paraguas de Historia universal de la infamia? A pesar de sus diferencias evidentes, existen unos elementos comunes que podemos identificar del siguiente modo:

Se trata en su mayoría de personas o individuos que forman parte de creaciones ajenas y, sin embargo, son conformados con una originalidad manifiesta.

Son seres sanguinarios o inhumanos que sólo pueden generar repulsión pero atractivos como personajes literarios e, incluso, en algún momento pueden poseer un rasgo de vitalidad que atrae al lector.

No son personajes completamente definidos y cerrados, sino abiertos y oscuros, alambicados y complejos, con tendencia al travestismo y la metamorfosis. Así lo comenta Álvaro Barros-Lémez:

> Arthur Orton será sucesivamente Tom Castro y Roger Charles Tichborne; Bill Harrigan pasará a ser Billy the Kid; la viuda Ching se trasmutará en Brillo de la Verdadera Instrucción; Edward Osterman será Monk Eastman pero también Edward Delaney, <alias William Delaney, alias Joseph Marvin, alias Joseph Morris, alias Monk Eastman>, con lo cual el propio nombre que será posteriormente dado como verdadero y nacido de la americanización de un apellido originalmente europeo, queda también en cuestión; Hákim de Merv será Al Moqanna, <el Profeta Velado>, el <Enmascarado>, <El Velado> o utilizará la cabeza de toro como máscara visible. Morell y el vengador de Asano Takumi no Kami -el consejero Kuranosuké- se <enmascaran> a través de sus acciones y su ubicuidad, aunque el primero morirá como Silas Buckiey en el hospital de Natchez[58].

58 Barros-Lémez, "Infamia", op. cit.

La capacidad para adulterar o desnaturalizar la verdadera razón de ser de los hechos o de los acontecimientos y usar la impostura como añagaza. Por ejemplo, Ebenezer Bogle inventa que Orton se hace pasar por Tichborne: «Intuyó que la enorme ineptitud de la pretensión sería una convincente prueba de que no se trataba de un fraude»[59].

La trascendencia de la muerte o la caída de todos los antihéroes de estos relatos que acaban siendo efímeros momentos de un sueño. El caso más significativo puede ser el de Billy Harrigan o Billy the Kid:

> El hombre estaba muerto. Le notaron ese aire de cachivache que tienen los difuntos. Lo afeitaron, lo envainaron en ropa hecha y lo exhibieron al espanto y las burlas en la vidriera del mejor almacén[60].

Todas ellas son personas temidas pero también odiadas. Por ejemplo, Kira Kotsuké no Suké, el odiado maestro de ceremonias.

La importancia que adquieren una serie de grandes principios como el valor, la justicia, la amistad... a pesar de que no exista en absoluto voluntad moralizadora alguna.

La eficacia de la lectura como instrumento primigenio sin el cual no hubieran sido posibles estos relatos. Borges sobre todo se consideraba un buen lector, como hemos constatado. Y esto se precisa a través de un aire historiográfico que le da a algunos fragmentos de sus relatos que parecen sacados directamente de una disertación de erudición:

---

59 Borges, Historia en Prosa completa, op. cit., p. 161.
60 Ibidem, p. 181.

Si no me equivoco, las fuentes originales de información acerca de Al Moqanna, el Profeta Velado (o más estrictamente, Enmascarado) del Jorasán, se reducen a cuatro: a) Las excertas de la Historia de los jalifas conservadas por Baladhuri, b) el Manual del gigante o Libro de la precisión y la revisión del historiador oficial de los Abbasidas, ibn abi Tai Tarfur, c) el códice árabe titulado La aniquilación de la rosa...[61]

La imbricación de una serie de mecanismos en distintos relatos que crean una variedad de vasos comunicantes o de malla entre ellos. Barros-Lémez cita

Las menciones a la Biblia en El impostor inverosímil Tom Castro (Salmos 107:23) o en el Prólogo de 1954 (Juan 19:22), referencias y enumeraciones múltiples que se encuentran en varios de los relatos. También, como ocurrirá en relatos posteriores, datos que son creados para un texto y se transpolan a otro, construyendo una red de mutua verosimilitud (tal es el caso de la referencia a la banda neoyorquina de los Swamp Angels, que aparece en El proveedor de iniquidades Monk Eastman y es retomada en El asesino desinteresado Bill Harrigan)[62].

61 J. L. Borges, "El tintorero enamascarado Hakin de Merv", Prosa Completa, Bruguera, Barcelona, 1980, p. 189.
62 Barros-Lémez, "Infamia", op. cit. También afirmaba la existencia de una serie de temas que aparecen en estos relatos y serán recuperados por el escritor argentino en otras obras: «Quizás el más resaltante sea el que aparece en "El tintorero enmascarado Hákim de Merv". Dice el texto: "la tierra que habitamos es un error, una incompetente parodia. Los espejos y la paternidad son abominables porque la multiplican y afirman". En Tlön, Uqbar, Orbis Tertius, tenemos dos versiones de la misma idea. La primera es la que el narrador le adjudica a

La unidad temática de sus personajes y de sus historias que rebelan algo muy pronunciado en su obra, como nos recordaba Sergio Ramírez:

> Es la identidad de las correspondencias temáticas de su obra, en poesía, en narrativa, en ensayo, una fidelidad apasionada a un número selecto de temas, u obsesiones, que se corresponden ciegamente con su idea del universo, del infinito, del tiempo, de la eternidad, de la realidad, que es siempre ilusoria, del azar, que gobierna los destinos, del ser, que es siempre todos los seres y uno mismo, y de las cosas, "todo es todo. Casa cosa es todas las cosas. El sol es todas las estrellas, y cada estrella es todas las estrellas y el sol" (Historia de la Eternidad). Si nos fijamos bien, todo su intento literario está comenzando siempre de un punto cero, como quien tira sobre el tapete verde los mismos dados, capaces de presentar, en las combinaciones de sus cifras, figuras infinitas[63].

Por otra parte, tal como se deduce del prólogo a la primera edición, estas obras no poseen ninguna intención psicológica sino

Bioy Casares: "recordó que uno de los heresiarcas de Uqbar había declarado que los espejos y la paternidad son abominables porque multiplican el número de los hombres". La segunda es la presunta nota en el tomo XLVI de la Enciclopedia (Anglo-Americana): "Para uno de esos gnósticos, el visible universo era una ilusión o (más precisamente) un sofisma. Los espejos y la paternidad son abominables porque lo multiplican y lo divulgan". Este último, sin duda el más cercano al texto de "El tintorero...", y a la idea expresada en la penúltima estrofa de "El Golem". Junto a los arriba mencionados, cabría señalar parentescos entre "El tintorero..." y elementos que aparecerán en "Los teólogos" y "El Zahir"; el tema del número 9 como conformador de mundos -para el primero- y la relación a través de la rosa -para el segundo-: "el Zahir es la sombra de la rosa y la rasgadura del velo"».

63 Ramírez, "Primeros", op. cit.

que más bien pretenden dar una visión externa del personaje en su medio, y todo ello, como afirmaba el profesor de la Universidad de Iowa, Balderston, se logrará principalmente captando la imaginación visual del lector ("propósito visual") y empleando

Algunas técnicas para causar en el lector un impacto más visual que psicológico, especialmente las enumeraciones heteróclitas (que recurren a elementos de un ambiente determinado que no guardan entre sí otra relación que no sea sintáctica), la ruptura de la continuidad narrativa, y la reducción de una vida a dos o tres escenas emblemáticas. Algunas de esas técnicas —el uso de enumeraciones heteróclitas y el rompimiento de la continuidad narrativa— no deben mucho a Stevenson (el segundo, por ejemplo, proviene evidentemente del montaje cinematográfico rápido, perfeccionado a fines de la década del veinte por Sternberg y Eisenstein), pero la insistencia en una presentación externa, no psicológica, de los personajes, lograda mediante escenas emblemáticas, proviene sin duda de la teoría sobre la novela de aventuras presentada en los diversos textos que hemos comentado[64].

En este sentido dirá también Servelli:

La indagación de los procedimientos narrativos del cine por parte de Borges se orienta en la búsqueda de una economía narrativa, a través de una sintaxis menos discursiva que la verbal, es decir, una sintaxis que omita el moroso "tejido conectivo" (la expresión es de Cozarinsky) propio de la práctica novelística[65].

---

64 D. Balderston, "El precursor velado: R. L. Stevenson en la obra de Borges" [en línea], Dirección URL:<http://www.uiowa.edu/borges/bsol/db3.shtml>. (Consultado el 8 de enero de 2007).
65 Servelli, "Mirando", op. cit., pág. 88.

Un factor común a todas estas historias y a su proceso de construcción es la tendencia de Borges a relacionar siempre las imágenes, situaciones, aspectos, idiosincrasia… hispánica y argentina en relación a los relatos que llegan de otras realidades, a veces sajonas u orientales. Este aspecto esencial lo ve en múltiples detalles Carlos Gamerro:

> En Historia universal de la infamia el procedimiento se realiza de manera sistemática: "El proveedor de iniquidades Monk Eastman" arranca con el fragmento titulado "Los de esta América" y cuenta el duelo de dos malevos (...) Fiel a este inicio, Monk Eastman es un "malevo tormentoso" que se pasea con una paloma de plumaje azul en el hombro "igual que un toro con un benteveo en el lomo" y recluta "cien héroes tan insignificantes o espléndidos como los de Troya o Junín."(...) En algún momento de la lectura de esta Historia universal de la infamia comprendemos que Monk Eastman, Bill Harrigan y los samurai que sirven al señor de la Torre de Ako son todos malevos disfrazados, y que la viuda Ching es la mujer cuchillera que la incurablemente machista mitología de los arrabales argentinos no le pudo permitir. Así, esta "historia universal" termina siendo sospechosamente local, y visto desde esta perspectiva (hay otras, claro) "Hombre de la esquina rosada", lejos de ser el cuento anómalo que rompe la serie, es su natural culminación: todas estas historias de malevos extranjeros le sirven de marco o pedestal al relato fundacional de la mitología orillera[66].

En todos estos relatos el punto de vista adoptado es el de la

66 C. Gamerro, "Borges y los anglosajones" [en línea] Dirección URL:< http://www.udesa.edu.ar/files/Events/archivos/Gamerro-Borges-y-los%20anglosajones.pdf.>. Consultado el día 19 de diciembre de 2006).

tercera persona, tan habitual en historias posteriores, si hacemos excepción de "Hombre de la esquina rosada", y algunas referencias a la primera persona en relatos como "El tintorero enmascarado Hákim de Merv" o en "Un doble de Mahoma"...

Otros investigadores han querido ver también una serie de elementos comunes en la creación de estos personajes que los asimilan a los héroes de las leyendas épicas tradicionales, en los que hay un proceso de aprendizaje, a través de una iniciación, y toda una carrera de esfuerzo, aunque pueda llevarles al cabo a la muerte. Estas ideas trataba de reflejarlas Marta Gallo en los siguientes rasgos épicos:

> 1) Casi todos emprenden el clásico viaje de "iniciación heroica" (la misma narración usa estas palabras como yo las he citado) por la que llevan a cabo sus res gestae, ahora convertidas en fechorías, aventuras de malhechores; en algunos casos ese viaje puede ser metafórico, como el relato sobre Mahoma o el teólogo Melanchton. 2) Ese viaje sirve para establecer, como en los héroes épicos tradicionales, la escisión con el pasado (...). 3) El héroe épico clásico despliega valentía en función de un ethos comunitario, en HUI el coraje se manifiesta como un matar o morir porque sí (...). 4) Además, así como al héroe épico clásico le acontecen sus hazañas, que no son el resultado de un carácter sino de un destino o fatum heroico, en los "héroes" de HUI, es aún más notoria la ausencia de un carácter, sobre todo porque ahora antagonizan con la comunidad, de quien en cambio el héroe clásico recibe el ethos que como un destino lo marca[67].

---

67 M. Gallo, "Unidad y dispersión del héroe épico en Historia universal de la infamia, de Jorge Luis Borges", en *El ojo en el caleidoscopio* (P. Brescia y E. Romano, coords.), Universidad Nacional Autónoma de México, México D. F., pp. 241-242.

III

LA INFAME TURBA DE NOCTURNAS AVES

Álvaro Abós[68] nos refiere cuáles fueron aquellos orígenes borge-anos de un modo sintético y dónde se inspiró para escribir esta "infame turba de nocturnas aves" que constituyen los relatos de Historia universal de la infamia[69], y también en qué actividad anda-ba metido allá por el año 1933 nuestro ilustre escritor cuando comenzó la escritura de estos cuentos. El origen inmediato ha sido visto por Rivera, al que cita Servelli[70], de este modo:

> Refiriéndose expresamente a los cuentos incluidos posterior-mente en Historia Universal de la infamia, además de la habi-tual puesta en correlación de procedimientos formales y len-guaje cinematográfico ("[...] la selectiva 'diferencia' de planos, el 'montaje' de imágenes y secuencias, la 'fragmentación' del cuadro, la 'valoración' de los detalles, etc."), Rivera realiza una vuelta de tuerca más al remitir estos mecanismos narrativos tanto "a las tiránicas exigencias de brevedad y expresividad que suele demandar el periodismo", como a la historieta, en cuan-to a la utilización de cierta óptica fragmentadora, reductora y selectiva. Las dos asociaciones responden claramente al con-texto de publicación de las falsas notas biográficas, y posibili-tan otra entrada para la lectura de los cuentos.

68 A. Abós, "Antes que Scorsese, Borges", La Nación, 7 de febrero de 2003.
69 Estas narraciones de Borges fueron publicadas por el editor catalán Juan Torrondell (promotor de clásicos de la literatura y la filosofía en tiradas masi-vas) por el sello Tor. Este libro de Borges fue su primera incursión en la narra-tiva: llevaba una impactante faja que llevaba por título: "Toda la escoria del mundo".
70 Servelli, "Mirando", op. cit., pág. 90.

Los antecedentes no los lleva todos consigo Borges en la creación ex novo de esta forma de narrar que está inspirada, grosso modo, en Cervantes[71], pero concretamente en Herbert Asbury (1889-1963), cronista de la mala vida urbana que publicó una historia bastante leída en la revista American Mercury (dirigida por H. L. Mencken): una prostituta llevaba a fornicar a sus clientes protestantes a un cementerio católico y a sus clientes católicos a un cementerio protestante. El escándalo fue de tal magnitud que convirtió a Asbury en una estrella de la prensa, lo que le permitió desde entonces escribir con comodidad sus libros sobre el delito en los Estados Unidos, entre ellos Gangs of New York ("Bandas de Nueva York"), The Gangs of Chicago ("Las bandas de Chicago") y The Barbary Coast ("La costa de Berbería"), este último sobre el crimen en San Francisco... Textos que conoció Borges. Pero es muy importante, a pesar de estas voces, que siempre tengamos en cuenta en Borges el valor de lo apócrifo, como elemento que provoca la credibilidad de su escritura, que como recuerda Aguinis tenía la singularidad de las muñecas matrioskas:

Perpetraba el relato de otro relato, la reflexión de otra reflexión, con máscaras y símbolos, exageraciones y subterráneo

71 B. D´Angelo, "Borges y las magias del Quijote" en:
www.interletras.com.br., vol. 1, núm. 5, julio-diciembre 2006: "Borges admiraba la capacidad imaginativa de Cervantes, y loaba, sobre todo, su habilidad de insertar, en una realidad aparentemente seca, árida, despojada de cualquier realismo que presuma copiar lo que se observa, sueños, aventuras, fantasías que ennoblecen la percepción de lo visible (...) Esta magia es a la vez efecto y artifi-

humor. Desafía las clasificaciones convencionales de la literatura. Incluso la realidad es a veces envuelta en colores que la tornan irreal, con lo cual se disuelven las fronteras entre vigilia y sueño. El sardónico autor juega con la presunción de que reporta hechos históricos, pero dispara hacia niveles imaginarios sin que el lector advierta cuándo lo hace[72].

Recuerda el periodista Abós que

En 1933 Natalio Botana, director-propietario de Crítica[73], decidió incorporar un suplemento literario que compitiese con los prestigiosos rotograbados dominicales de La Prensa y La Nación (éste, dirigido por Eduardo Mallea). Convocó para llevar a cabo el proyecto a un periodista de la casa, Ulyses Petit de Murat, y a un escritor de treinta y cuatro

cio de la literatura. (...) Borges descubre que, a pesar de sus debilidades estilísticas, de estas patéticas vanidades que creen en la perfección humana, la propuesta cervantina puede sobrevivir al fuego de la inmortalidad: son el diálogo sincero y la tierna amistad que vinculan a Cervantes con su Quijote que, fuera de psicologismos presuntuosos y jadeantes, permiten que el autor "padezca" (en su sentido etimológico y evangélico de "pasión") con su personaje, y el lector, gracias a una callada complicidad, reviva eternamente las aventuras del héroe, como si soñador y soñado se unieran en la función capital del lector, es decir, la magia de hacer "experiencia" de la ficción" (...) Borges mismo aprendió de Cervantes, principalmente, dos enseñanzas. La primera es haberle perdido el respeto (creativamente) a los libros, es decir a su capacidad de glosarlos, parodiarlos y desatar toda su vertiente lúdica. La segunda es su identificación con Quijano y su soledad".

72 Aguinis, "Borges", op. cit.

73 Costa, "Borges" en op. cit. Dice René de Costa que el periódico Crítica era "un tabloide recién fundado cuyos parámetros intelectuales eran los deportes y el sensacionalismo (...) Los lectores de esta publicación serían lo que Henry Mencken llamaba la "booboisie" y Borges hizo para ellos una serie de viñetas cómicas de personajes extravagantes, una galería de piratas, estafadores, canallas

años, Jorge Luis Borges[74].

Borges colaborará en Crítica Revista Multicolor, los sábados, corrigiendo originales, traduciendo y adaptando textos. En consecuencia, se puede afirmar como han dicho otros, que probablemente deba a Natalio Botana el que se lanzase a escribir cuentos (un género en el que no estaba seguro) porque este le exigió publicar uno cada quince días para no perder el empleo. Estas ideas también aparecen corroboradas por Ivan Carlo[75] que nos habla de un cierto escándalo en la época por parte de esta revista que no era bien vista por los periodistas serios por su carácter sensacionalista:

> A revista, belamente ilustrada, misturava literatura com jornalismo marrom na tentativa de agradar ao paladar da massa. Borges, convidado a colaborar, teve de adequar sua prosa a essa demanda. O resultado foi uma mistura de jornalismo com literatura, de fatos reais como imaginarios, ao estilo deo que fazia Edgar Allan Poe.

Comenzó a escribir también cuentos «acuciado por los cierres

---

y gánsteres –hay que pensar que estamos en los años 30- todo bajo el rótulo de Historia universal de la infamia. Después de publicar media docena de estas historias, unas realistas, otras ficticias, Borges se aburrió del proyecto e interrumpió su colaboración en Crítica, pero decidió publicar las historias en un delgado volumen con el mismo título rimbombante de Historia universal de la infamia, en 1935".

74 Ibidem.

75 I. Carlo, "Ideas de Jeca-Tatu. Borges sensacionalista", [en línea], Dirección URL:<ivancarlo.blogspot.com/2006_11_01_archive.html>. (Consultado el día 4 de julio de 2006).

semanales y por los diagramadores, que lo obligaban a cortar textos, a veces, ¡ay!, los propios. En el número 1 de la Revista Multicolor inauguró con el cuento "El espantoso redentor Lázarus Morell" una serie de desmesurado título: Historia universal de la infamia; luego tocó el turno a "Eastman, el proveedor de iniquidades", y así, semana tras semana, fue completando su galería de asesinos, bandoleros, estafadores y criminales, en historias que pasaban vertiginosamente de Arkansas a Five Points, de la antigua China al barrio porteño de Villa Rica...

¿De dónde extraía los argumentos? Borges "refritaba"[76], aderezándolas con su escritura ya entonces inimitable, las fuentes más diversas[77]. En consecuencia, Borges lleva a cabo estos escritos gracias a una coyuntura[78] que le impele a ello y tomando como punto de partida lo que ya había escrito Asbury referido a Estados Unidos. Ahora bien, Borges, conocedor de la tradición literaria española, fundamentalmente de Cervantes y sus aportaciones estilísticas, así como de las vanguardias (su primera etapa es ultraísta y su consideración de alumno de Cansinos Asséns así lo acredita) aporta en su invención indefectiblemente la restauración, renovación o recreación literaria (el refrito al que se refería Abós) creando un nuevo producto que ya no se parecerá en nada a los modelos precedentes, que se va a caracterizar, entre otras, por la ruptura de la tendencia psicologista existente en literatura:

En primer lugar, HUI rechaza la tendencia «psicologista» en literatura, que se propone la tarea –para Borges imposible- de

76 En el DRAE no existe refritar pero sí en el diccionario lunfardo, que le da el sentido de cocinar.
77 Abós, "Scorsese", op. cit.
78 Gil Guerrero, Poética, op. cit., p. 97: "Esta producción narrativa coincide

representar la realidad extraliteraria fenoménica en el texto ficcional sin incurrir en imprecisiones y trabando cada acontecimiento según un orden riguroso de causas y efectos. En su ensayo "La postulación de la realidad" de 1931 Borges aclara este rechazo a partir de un hecho cognitivo: «La imprecisión es tolerable o verosímil en la literatura, porque a ella propendemos siempre en la realidad»[79].

Igual que había hecho Cervantes con los libros de caballerías, al crear la deformación de un personaje como trasunto de la deformación o configuración de una nueva estética, también Broges crea una estética novedosa que puede conformarse como una superación del discurso objetivo y realista que llegaba prácticamente desde el Arte poética de Aristóteles. Y para ello tiene unos claros antecedentes en Stevenson[80], Chesterton, los films de Von Sternberg, la biografía de Evaristo Carriego...

cronológicamente en el ámbito crítico con las reflexiones del autor en torno al género, que aparecieron en diferentes revistas de la época. Al respecto, amerita mencionar dos ensayos fundamentales como 'La postulación de la realidad' de 1931 y 'El arte narrativo y la magia' de 1932".

79 Ibidem. Y añadía Borges en "La supersticiosa ética del lector", Discusión, Prosa Completa, Vol. 1, op. cit., p. 43: "La página de perfección, la página de la que ninguna palabra puede ser alterada sin daño, es la más precaria de todas. Los cambios del lenguaje borran los sentidos laterales y los matices; la página «perfecta» es la que consta de esos delicados valores y la que con facilidad mayor se desgasta. Inversamente, la página que tiene vocación de inmortalidad, puede atravesar el fuego de las erratas, de las versiones aproximativas, de las distraídas lecturas, de las incomprensiones, sin dejar el alma en la prueba".

80 Balderston, "Precursor", op. cit.: "De Stevenson proviene la tendencia a economizar y la exageración en los personajes, el anhelo de "visibilidad" y de escenas sensacionales y la obsesión por ciertas variedades de pícaros". Es interesante en este sentido la obra de P. Champion, "Marcel Schwob et Stevenson", Revue Universelle, 10 de diciembre de 1926, pp. 528-541.

Pero también varios críticos descubrieron que un libro no mencionado por Borges en el prólogo, Vies imaginaires (Vidas imaginarias) de Marcel Schwob, tiene bastantes semejanzas con el libro de Borges. En ese libro Schwob mezcla la biografía, la historia, la arqueología y la poesía para crear una voz literaria propia[81]:

> La utilización de las figuras o motivos de duplicidad, dualidad, desdoblamiento, aparecen en Schwob desde Corazón doble y cobran especial relevancia en las Vidas imaginarias, asumiendo la condición de "copia", recreación de una realidad desconocida, duplicación fantasmal en la escritura. De modo análogo se advierte la presencia emblemática de dichas figuras y motivos

---

81 Por ejemplo, entre las vidas imaginarias a las que Schwob dedicó su atención se encuentran las de "El capitán Kid, pirata", "Walter Kennedy, pirata iletrado", "El mayor Stede Bonet, pirata por humor", "MM. Burke et Hare, asesinos". M. Schwob, "Préface" en Vies imaginaires [en línea] Dirección URL:< http://www.marcel-schwob.org/Oeuvres/170/vies-imaginaires>. (Consultado el 4 de junio de 2006) desarrolla algunas ideas muy interesantes sobre la concepción en torno a lo biográfico que influyeron sin duda en estos personajes "históricos" a los que alude Borges: "Les idées des grands hommes sont le patrimoine commun de l'humanité : chacun d'eux ne posséda réellement que ses bizarreries. Le livre qui décrirait un homme en toutes ses anomalies serait une œuvre d'art comme une estampe japonaise où on voit éternellement l'image d'une petite chenille aperçue une fois à une heure particulière du jour (...) L'art du biographe consiste justement dans le choix. Il n'a pas à se préoccuper d'être vrai; il doit créer dans un chaos de traits humains. Leibnitz dit que pour faire le monde, Dieu a choisi le meilleur parmi les possibles. Le biographe, comme une divinité inférieure, sait choisir parmi les possibles humains, celui qui est unique. Il ne doit pas plus se tromper sur l'art que Dieu ne s'est trompé sur la bonté. Il est nécessaire que leur instinct à tous deux soit infaillible. De patients démiurges ont assemblé pour le biographe des idées, des mouvements de physionomie, des événements. Leur œuvre se trouve dans les chroniques, les mémoires, les correspondances et les scolies (...) L'art du biographe serait de donner autant de prix à la vie d'un pauvre acteur qu'à la vie de Shakespeare..."

en el universo borgeano, dentro del cual, Historia universal de la infamia marca un hito[82].

Y amplia sus pesquisas la autora en las siguientes reflexiones: «Asimismo la interrelación de lenguajes –música, plástica, poesía- característica del simbolismo francés y cultivada por Schwob, reaparece en Borges desde un ángulo nuevo»[83]. Para concluir finalmente con unas palabras que inciden especialmente en la trascendencia del escritor francés en el argentino:

La consideración privilegiada de la condición del lector respecto de la del escritor, lo no dicho cobrando vida por la mediación esencial del acto de lectura; la conciencia respecto de la cualidad ficcional de la escritura; el cultivo de la literatura como aventura por excelencia, en el contexto de dos existencias cuyas peripecias biográficas están básicamente constituidas por la práctica literaria; el libro concebido como biblioteca y en tanto navío en viaje apasionado. Todas estas facetas conceptuales surgen de los textos ensayísticos y ficcionales de Schwob proyectándose, dando lugar al modo muy personal de los desarrollos creadores borgeanos. El recurso mismo del oxímoron –una de las formas paradojales que atraviesan el plano de superficie en cuanto expresión retórica evidente en una primera lectura- se revela materialización verbal de una cosmovisión dual, de una mirada de artista desde la Caída, con la distancia irónica necesaria para la gestación de un poema nuevo[84].

---

82 Uno de los estudios más interesantes que se han escrito sobre las relaciones de ambos escritores lo llevó a cabo B. Kleingut de Abner, Marcel Schwob, Jorge Luis Borges: marginalidad y trascendencia, Universidad Nacional de San Juan, 2006, p. 29.

83 Ibidem, p. 275.

84 Ibidem, p. 338. También al oxímoron como técnica literaria habitual se refiere Gil Guerrero, Poética, op. cit., pp. 105-106: "El oxímoron es un recurso que Borges continuará practicando en su narrativa posterior y que está en la base, por ejemplo, de un motivo fundamental: el doble".

También tendría mucha importancia e influyó sobre manera el libro de Richard Garnett, El ocaso de los dioses, como recordaba María E. Vázquez[85]. También nos recuerda Balderston[86] que «los cuentos tienen aproximadamente la misma extensión, muestran igual interés en pillos de toda clase y presentan a los personajes de una manera deliberadamente artificiosa».

Quizá el defecto achacable a estas historias resida en su capacidad de simplificación. Esta conversión en entidades literarias y el hecho de que el escritor, imbuido por su espacio escénico y por sus concepciones sobre la realidad, guillotine aspectos cruciales en detrimento de la verosimilitud o de la comprensión total de la historia creando una especie de sucedáneos de existencias literaturizadas, que son un modelo de acción y de selección, pero también de reducción. Un hecho que se le criticaba también a Stevenson, al haber simplificado excesivamente y haber reducido a su mínima expresión la complejidad de la vida real. Y Borges era consciente de ello cuando decía en el prólo-

85 M. E. Vázquez, "Se lanza el primer libro de relatos de Borges", La Nación.com, 28 de agosto de 2005.

86 Balderston, "Precursor", op. cit. Sigue afirmando el profesor de Iowa: "Schwob declara en el prólogo que los historiadores tienden lamentablemente a dejarnos en la ignorancia sobre ciertos pormenores que ayudan a nuestra comprensión de las figuras históricas —las cáscaras de naranja que el Dr. Johnson llevaba en los bolsillos, por ejemplo— mientras, por lo contrario, «El arte se opone a las ideas generales, describe lo individual, desea lo único. No clasifica; desclasifica», y más adelante: El arte del biógrafo consiste precisamente en la selección. No debe preocuparse por ser verdadero; debe crear un caos con rasgos humanos. Leibniz dice que Dios, para crear el mundo, eligió lo mejor entre lo posible. El biógrafo, como una divinidad inferior, sabe elegir lo que es único entre los posibles humanos".

go[87] que se abusaba en ellos de algunos procedimientos como «la reducción de la vida entera de un hombre a dos o tres escenas».

Pero tanto Stevenson como Borges coinciden en que sus obras son tomadas de los libros y nunca son recreaciones del original. Se trata de aventuras siempre librescas al igual que Cervantes realiza una recreación libresca (en cierto modo) con El Quijote, con todas las aportaciones y novedades a las que nos referimos en su momento. Borges, no obstante, se acerca muchos más a Cervantes, del que ha captado su tono burlón y caricaturesco, hecho que no acaece en Stevenson. Pero el arte literario, la creación literaria, en definitiva, es libresca: todo son palabras y la conformación de una serie de convenciones entre lector y escritor que forman la sustancia del pacto narrativo; y las necesidades mecánicas de uno u otro arte determinan un producto más artificioso o convincente.

En este caso Historia universal de la infamia, aun en sus reducciones vitales, es un producto convincente. Como recuerda Tomás Eloy Martínez:

Jorge Luis Borges, que comenzó ejercitándose en las ficciones verdaderas porque desconfiaba de su propia imaginación –como Stendhal-, declara en la Autobiografía que sus primeros "cuentos legítimos asumían la forma de falsificaciones y seudo ensayos". "En Historia universal de la infamia –escribe- no quise repetir lo que hizo Marcel Schwob en sus Vidas imaginarias. Schwob inventó biografías de hombres reales sobre los que hay escasa o ninguna información. Yo, en cambio, leí sobre personas conocidas, y cambié y deformé deliberadamente todo a mi antojo". Uno de los propósitos de aquellos ejercicios era complacer al público. "Esos relatos –advierte Borges- estaban

---

87 Borges, "Prólogo", op. cit., p. 147.

destinados al consumo popular en las páginas de Crítica y eran deliberadamente pintorescos"[88].

En cualquier caso, sí podemos afirmar con Balderston que

Un estudio cuidadoso de los cuentos de infamia demuestra que, si no hay una "emanación personal", habría al menos un principio ordenador impuesto a los cuentos tales como fueron contados y vueltos a contar en las fuentes publicadas, una innovación estilística y técnica estrechamente relacionada con la amanerada artificialidad de Stevenson, Chesterton y Sternberg. Muy a menudo los cuentos difieren de sus fuentes por la introducción o exageración de leitmotivs —atributos que se adhieren como adjetivos a los personajes (como Borges dice en "El muerto", OC, 548) tales como las mascotas de Eastman, la obsesión del Profeta velado por las máscaras, los espejos y la ceguera, o el insistente uso de los dobles en el cuento sobre el caso Tichborne, "el impostor inverosímil Tom Castro"[89].

En "Magias parciales del Quijote", perteneciente a su libro El hacedor (1960) decía Borges que "en 1833 Carlyle observó que la historia universal es un infinito libro sagrado que todos los hombres escriben y leen y tratan de entender, y en el que también los escriben"[90], y quizá esta gran metáfora de Carlyle sea la que siga Borges al escribir la Historia universal de la infamia, un libro en el que también, en cierto modo, todos somos héroes y villanos, todos somos los escribanos y los lectores del mismo.

88 Martínez, "Ficciones", op. cit.
89 Balderston, "Precursor", op. cit.
90 J. L. Borges, "Magias parciales del Quijote", El hacedor, Prosa completa, vol. 2, op. cit., p. 175

Como resumen, nos parecen interesantes estas palabras de Servelli[91]:

> Los cuentos de Historia universal de la infamia priorizan los lineamientos argumentales (la trama) por sobre la construcción exhaustiva del personaje literario. Este último resulta bocetado mediante la presentación circunstancial de algunos rasgos aislados: Monk Eastman recorriendo su imperio neoyorkino con una paloma al hombro, el negro Bogle detenido en cada bocacalle recelando el cruce fatal, la crencha rojiza de Billy the Kid sobresaliendo en un conventillo plagado de negros, Kuranosuké, el consejero, revolcado en un vómito mientras pergeña la venganza. El campo semántico negativo señalado en la serie de citas con que pretendimos delinear una teoría del personaje cinematográfico (según Borges) es perfectamente aplicable a este conjunto de personajes: disfrazados, caricaturales, irreales. La elección y presentación de los personajes biografiados en HUI no apunta a una familiarización con el lector sino, por el contrario, a un extrañamiento, de manera tal que la única coherencia posible sólo pueda darse en la máscara. Los cambios de nombres, los nombres falsos, la ausencia de "efigies", la impostura, y el enmascaramiento dominan los relatos. Señala Molloy en Las letras de Borges, que "el personaje de Borges rara vez es persona, si actante diseminado en el texto", no hay un personaje que encarne en una situación que dé cuenta del texto, sino que hay en los cuentos una "situación plural", la organización de un argumento.

---

91 Servelli, "Mirando", op. cit.

SEGUNDA PARTE

LA LITERATURA
Y SUS GRANDES INFAMES

EL ATROZ REDENTOR LAZARUS MORELL

Como afirmó el propio Borges, la historia de Lazarus Morell[92] la consiguió de un capítulo de Life on the Mississippi de Mark Twain (New York, 1883) y de Mark Twain´s America por Bernard Devoto (Boston, 1932). Sus orígenes librescos impregnan desde el inicio todas estas historias, como venimos afirmando. El libro Life on the Mississippi posee una serie de relatos entrañables entre los que destaca la historia de Murel (que servirá a Borges para escribir su Lazarus Morell), el traficante de negros, destacando el diálogo de los dos agentes viajeros -el vendedor de oleomargarina y el de aceite de algodón-; el encuentro con el minucioso canalla y empresario de pompas fúnebres de Nueva Orleans; la evocación de aquellos muchachos traviesos de Hannibal, Missouri, que se saben grandes pecadores y se arrepienten (intensa y tardíamente) en una noche de tormenta, para olvidar sus delirantes promesas de virtud con el esplendor del sol;

92 G. Gotschilich: "Lectura borgeana de la literatura gauchesca: ensayos y cuentos" [en línea] :<http://www2.cyberhumanitatis.uchile.cl/16/tx1.htm. (Consultado: el día 19 de septiembre de 2006). Dice el profesor chileno que algunas de estas historias como la de Morell serán precedentes de otras: "Es destacable en Borges el seguimiento con que busca realizar desde obras tempranas, el juego para él entrañable de vincular ficciones, de prefigurarlas desde otros escritos y registrarlas, primero en su memoria poética y posteriormente en los textos. La muerte de Fierro a manos del Moreno ya fue imaginada, entre una cadena de hechos infinitos, por el narrador de El espantoso redentor Lazarus Morell, quizás como una manera de anunciar redenciones y condenas literarias que fijaría su escritura en los libros por venir. Más allá de lo declarado acerca de la dimensión moral del gaucho como figura imitable por el argentino, Martín Fierro fue para Borges un personaje de fuertes connotaciones simbólicas y el libro de Hernández una suerte de paradoja, tanto o más simbólico que el personaje mismo".

la aguda descripción de una típica mansión sureña: la abrumadora casa del ciudadano más rico y más notable. En estas páginas el autor se recrea en su mundo más inmediato, el de su experiencia más íntima y cordial. Y de ahí lo tomará Borges para escribir un cuento inteligible. Costa, tras afirmar que emplea un lenguaje forzado en este y otros relatos afirma lo siguiente:

> El relato inicial sobre El atroz redentor Lazarus Morell está situado en la desembocadura del río Mississippi, descrita de forma altisonante como <el digno teatro de ese incomparable canalla>. Esta enfilada de palabras es una ilustración de lo que Mark Twain llamó <a stopper>, un frenazo al final ya que el lector debe pararse a verificar si ha leído bien. Se trata de un recurso cómico con un repentino cambio de registro que sigue a una secuencia seria y que sorprende al lector. La pauta de la prosa es progresivamente rimbombante y laudatoria hasta llegar a la palabra final, <canalla>, que no esperamos. He aquí la frase completa con toda su majestuosidad ciceroniana: <El Padre de las Aguas, el Mississippi, el río más extenso del mundo, fue le digno teatro de ese incomparable canalla>. Este tipo de prosa nos condiciona la lectura de modo que somos capaces de apreciar la descripción –altisonante y repleta de figuras retóricas- del escenario, que por esta razón resulta casi insólita (...) Lo que hace que esta prosa resulte tan brillante es su exageración burlesca, con la dosis de verosimilitud necesaria que permite su interpretación. Se lee como una parodia de Faulkner (a quien Borges tradujo para publicarlo en Sur), que se mueve en dos direcciones al mismo tiempo, impasible y solemne en el tono, y a la vez ridícula en el tenor[93].

El título ya alude a un sentido seudorreligioso. Pero, ¡cuidado!, Lazarus Morell lleva dos adjetivos encadenados sin solución de continuidad que lo limitan y definen *ab initio*.

Se ha ajustado la redención a un sentimiento bíblico, al menos en su origen. Y, en consecuencia, cuando se detiene el lector en el concepto, acto seguido se defiende el sacrificio de Cristo por el género humano. Sin embargo, la redención a la que se refiere Borges en esta historia opta por la primera acepción que otorga el verbo redimir, o sea, rescatar o sacar de esclavitud al cautivo mediante precio. Podríamos pensar que es un objetivo loable, rescatar de la esclavitud a los cautivos, pero es una redención con trampa, es un rescate en el que existe truco; y este truco lo adjetiva Borges como «atroz», o sea, cruel, inhumano, terrible.

Y esto es así porque la actividad de Lazarus Morell está cercana a la abyección más que a la solidaridad: obtener ganancia de la esclavitud. A través de sucesivas ventas y con el engaño como principio Morell hace creer a los negros (que se dejan vender porque piensan que van a obtener la libertad) que han quedado libres cuando, en realidad, lo único que pretende es conseguir una ganancia mayor a través de sucesivas ventas. Lazarus Morell es, en consecuencia, un personaje repugnante que se alimenta sádicamente del sufrimiento humano que fomenta, de la petardista ilusión inicial que crea la libertad y del amparo que aparentemente genera su ilusión óptica.

93 Costa, "Borges", op. cit. En definitiva, resume Costa: "Se trata de recursos de la retórica clásica, que aquí son utilizados con la estrategia de un vanguardista para juntar realidades distantes y provocar insólitos sentidos, en su período ultraísta, Borges había empleado esta técnica para forjar imágenes nuevas. En Historia universal de la infamia la utiliza para generar incongruencias iluminando lo ridículo, aquí convierte a Lazarus Morell y a los coroneles de Kentucky en una misma cosa (...) Morell es una versión decimonónica de Al Capone, una variante más de un hombre que es todos los hombres, y que vive la cíclica repetición de la historia".

95 Barros-Lémez, "Infamias", op. cit.

Aunque, al final, logra morir de una muerte poco trágica y un tanto digna para su irresoluta obscenidad: una congestión pulmonar en el hospital de Natchez donde se había hecho internar bajo el nombre de Silas Buckley. En realidad, logra morir después de una traición de otro blanco y, por supuesto, ajeno al rol que había cultivado en vida. No es el final que merecía pero a veces los más abyectos sujetos son tocados por la mano del destino con más dulzura que los más desgraciados. La definición del personaje podría coincidir con la siguiente imagen:

> Toda la saga de Morell no es otra cosa que la historia de un ladrón y asesino, racista enmascarado y, en definitiva, fracasado que crea su peculiar nebulosa de "majestad de los canallas encanecidos", "adúltero, ladrón de negros, asesino"; pero, con un "fatal manejo de la esperanza" y capaz también de crear la "atroz evolución de una pesadilla"[94].

La obra está organizada en varios apartados que llevan títulos diversos y sirven de guía sobre la temática que aborda en cada uno de ellos a la vez que de progresión y avance lineal: "La causa remota", "El lugar", "Los hombres", "El hombre", "El método", "La libertad final", "La catástrofe", "La interrupción". Esta estructura de tipo fragmentario, como una aleación de partes que posee en principio una autonomía manifiesta aunque existan elementos de continuidad como veremos, se extiende a los otros cuentos, «como una malla susceptible de aplicarse, con variaciones, en los sucesivos relatos: "la causa", "el lugar", "los hombres", "el hombre", "el método". Muchos de estos fragmentos son presentados por el narrador a la manera de un guión cinematográfico:

94 Barros-Lémez, "Infamias", op. cit.

La imagen de las tierras de Arizona, antes que ninguna otra imagen (...). En esas tierras, otra imagen, la de Billy de Kid: el jinete clavado sobre el caballo ("El asesino desinteresado Bill Harrigan"). También la introducción de "El proveedor de iniquidades Monk Eastman" puede ser equiparada a este formato (...) Fragmentación y elipsis, imprecisión y selección, dominan formalmente el conjunto de las biografías infames, instaurando un sistema de remisiones de doble sentido: tanto el lenguaje del cine devela aspectos narrativos aplicados a la práctica literaria, como los procedimientos literarios posibilitan una lectura formal del cine[95].

"La causa remota" alude al siglo XVI en América y al Padre Bartolomé de las Casas[96], en un juego de contradicciones con el propio texto del relato. Borges ironiza abiertamente sobre las ideas del dominico y zahiere con su habitual inteligencia a este hombre por sus antítesis inmensas:

En 1517 el P. Bartolomé de las Casas, tuvo mucha lástima de los indios que se extenuaban en los laboriosos infiernos de las minas de oro antillanas, y propuso al emperador Carlos V la importación de negros, que se extenuaran en los laboriosos infiernos de las minas de oro antillanas[97].

Si De las Casas propone al emperador una fórmula para evitar el mal de los indios americanos (la emigración forzosa de los negros africanos, de menor valor al parecer, hacia América) y bajo la enseña del bien, propone un mal; también Morell propo-

96 Servelli, "Mirando", op. cit., p. 90.
97 Comenzó la redacción de su obra Historia de las Indias en 1514, a los treinta años de edad. Pero fue después de doce años en el Nuevo Mundo cuando comienza su reacción contra los abusos de los conquistadores. Y en

ne a los negros su salvación sólo que con truco, engaño y abyección. Borges equipara así a fray Bartolomé de las Casas con
Morell. Creo que Borges es injusto en este tratamiento del padre
dominico. Considero que la referencia histórica, cierta sin duda,
con la que comienza forma parte de ese animus vindicativo que
se aprecia en sus palabras y no objetiva las razones históricas del
dominico ni su defensa del indio americano. Aunque es cierto
que lleva razón, grosso modo, porque se trataría de contribuir a
eliminar un mal creando otro mal quizá mayor, pero este asunto (no justificable) debe ser entendido dentro de los parámetros
de la abyecta consideración en la que estaba el negro en el siglo
XVI. Esta acción, dice Borges, trae una cascada de hechos,
sucesos y acontecimientos que a la vez enriquecen y empobre-
cen el continente americano pero cambian, sin duda, el curso de
la historia. Entre los que enumera encontramos los blues de
Handy, los quinientos mil muertos de la Guerra de Secesión, la
admisión del verbo linchar o la sangre de las cabras degolladas
por el machete del papaloi... dice, entre otras cosas, Borges con
afán de hipérbole y como una consecuencia histórica de la
advertencia y recomendación del dominico al emperador. Pero
también, considera que la existencia de Lazarus Morell y su conducta abyecta tienen su causa remota en el dominico.

Un comienzo que más tiene que ver con la instrumentalización
de la historia, con la intromisión de la novela en la singladura his-

---

Brevísima relación de la destrucción de las Indias realiza un análisis de las injus-
ticias cometidas. Es interesante en este sentido el estudio de L. Veres, "El marco
de la ficción en la Brevísima relación de la destrucción de las Indias de Fray
Bartolomé de las Casas" [en línea] Dirección URL: <http://www.ucm.es/info
/especulo/numero9/bcasas.htm>. (Consultado el día 2 de agosto de 2006).

tórica, si bien con una evidente manipulación literaria como es habitual en Borges, que intenta crear un mestizaje en sus obras entre lo ficcional y lo histórico manipulado y deformado según su especial concepción connotativa del hecho literario:

> La concisión y precisión del lenguaje que caracteriza desde el comienzo este relato acercan el discurso ficcional al discurso expositivo propio de los textos científicos caracterizados por el uso de la monosemia. En ocasiones incluso podría hablarse de discurso tendencialmente enciclopédico[98].

Lazarus Morell deviene, en consecuencia, un alumno aventajado del P. Bartolomé de las Casas, que se erige en causa sin la cual no hubiera existido. Sobre estas consecuencias no realistas de la obra literaria en Borges decía Méndez:

> Verdadero manifiesto en pro del desgastado modelo realista en la literatura; una aparente contradicción con todo el aparato fantástico que había venido desarrollando, no sólo en sus narraciones, sino incluso en sus ensayos, algunos de los cuales fueron presentados bajo esta denominación, cuando en realidad se trataban de ficciones, como por ejemplo en "El atroz redentor Lazarus Morell" y otros artículos de este tipo, donde Borges abruma al lector con citas y referencias eruditas que muchas veces sólo existen en su imaginación (hecho que no ha impedido que algunos críticos de su obra se devanen los sesos

---

98 Borges, "Atroz", op. cit., p. 151. Obsérvese que Borges repite exactamente la misma frase con el evidente propósito estilístico de remarcar que el cambio de un indio por un negro nada añadía a la extenuación de un ser humano.

intentando encontrar en polvorientos volúmenes sus oscuras referencias)[99].

Los apartados siguientes tratan de ordenar el relato según unos criterios precisos que van desde lo más general y espacial (el lugar) hasta los más concreto (los individuos) pasando por la acción que desarrollan (el método) y la conclusión (la interrupción). Sigue un estricto criterio lineal que trata básicamente de configurar una imagen, la de un individuo, y la construcción solidaria de una desgracia: la explotación y el engaño permanente del negro por parte del blanco:

> En secuencia quizás tributaria del folletín el relato se enmarca en dos cromatismos: lo negro -"sedimento de esperanzas bestiales y miedo africano"; "parentescos convencionales y turbios"; "cantaban hondos y en montón: Go down Moses. El Mississippi les servía de magnífica imagen del sórdido Jordán"-; lo blanco - ociosos y ávidos caballeros de melena rumbosa"; "canalla blanca"; *"poor whites"* que viven en "las chacras abandonadas, en los suburbios, en los cañaverales apretados y en los lodazales abyectos"; "pecadores, vagos cazadores, cuatreros", que, pese a ser blancos, "de los negros solían mendigar pedazos de comida robada"[100].

El segundo apartado, "El lugar", recurre al centro neurálgico del relato, el río Mississipi, del que crea toda suerte de metáforas y símbolos literarios, mitológicos, históricos..., definido

---

Otra cosa distinta es el diferente valor que Borges le dio en algún momento de su vida a los seres humanos y sus profundas contradicciones al respecto.

99 L. M. Méndez, "Borges y su incursión en la literatura realista" [en línea] Dirección URL:< www.letralia.com/ed_let/borges/ensayo/mendez.htm>. (Consultado el día 3 de enero de 2007).

100 Barros-Lémez, "Infamias", op. cit.

como río de «aguas mulatas», pero también reflejo de la basura venerable que ha construido el delta y despojo de un «continente en perpetua disolución». Con lo que advierte claramente que el río, el lugar donde se desarrolla la acción de la historia, también revela en su continuidad física otras historias. Cree obviamente que el medio se hace depositario de las acciones humanas y se humaniza en sentido negativo. Y en ese ámbito aparece el hombre, cuya aparición no deja de ser magnífica literariamente y profundamente simbólica:

> Las habita una estirpe amarillenta de hombres escuálidos, propensos a la fiebre, que miran con avidez las piedras y el hierro, porque entre ellos no hay otra cosa que arena y leña y agua turbia[101].

El tercer apartado, "Los hombres", es una continuación de esa imagen que nos precede. Pero, por interés literario, los acontecimientos que nos ocupan se sitúan temporalmente en el siglo XIX, en una época en la que las plantaciones cercanas al río eran trabajadas por esclavos negros. Personas que no habían sobrevenido a Cristo sino que abrazaban la fe cristiana y, a modo de ejemplo, el Mississipi, dice Borges, «les servía de magnífica imagen del sórdido Jordán"[102]. Digamos que Borges crea la imagen, pero en sentido inverso: en cuanto cercanos al río y miembros del mismo, abrazan la esclavitud si en el Jordán los cristianos, al bautizarse, adquirían la liberación espiritual. Por

---

101 Borges, "Atroz", op. cit. p. 152.

102 Como se recordará, el río Jordán circula por un tramo de la depresión conocida como Rift Valley, hasta desembocar en el Mar Muerto, tras haber atravesado, en doscientos quince kilómetros de curso, el territorio de Siria, Israel y Jordania. Fue en él donde San Juan Bautista bautizó a Jesucristo y se abrió el cielo para dar validez al acto, convirtiéndose el bautismo en requisito indispensable para formar parte de los elegidos.

eso le aplica Borges el adjetivo sórdido porque el Mississipi, en cuanto Jordán que simboliza y acoge la esclavitud, sólo puede ser apreciado con este adjetivo que nos habla de la obscenidad, la falta de generosidad y de insolidaridad del ser humano. De este modo está contraviniendo el mito, esgrimiéndolo, manipulándolo y advirtiendo de su embeleco vital.

Pero si en el primer párrafo centraba su interés en los negros: trabajando de sol a sol, durmiendo en cabañas, de parentescos turbios, sin apellidos, sin saber leer, bajo la fusta o rebenque del capataz; en cambio, el segundo párrafo (de modo ordenado y simétrico) corrobora la otra parte, los *poor whites* y los propietarios: «ociosos y ávidos caballeros de melena», compradores de esclavos a mil dólares la pieza y a los que sacaban el mayor rendimiento antes de que enfermaran y murieran, porque el ser humano no valía nada para ellos si tenía un color oscuro.

Es evidente en estas palabras un duro alegato contra la esclavitud. Toda la historia lo es, en tanto desarrolla el espíritu masacrado y al masacrador como tenaz y atroz. Lo social no impide el relato ni una ordenación excesiva del mismo, tan inteligible y exclusiva. Pero junto a estos negros, y a estos propietarios, también sobrevive otro estrato social al que Borges llama la canalla blanca, los *poor whites*: pescadores, vagos, cazadores, cuatreros. Gente que sobrevivía con una única vanidad: el haber impedido la mezcla con el negro. Un alegato también crítico, por cuanto toda América es una promiscua fusión entre el negro y el blanco, un absoluto mestizaje. Sin embargo, este grupo de pobres canallas llevan la jactancia blanca en sus venas. Por consiguiente, viene a decir Borges que la vanidad clasista no pertenece sólo a la clase social poderosa, esos propietarios que explotan a los esclavos, sino que también forma parte de la idiosincrasia de los pobres blancos, por muy canallas que sean. Y en este ámbito, Lazarus Morell, del que todavía no sabemos nada en el relato, forma parte de esos *poor whites* engreídos y sin impureza.

En el cuarto apartado, "El hombre", Borges pretende dar una imagen a caballo entre lo subjetivo y lo objetivo engañoso y literaturizado. Tras afirmar que no pertenecería su imagen y visión personal del individuo a la ofrecida de él en las revistas americanas, sí percibe la voluntad de envolverse en el misterio y nos recuerda que no fue una persona agraciada, pero que, andando el tiempo, lograría alcanzar la «majestad que tienen los canallas encanecidos, los criminales venturosos e impunes». Enumeración de adjetivos que sacrifican la imagen y proyectan la «verdad» sobre un personaje indigno. A pesar de que a través de diversas opiniones de seres anónimos, el dueño de una casa de juego y otros, y del propio Lazarus Morell, trate de ofrecer una imagen más objetiva: uno de ellos dice que lo vio en el púlpito y escuchó sus palabras edificantes, pero que sabía que «era un adúltero, un ladrón de negros y un asesino en la faz del Señor».

Se crea una extraña mezcla en la que interviene esa capacidad oratoria de Lazarus Morell para engañar a su público con la palabra e incluso provocar la lágrima (lo más intenso a lo que se puede llegar cuando se oye a un orador) y a la vez saber que es un depravado. La otra visión la da el propio Lazarus que aparece como lector de la Biblia, una astucia que ponía en marcha para robar: mientras Lazarus los engatusaba con su alegre verbo «cristianizador», sus compañeros de fechorías se dedicaban a robar en el más puro estilo cuatrero los caballos de los asistentes al acto oratorio.

Presentado el personaje, de cuyos rasgos físicos o psíquicos no sabemos absolutamente nada (ya advirtió Borges en el prólogo que no se trataba de ahondar en psicologías), sí en cambio de su modo de actuar, Borges explica su comportamiento con

los negros en el apartado quinto, "El método". La conexión
entre los diversos capítulos la consigue a través de las últimas
palabras de cada sección, creando como una especie de encade-
namiento con las últimas líneas precedentes de uno y otro. De
este modo la unidad del relato no se resiste, a pesar de tan abul-
tadas, contundentes y definitivas separaciones. Este método,
dirá Borges, ofrece

> Su buen lugar en una Historia universal de la Infamia. Este
> método es único, no solamente por las circunstancias sui gene-
> ris que lo determinaron, sino por la abyección que requiere,
> por su fatal manejo de la esperanza y por el desarrollo gradual,
> semejante a la atroz evolución de una pesadilla[103].

El método consistía, en definitiva, en lo siguiente: Elegían un
negro desdichado y le proponían la libertad. Le decían que
huyera de su patrón, para ser vendido por ellos una segunda vez
en alguna finca distante. Le darían entonces un porcentaje del
precio de su venta y lo ayudarían a otra evasión. El procedimiento y el lugar simbólico que serviría para desarrollar el
método sería el río.

El capítulo sexto lleva por título "La libertad final". Y siguiendo el procedimiento anterior se advierte que el negro no se pon-
dría a la venta por los sicarios de Morell hasta que el dueño pri-
mitivo no hubiera denunciado su fuga y ofrecido una recom-
pensa, con lo que cualquier persona podría retenerlo y, por
tanto, la venta anterior sería un abuso de confianza y no un
robo. En esas circunstancias, el negro esperaría la libertad, pero

103 Borges, "Atroz", p. 154.

cualquier sicario de Morell podría matarlo de un tiro o de una puñalada.

¿Cómo se resolvió sin embargo este negocio tan suculento? Como se resuelven todos, con la felonía: en agosto de 1834 rompió su juramento Virgil Stewart, un joven de Arkansas, y delató a Morell, que pudo escapar de la justicia, como se desarrolla en el capítulo séptimo, "La catástrofe". Morell estuvo escondido tres días y llevó a cabo un plan *in extremis*: aprovecharse de los hombres que le debían su libertad: los negros del sur, de los que quería valerse para llevar a cabo una sublevación total de los negros, la toma y el saqueo de Nueva Orleáns y la ocupación de su territorio, y con esa finalidad se dirigió a Natchez. Obviamente, este procedimiento pretende dejarlo muy claro Borges, no tendría nada que ver con los llamados irónicamente por el narrador anarquistas, los abolicionistas yankees. Ahora el relato lo conduce Borges en primera persona y con la voz de Morell explica su recorrido durante varios días y cómo mata a uno de un balazo en la nuca para robarle el caballo.

En el último capítulo, "La interrupción", el más breve, se cuenta el final que se precipita. Morell se convierte en una especie de símbolo contradictorio viviente en tanto capitán de los negros o ahorcado por los mismos que soñaba capitanear. Cuando estaba tratando de organizar esa rebelión, falleció el dos de enero de 1835 de una congestión pulmonar en el hospital de Natchez bajo el seudónimo de Silas Buckley. Su semilla había quedado impregnada y el dos y el cuatro los negros quisieron rebelarse sin éxito:

> El fin del protagonista y su cadena de horrores de resultas de una congestión pulmonar, acentúa el desequilibrio fundamental de la historia, clausurada bruscamente con un efecto iróni-

co, antiheroico. Morell muere como un común mortal, ni siquiera a manos de sus enemigos[104].

En realidad, la historia de Morell se comprende como un tráfico delictivo menor en el que lo único importante es mostrar un momento de la historia y donde las infamias son múltiples: desde la que inicia el relato -la del padre las Casas-, pasando por las de los propietarios blancos de las plantaciones, siguiendo por las de los miembros de la banda de Morell (blancos y mulatos) hasta llegar a la del propio Morell y su fracaso múltiple: como delincuente, como racista, como cabecilla de rebeliones de la venganza.

Quizá Borges está enormemente embebido en el procedimiento de este relato. Abusa de la división compartimental, repite la actuación incluso cuando parece excesivamente clara y en varias pinceladas hubiera resuelto la situación. En cambio, en otros momentos, como, por ejemplo, hacia el final de la obra, resulta expresivamente resolutivo por su parquedad en la imagen y en los procesos verbales o visuales. Más que interés en mostrar un personaje lo tiene en conducir un ambiente, un entorno, un hecho. Lo fáctico le subyuga. Está muy interesado en la estructura, le obsesiona hasta tal punto que olvida al que sustenta la obra: el personaje, Lazarus Morell, del que ignoramos cómo viste, cómo habla o si tiene alguna imagen, su interés va más allá de la sustancia del personaje, pero en cualquier caso hay un crematístico origen estructural y una conducción somera y resolutiva. Las oraciones breves, el avance en la acción y la conformación de un imaginario resuelven una obra que

104 Serra, "Lenguaje", op. cit., p. 662.

podría haber dado mucho más de sí si el escritor hubiera desconfiado un tanto del plomizo peso de la trama y hubiera confiado más en la creación del personaje.

II

EL IMPOSTOR INVEROSÍMIL TOM CASTRO

Las ideas de «mismidad» (*selfhood*), identidad e impostura han sido históricamente conceptos que le han interesado a la filosofía y motivo de pertinaces razonamientos en eso que se ha dado en llamar la construcción del ideal burgués. Fue Platón el que consintió en la planificación del proceso pensante al construir la imagen del original y subrayó la «Idea» como principio, y los simulacros que se pudieran crear como altercados o procesos que contendrían la tragedia o la ruptura de esa identidad inicial.

Locke llegó incluso a planificar el proceso como asentado indiciariamente en los recuerdos, de los que afirmaba que eran los garantes de la identidad de la persona.

Leibniz contribuirá a esta tendencia con sus reflexiones sobre la Cosa en Sí y su Representación.

Kant consideraba que cuando una persona se desvincula de sus vínculos y adquiere autonomía *per se* estaríamos en presencia de la construcción de la identidad y de la mismidad.

Freud, sin embargo va a problematizar el proceso y nos hablará de que la consecución de la identidad va a depender del Otro, en tanto la memoria se divide (in-dividuo) y se presenta difícilmente como uno y sí, en cambio, como muchos. También el escritor ginebrino habló en su momento del «síntoma de la negación», que consiste en rechazar toda evidencia razonable cuando la misma contaría los más profundos anhelos de quienes prefieren vivir en el engaño.

En este ámbito se inserta uno de los más famosos impostores de la historia: el estafador Arnaud du Tilh, que se hizo pasar por Martin Guerre, un impostor del siglo XVI del que ya hablaría Montaigne en sus Ensayos a través de "Des Boyteux". Se presentó como si fuera el verdadero Martin Guerre, dueño de propiedades, de una esposa e hija, y fue aceptado como tal por sus similares características físicas y por conocimientos del fallecido. Incluso llegó a tener dos hijos con la supuesta mujer y alcanzó notabilidad. El engaño se deshizo cuando apareció el verdadero Martin Guerre[105]. En 1560 el impostor fue llevado al patíbulo y quemado tras pedir perdón delante de su mujer y sus dos hijos.

Seguramente esta fue la remota causa de inspiración de Borges para escribir esta historia sobre la identidad, la mismidad y la impostura, y la necesidad de reflexionar sobre ese yo actuante y pensante en el que Descartes con su «cogito ergo sum» depositaría el concepto de identidad. Por supuesto que la causa más cercana, concreta y precisa, será la que refiere tanto Gosse como Seccombe.

Con esta obra que relata la impostura del estafador Castro, un ingenio inverosímil del fraude, rescribió Borges, introduciéndole considerables cambios, un artículo de la Encyclopaedia Britannica[106]. Se basó para su desarrollo en la obra de Philippe

105 Richard Gere protagonizaría el film Sommersby que toma del escenario de la película Le retour de Martin Guerre de Daniel Vigne donde se desarrolla esta historia.

106 Dice la Enciclopedia Britannica: "«Tichborne claimant was the name given to a man who in 1865 claimed to be Roger Charles Tichborne, heir to a large estate in Hampshire, who had been missing at sea sinche 1854. After marathon trials (1871 and 1874) which attracted intense public interest, the claimant

Gosse, The History of Piracy (London, Cambridge, 1911). Una obra que recoge lo más granado de la historia de la piratería, motivo de consulta y reproducción en diversos ámbitos. Borges leyó en la Encyclopaedia Britannica un artículo de Thomas Seccombe (1866-1923), profesor de historia en la Universidad de Londres, y autor de numerosos estudios como The Age of Johnson y secretario de redacción del Dictionary of National Biography. En consecuencia, sabemos que este Tom Castro es real, no solo por la confirmación de la Enciclopedia Británica sino también por la de la revista Ercilla, después del estudio que llevó a cabo Pablo Neruda sobre este asunto, aunque ha habido autores que dejándose llevar por el atractivo que ejercía la prosa de Chesterton en Borges han querido ver otra cosa[107].

También ha sido vista esta historia como un *remake* de otras

---

was declared to be a certain Arthur Orton, a butcher´s son from Wapping, a district of London>. The real Tichborne was aboard a ship out of Río de Janeiro which was lost a sea, apparently with no survivors. His mother refused to believe him dead. <In 1865 she learned through a missing-persons agency that a man claiming to be her son was working as a butcher in Wagga Wagga, Australia; she met and ´acnowledged´him in 1867, but other members of the family asserted that he was an impostor and tried to prove that the was Arthur Orton, who had jumped ship in South America in 1849>. The claimant sued to win the baronetcy and inheritance. After 2 trials, hi was judged to be an impostor and tu have committed perjury, Orton was sent to jail in 1874. <The case received wide publicity and the claimant won a large following among the British public. Released in 1884, he died in poverty in London in 1898»".

107 R. Merino, "Roger Charles Tichborne (1828-1854) y Tom Castro (1834-1898). Mortalmente parecidos", [en línea] Dirección URL: http://www.elmostrador.cl/modulos/noticias/constructor/detalle_noticia1.asp?id_noticia=55874>. (Consultado el día 3 de octubre de 2006): "La posibilidad de que el nombre de Tom Castro no fuera sino un anagrama etimológico del que Chesterton (la palabra inglesa chester procede de la latina castra) ayuda también a esta distracción felizmente literaria".

de Stevenson, del que Borges bebió con fruición y al que consideraba un maestro como a Cervantes. Así lo defiende Balderston cuando dice:

> Quisiera detenerme en este último cuento (se refiere a "El impostor inverosímil Tom Castro") debido a su vinculación con el mundo de Stevenson, no sólo histórica —por ser imaginado en la época victoriana y por tratar de un mundo de villanos e impostores al que Stevenson era tan afecto— sino técnica, debido a la tendencia hacia la caricatura y la "exageración negativa" que Stevenson considera un elemento necesario del cuento breve[108].

Aborda Borges, en consecuencia, el tema de la impostura y la inverosimilitud y el tema del doble, tan querido para él. La historia plantea un asunto atractivo para el lector: ¿qué ocurriría si un hombre quisiera sustituir a otro? A veces, para quien está decidido a creer es menos perjudicial una mentira que una verdad que lo decepcione:

> El mito identatario se construye con tales materiales (de segunda mano: patria, esencia, raza). Pero todo el mito que pretenda invadir el mundo objetivo es una impostura contra la realidad. Así, cualquier falsa identidad resulta una impostura. Habrá que pensar si no es también impostura toda pretendida identidad, cualesquiera que esta sea. Habría que ver si es posible la existencia de una identidad que no constituya en última instancia mera simulación e impostura. Habrá asimismo que pensar si hay sitio en este mundo para un fenómeno real que

108 Balderston, "Precursor", op. cit.

responda a lo que llamamos identidad o si dicho término es sólo una entelequia entre tantas[109].

Tom Castro, seudónimo del inglés Arthur Orton, pedía para sí la identidad y la herencia de Roger Charles Tichborne[110], un aristócrata con el que evidentemente nada tenía en común y con el que apenas lo hermanaba la ciudadanía británica. El que tiene la idea es el negro Ebenezer Bogle, que se hace amigo de Castro. Tras conocer el aviso en la prensa de la madre de Roger Charles Tichborne, que se niega a aceptar la muerte de su hijo en un naufragio, Bogle decide hacer pasar a su amigo Tom Castro como el Tichborne fallecido:

> Se configura así una especie de proceso contrario: por un lado dos personajes diferentes que forman uno solo (Bogle el cerebro y Arthur Orton o Tom Castro el cuerpo) y por otro, una persona que es dos al mismo tiempo (Arthur Orton es a la vez Tom Castro y Charles Tichborne)[111].

109 L. Covadlo, "Identidad e impostura" [en línea] Dirección URL:<http://www.lacoctelera.com/imag/ed/otro65x65.png>. (Consultado el día 19 de octubre de 2006).

110 Un personaje que también aparecerá en el Ulises de Joyce: "And then, number one, you came up against the man in possession and had to produce your credentials like the claimant in the Tichborne case, Roger Charles Tichborne, BELLA was the boat's name to the best of his recollection he, the heir, went down in as the evidence went to show and there was a tattoo mark too in Indian ink, lord Bellew was it, as he might very easily have picked up the details from some pal on board ship and then, when got up to tally with the description given, introduce himself with: EXCUSE ME, MY NAME IS SO AND SO or some such commonplace remark. A more prudent course, as Bloom said to the not over effusive, in fact like the distinguished personage under discussion beside him, would have been to sound the lie of the land first".

111 Gil Guerrero, Poética, op. cit., p. 106.

El asunto acabará mal porque Lady Tichborne muere pocos años después de reconocer a su hijo y Bogle en un accidente, mientras trata de impedir que los parientes los procesen a él y a Castro por usurpar una situación civil. Castro será sentenciado a catorce años de trabajos forzados y, una vez cumplidos, se dedicará a contar su historia por las tascas de Inglaterra.

Borges organiza la materia narrativa en sucesivos compartimentos estancos que siguen las trazas que ya había creado en la anterior historia, un procedimiento narrativo que va a repetir en todas las historias menos en "El hombre de la esquina rosada" y las que ordenan "Etcétera".

Comienza sin ofrecer ningún título para el apartado inicial, al que le seguirán los titulados: "El idolatrado hombre muerto", "Las virtudes de la disparidad", "El encuentro", "Ad maiorem dei gloriam", "El carruaje" y "El espectro".

Se sitúa en 1850 en Santiago de Chile y Valparaíso, por las casas y calles de Talcahuano. Esta incursión directa en el espacio geográfico[112] dice mucho de esa tendencia delimitadora precisa de Borges. Y, acto seguido, delimita ese espacio para la acción, comienza la historia de Arthur Orton desde su nacimiento en Wapping el día 7 de junio de 1834, es decir, dieciséis

112 J. R. Dadon Benseñor, "Borges, los espacios geográficos y los espacios literarios", Scripta Nova. Revista electrónica de geografía y ciencias sociales, Universidad de Barcelona, 15 de julio de 2003, vol. VII, núm. 145. También [en línea] Dirección URL: <http://www.ub.es/geocrit/sn/sn-145.htm>, (Consultado el día 22 de noviembre de 2006): "Borges utiliza el término geografía con liberalidad. Según el contexto, pueden diferenciarse cuatro significados que hacen referencia a: 1) un espacio real cuya localización no se detalla; 2) un espacio imaginario; 3) un lugar del cual se informa la localización espacial y temporal; y finalmente 4) una disciplina científica".

años antes de que se conociera con el nombre de Tom Castro. Nacido en una familia pobre de uno de los barrios bajos de Londres, se inicia en el mar siguiendo el dictado paterno y acaba desertando en el puerto chileno de Valparaíso. Lo define el narrador con un sintagma nominal demoledor, persona de «sosegada idiotez». Hay idiotas perturbados, neurasténicos e idiotas tranquilos. Arthur Orton es un idiota calmoso. Dotado de entusiasmo, complacencia y mansedumbre, logró ser acogido por la familia Castro, de la que tomará el seudónimo.

Once años después de esa arribada a Valparaíso se hallará en Australia ya con el nombre de Tom Castro[113]. Allí conocerá a un negro, Ebenezer Bogle, del que Borges hace una descripción magnífica y lo define psicológicamente como persona de «aire reposado y monumental», sólido, ocurrente, morigerado, decente, «absolutamente normal» y temeroso, con un «pudoroso y largo temor», dirá Borges.

En "El idolatrado hombre muerto" presenta la circunstancia de la muerte del militar inglés criado en Francia, Roger Charles Tichborne[114]. Acaece en aguas del Atlántico a finales de abril de 1854 tras partir desde Río de Janeiro en el vapor Mermaid. La madre de Roger Charles, Henriette Felicité (nombre de soltera

113 Esta obra fue publicada en la Revista Multicolor, año 1, núm. 8, p. 1, el día 30 de septiembre de 1933, con ilustración de Parpagnoli.

114 Merino, "Roger", op. cit.: "Roger Charles Tichborne era el hijo mayor del noveno barón de una antiquísima familia católica de Hampshire. Nació en París, en 1829, y por influjo de su madre, que odiaba Inglaterra, recibió una educación francesa que le dejó el estigma de un acento extranjero. Esto, sumado a su temperamento proclive a la excentricidad, le causó problemas cuando a los veinte años se enroló en un destacamento militar en Dublín: burlas, probablemente, miradas socarronas en el casino, o bien hostilidades oficiales. De un modo u otro, fuera del ejército y decepcionado de la milicia, se embarcó unos años después para Sudamérica. A Valparaíso llegó en 1853".

de lady Tichborne) creyó la historia de que un buque había rescatado a algunos sobrevivientes y los había desembarcado en Australia. Por esta razón ofrecía una gratificación en un anuncio suyo en el Times. Fue la noticia que conoció el negro Bogle, al que se le ocurrirá un proyecto tildado por el narrador como genial.

Borges contrapone a ambos protagonistas y ofrece una antinomia perfecta: Tichborne, «esbelto caballero de aire envainado»; Orton, en cambio, «palurdo desbordante, de vasto abdomen, rasgos de una infinita vaguedad...». Con la descripción de Orton se ensaña creando el prototipo de un ser abyecto sobre el que carga su desbordante lengua y su progresión adjetival en el tercer apartado, "Las virtudes de la disparidad".

Sin embargo, ¿cómo puede reducir esta antinomia a una solución creíble? Siempre debe existir (al menos así ha sido históricamente) una integración entre el original y la copia, entre el imitado y el imitador..., si no se desvela obviamente la magia de toda impostura. Sin embargo, la diferencia y la magia de esta historia con respecto a la del histórico Martín Guerre radica precisamente en la novedad que tiene el mostrar a la copia como es, es decir, con rasgos completamente diferentes al original, y a pesar de esto, seguir creyendo que la copia, el impostor, es igual al original, que Orton en Tichborne. Esta valoración histórica que nos puede sorprender a todos (¡cómo la mismidad se puede conseguir desde la otredad!) es lo que sedujo a Borges a conducir su cuento y a ofrecer una visión original, un punto de vista nuevo, no visto hasta ahora. Porque si no fuera así caería en lo histórico: vendría a reproducir la misma historia de Martín Guerre, pero sólo que con otros personajes y en un país diferente. La novedad, lo revolucionario del caso, es cómo los sentimientos, cómo las emociones (los de Lady Tichborne) pueden crear la identidad y la mismidad desde la antinomia. Borges piensa que el sentimiento del ser humano, la necesidad de creer, de que la desgracia no ahogue los buenos sentimientos es tan fuerte que puede solucionar la antinomias de un golpe y resolverlas (al menos imaginariamente, según los criterios de lo idealizado que había creado Platón) obviamente en el plano imaginario de la persona que así lo manifiesta pero no en el plano real.

Evidentemente Orton seguirá siendo Orton, aunque Lady Tichborne crea que es su hijo. Por eso, Ebenezer Bogle convierte su creación en una genialidad, y, por ello, ha titulado Borges este apartado "Las virtudes de la disparidad". Aunque exista el principio de contradicción que aparentemente deja irresoluble el de identidad o mismidad, sin embargo, desde situaciones antinómicas se puede resolver también el puzzle de la mismidad y Bogle lo sabe porque ha captado perfectamente la fuerza de los sentimientos de Lady Tichborne, que se convierte así en un perfecto aliado para resolver la <disparidad> a la que alude Borges, que destaca la inteligencia preclara y la sutileza del negro Bogle que, lejos de preparar un engaño habitual, que el impostor se parezca a la copia en todos los detalles, prepara todo lo contrario porque era consciente de que todas las similitudes logradas no harían otra cosa que destacar ciertas diferencias inevitables. Renunció, por tanto, a todo parecido; presentó a un Orton «fofo, con sonrisa amable de imbécil, pelo castaño y una inmejorable ignorancia del francés», cuando Tichborne era medio afrancesado. Y todo ello por dos razones básicas:

Catorce años (de hemisferio austral y de azar), dice Borges, pueden cambiar a un hombre. El tiempo todo lo cambia. El tiempo, ese gran tema que tanto preocupó al escritor argentino asociado a la inmortalidad. Decía, por ejemplo, en Historia de la

eternidad que «el tiempo es una despedazada copia de la eternidad» o «la vida es demasiado pobre para no ser inmortal».

La voluntad de Lady Tichborne de reconocer al personaje. Una
idea muy querida para Borges que conecta sin duda con el mundo
como voluntad y representación, dos principios que sustentan el
pensamiento de Schopenhauer, con el que Borges poseía esencial
acercamiento reflexivo. Uno de los principios que establecía era la
dicotomía entre el mundo de la conciencia y el mundo que existe
fuera del cerebro. Una cosa es la realidad como mundo fuera del
cerebro (la muerte de Mr. Tichborne) y otro muy diferente el
mundo de la conciencia que le lleva a Tichborne a creer en su existencia valiéndose de una copia (Orton) que no es ni siquiera fiel al
original. Decía Schopenhauer:

> Se ha descubierto que entre las muchas cosas que hacen del
> mundo un enigma digno de ser meditado, la primera y más inme-
> diata es ésta: que por muy sólido y extenso que sea el mundo, su
> existencia pende, en cualquier momento, de un hilo: la concien-
> cia, en la cual aparece[115].

Efectivamente, la conciencia de Lady Tichborne le llega a
aceptar aquel ente absurdo que es Orton. Su conciencia crea la
realidad (la existencia de Orton como la de Tichborne). Afirma
Schopenhauer[116]: «La base de la filosofía es esencial y necesariamente lo subjetivo, la propia conciencia». Así lo cree Lady
Tichborne que, de este modo, se convierte en una seguidora de
la filosofía de Schopenhauer en esa defensa de su propia con-

---

115 A. Schopenhauer, La estética del pesimismo. El mundo como voluntad y
representación, (Ed. de José Francisco Ivars), Barcelona, 1976, pág. 70.
116 Ibidem, pp. 70-71.

ciencia como principio que crea y establece la realidad. Algo tan sutil y sobre el que tantas veces reflexionó Borges en sus cuentos y en sus ensayos como, por ejemplo, "La penúltima visión de la realidad", "La supersticiosa ética del lector", "La postulación de la realidad"..., todas ellas pertenecientes a su libro Discusión y muchos otros pertenecientes a sus diversas obras.

El encuentro con la señora Tichborne se producirá el dieciséis de enero de 1867 en un hotel de París y, por supuesto, no tiene ningún inconveniente en abrazar al impostor porque, como dice Borges: la luz hizo de máscara. También la luz cuando es excesivamente intensa produce oscuridad y, a veces, si vivimos en el desierto, espejismos. Fue lo que vivió la señora Tichborne, el espejismo de la existencia en el espacio de su conciencia, esa creación subjetiva de la realidad. Lo que produce, como nos dirá en el siguiente apartado, "Ad majorem dei gloriam", tres felicidades aseguradas:

La de la madre, que ha conseguido a su impostor hijo.

La del hijo apócrifo y tolerante.

La del conspirador recompensado por la apoteosis final de su industria.

El tiempo, sin embargo, puede torcer todos los destinos y así sucedió tres años después cuando fallece Lady Tichborne y los parientes entablan una querella contra Arthur Orton por usurpación de estado civil. Esta nueva situación gira en torno a una nueva conciencia (que está mediatizada por el interés crematístico), la de los parientes que nunca se creyeron la versión de Orton y Bogle. Pero ante esta coyuntura en la que todo está dispuesto al final de la situación Bogle, que resuelve cualquier situación por muy cuesta arriba que se le presente, crea una momentánea salvación de su amigo Orton atacándolo indirectamente desde el Times. A través de personajes interpuestos, cercanos a los jesuitas, el anticuario Baigent, el padre Goudron... que se dirigen al Times afirmando que Orton es un impostor, crea la corriente de opinión de que existe un complot de los «abominables jesuitas» contra Orton.

En el capítulo "El carruaje" muere Bogle, le parten el cráneo, que es proyectado por un carromato con violencia contra las piedras y, mientras trataba de resolver una nueva situación de una antigua querida de Orton ante el tribunal.

El final de la obra es irreversible: Orton no puede acabar la «comedia de imposturas» que había creado su sabio amigo Bogle y cae en contradicciones disparatadas que lo llevan a realizar trabajos forzados durante catorce años. El final de su vida es más patético todavía que su existencia pues andará por las aldeas y los centros del Reino Unido culpándose o declarándose inocente en función de las inclinaciones del público, falleciendo el dos de abril de 1898. Y como recuerda Merino: "La muerte lo pilló pobre como la rata y olvidado por el público. Fue en Marylebone, en una anónima casa de pensión"[117].

Serán pocas las desviaciones del original que lleva a cabo Borges, al que le interesan fundamentalmente dos principios narrativos que seguirá en toda su obra: el solaz y el resultado conmovedor y emocional del hecho literario. Pero sobre todo habrá uno que es manifiesto en esta, el principio de identidad personal, definido en la Historia de la eternidad de este modo: "Es sabido que la identidad personal reside en la memoria y que la anulación de esa facultad comporta la idiotez"[118]. ¿No estaremos pensando en todo el proceso identatario de Mr. Tichborne?

---

117 Merino, "Roger", op.cit.
118 J. L. Borges, Historia de la eternidad en Prosa completa, op. cit., p. 235.

III

LA VIUDA CHING, PIRATA

El texto "La viuda Ching, pirata" apareció el 26 de agosto de 1933 en el suplemento sabatino del vespertino porteño Crítica[119]. A partir de 1935 en el libro que comentamos. Fue llevada al cine por Ermanno Olmi con el título Cantando dietro i paraventi, 2003, una coproducción italo-francesa-inglesa (con Bud Spencer, Jun Ichikawa, Sally Ming Zeo Ning y Camillo Grassi) que situaba una fábula suave y maravillosa, y aludía al presente en su pacifismo aunque hablara de un pasado remoto y de cuento. La película se rodó entre Roma y el lago de Scutari, en Montenegro (donde se ambientaron los exteriores), y muestra la historia como si se representara en el escenario para un joven aturdido por el opio, en una especie de teatro-burdel: por coherencia, todo adquiere un ritmo onírico de ensueño. Recuerda Troyano que

> Como Bresson en Lancelot du Lac (Lancillotto e Ginevra) presentó un torneo mostrando sólo los cascos de los caballos, Olmi deja fuera de la pantalla las escenas de lucha y violencia: lo que le interesa, es otra cosa. La esperanza en el rostro de un niño, la belleza de un campo arado, la dulzura del canto de una mujer, detrás de los biombos[120].

---

119 Revista Multicolor, año 1, núm. 3, p. 3, con ilustración de Pascual Güida.
120 F. Troiano, "Amor y guerra" [en línea] Dirección URL:< http://www.ita-lica.rai.it/esp/principales/temas/cine/paraventi.htm>. (Consultado el día 23 de noviembre de 2006).

Ha habido, que sepamos, tres mujeres piratas importantes en la historia: Mary Read, Anne Bonney y la viuda Ching.

La primera, Mary Read, nos dice la historia que nació en Londres. Defoe comentó que era hija de los amores adúlteros de la esposa de un capitán de la marina mercante que se hallaba en alta mar cuando nació la niña. La madre consiguió ocultar el nacimiento durante un tiempo, y se dio la circunstancia de que falleció el primer hijo, así que decidió cambiar al bebé de sexo para hacerlo pasar por el niño anterior ante la familia de su marido (el cual entre tanto falleció en la mar) y así poder cobrar la herencia. Otros documentos indican que la madre de Mary era una viuda, y había deseado simplemente para su hija tener todas las ventajas ofrecidas a un hombre. De ahí que la vistiera como tal.

En el buque del pirata Jack Rackham[121] conocerá a Anne Bonny, la otra mujer pirata. El 20 de octubre de 1720, las tropas del capitán Barnet, enviadas por el gobernador de Jamaica, capturaron a Rackham que con su tripulación fue sentenciado a la horca por piratería. Mary Read y Anne Bonny aseguraron estar embarazadas, y recibió un aplazamiento de la ejecución. Mary Read murió en 1721 de unas fiebres cuando aún estaba en la cárcel. Sobre Anne Bonny se cierne el misterio porque su expe-

---

121 Jack Rackham (16?? -1720), conocido como Calico Jack o Jack el Calicó, fue un capitán pirata que se ganó durante el XVIII el seudónimo por las coloridas ropas de calicó (tejido de algodón estampado por una cara y de colores vivos) que llevaba, pero fue más famoso por llevar a bordo a dos de las más famosas mujeres piratas: Anne Bonny y Mary Read. Rackman había sido el contramaestre del capitán de piratas Charles Vane. Cuando este rehusó perseguir un buque de guerra francés en batalla, la tripulación se disgustó de tal manera que se amotinó y alzó a Rackham como su líder.

diente no apareció. Algunos dicen que fue colgada al año siguiente y otros que desapareció junto a su padre, que trató de darle una segunda oportunidad...

La obra se organiza sobre cuatro modelos de discurso litera-rio disímiles reducidas a dos grandes grupos: la escritura en cur-siva y la escritura en redondita. Las cuatro son invención de Borges o del narrador en tercera persona, sin embargo, en algu-nas de ellas, Borges juega como Cervantes a tener a sus cronis-tas, sus historiadores... interpuestos.

La escritura en cursiva se dirime en torno a tres tipos de dis-curso: el primero, aparece recogido en el apartado "El coman-do", donde surgen tres llamadas al lenguaje de los textos jurídi-cos del código penal impuesto por la viuda Ching, un código terrible como todos ellos pero en el que destaca, como veremos, una imagen más de la viuda, caleidoscopio de imágenes que resultan de atracción fatal para Borges. Es una forma de expre-sión propia de estos discursos jurídicos en los que existen fór-mulas como "Todos los bienes... serán allí registrados", "La pena del pirata...", "Queda prohibido..." Este tipo de discurso jurídico es simulado por Borges para ofrecer un modo más de acceso a diversas fórmulas del discurso narrativo que tengan como principal virtud crear un conjunto verosímil.

El segundo tiene que ver con el lenguaje engolado, lírico, metafórico y simbólico del texto del emperador Kia-King en el apartado que lleva por título "Habla Kia-King, el joven empe-rador".

Borges dice que muchos criticaron su estilo y, a continuación, nos habla de "Hombres desventurados y dañinos..., hombres que niegan la verdad de los libros..." En él Borges recorre cami-nos muy queridos a la tradición japonesa que se sustenta sobre una rica tradición de imágenes, palabras engastadas en el huecograbado de las tradiciones, simbología que tiene que ver con la naturaleza y un bello lenguaje invadido de sonoridades, paralelismos, reiteraciones, hipérboles y anáforas:

> En barcos averiados y deleznables afrontan noche y día la tempestad (...) Violan así las leyes naturales del Universo, de suerte que los ríos se desbordan, las riberas se anegan, los hijos se vuelven contra sus padres...[122]

Frente al lenguaje anterior, de carácter práctico y con los consabidos marchamos de los textos jurídicos tendentes al discurso directo y objetivo, en cambio este discurso se hace lírico, solemne y subjetivo con tendencia a la búsqueda de una forma que resulte tan contundente como el fondo. Borges logra adaptarse pues a un lenguaje que no tiene parangón en occidente y en el que se ve inmerso con solvencia.

El tercero es el referido al lenguaje expositivo-narrativo que procede de los cronistas e historiadores que surgen en el último apartado "La apoteosis". Dice Borges que los cronistas refieren que la zorra (la viuda) obtuvo su perdón y a continuación reproduce en cursiva su lenguaje (que es el de Borges) siguiendo la tradición de lo expositivo, muy diferente al que acabamos de ver en el código de justicia de los piratas y el discurso del emperador. Aquí el lenguaje se llena de simpleza y tiene los favores de la cotidianidad.

En cuarto, y último lugar, estaría el discurso propio de la narración que Borges emplea en redondita y sigue una uniformidad basada en los referentes que ahora comentamos. Cuatro

---

122 Borges, "La viduda Ching, pirata", op. cit., p. 168.

tipos de formas de expresión de las que se dota Borges para transmitir mayor verosimilitud y también para ordenar cuatro perspectivas diferentes en un mismo hecho narrativo tan breve.

En la primera parte de su historia Borges hace una especie de preámbulo sobre tres grandes mujeres piratas, aunque se refiere básicamente a las dos primeras (en mayor medida a Mary Read y menos a Anne Bonny) y sólo nombra a la viuda Ching (la tilda de «aguerrida»), a la que sitúa en Asia Menor desde el Mar Amarillo hasta los ríos de la frontera del Annam.

El comienzo de la obra, no obstante, no podemos decir que sea un canto a la consideración sobre la dignidad histórica de la mujer, y sí tiene mucho de opereta bufa en la forma de acceder al hecho narrativo, en el sentido de no ofrecer una imagen seria y concienzuda de la mujer-pirata, tomando su aparición en el escenario histórico un tanto a bufa. Así nos los parece este principio un tanto barroco:

> La palabra corsarias corre el albur de despertar un recuerdo que es vagamente incómodo: el de una ya descolorida zarzuela, con sus teorías de evidentes mucamas, que hacían de piratas coreográficas en mares de notable cartón[123].

¿Por qué corre el albur o la eventualidad de despertar un recuerdo vagamente incómodo? No entendemos esta apreciación personal llena de evidentes connotaciones indeseables. Los conceptos irónicos como «descolorida zarzuela» o «mucamas», «piratas coreográficas» no dejan de ser una hipérbole colorista y ruidosamente falsa y un tanto manipuladora de una realidad histórica que pretende presentar como un hecho casi folklórico.

123 Ibidem, p. 165.

Pero también llama la atención la forma de expresión que mucho tiene que ver con el significante propio del ensayo, en cuanto a la forma de acceder y reproducir la información, que de un texto literario narrativo. Este comienzo, similar al de "El inverosímil redentor Lazarus Morell" tiene mucho que ver con ese mestizaje o alianzas que existen en muchos de sus relatos posteriores entre el ensayo y la narración en sentido clásico.

Llevada a cabo esa «finta» inicial, Borges reconoce el papel de la mujer en el gobierno de las tripulaciones y en la persecución y saqueo de naves de alto bordo. Recoge la esencia de dos de ellas, Mary Read y Anne Bonney, sobre las que lleva a cabo un retrato-robot sustentado sobre la acción de ambas. De la primera destaca una frase (queda para la posteridad e ignoramos si la pronunció alguna vez esta mujer a tenor de nuestras investigaciones históricas; creo, en cambio, que forma parte del acervo de Borges, al que el «machismo histórico» le juega una mala pasada) que pronunciaría Mary Read y es que para ejercer con dignidad la «profesión» de pirata habría que ser «un hombre de coraje, como ella». ¡Como si las mujeres no tuvieran coraje!, habría que decir *ipso facto*. A continuación crea la imagen de una mujer aguerrida y da por segura su muerte en una horca española de Santiago de la Vega (Jamaica), hecho que históricamente no está demostrado y sobre el que Borges aquí hace una interpretación que ofrece como válida.

A la otra pirata, Anne Bonney, la presenta con los atributos sexuados: «una irlandesa resplandeciente, de senos altos y de pelo fogoso», toda una imagen claramente arbitraria que aspira a mostrar las «esencias femeninas» antes que a consentir otro tipo de capacidades, atrocidades o incapacidades. Lo que va en la línea un tanto misógina de estas páginas iniciales. Sobre ella crea una frase, tampoco constatada históricamente, referida al momento en que su marido, el pirata y capitán Rackmann, es colgado en la horca: «Si te hubieras batido como un hombre, no te ahorcarían como a un perro». Una variante de la lectura de la madre de Boabdil a su hijo: «Llora como una mujer lo que no has sabido defender como un hombre».

Históricamente sabemos que el apellido Ching procede directamente del almirante pirata Cheng I (Zheng Yi) que se casaría con la prostituta a la que le daría nombre (la viuda Ching) conocida por diversos nombres: Madame Ching, Hsi Kai, Shih Yang, Kai Ching Yih o Ching Yih Saou, Ching Yih Saoa, Cheng I Sao, Xheng Yi Sao y Shih Shian Gu. La pareja luchó en una rebelión vietnamita en el bando de Tay-son y en Vietnam adoptaron al niño que llamaron Chang Pao (Zhang Bao). Antes de morir, el almirante había formado una coalición pirata con más de 400 barcos y 70.000 marinos, llegando, al final de su carrera, a dirigir más de 2.000 barcos, y fue considerado por algunos como el pirata con más éxito de la historia. Al almirante Ching lo envenenaron sus aliados cuando se enteraron de que fue sobornado por el gobierno imperial chino para abandonar sus actividades. Su viuda, después de enviudar, se enamoró de su hijo adoptivo, al que ya había convertido en lugarteniente, y se casó con él, y con mano de hierro tomó el mando de los piratas llevándolos al éxito reiteradamente. Junto a ello elaboró un código de leyes terribles que procuraban una unidad de mando extrema: por ejemplo, el robar del botín común podría llevar al ladrón a la muerte; también era un crimen violar a las mujeres que eran hechas prisioneras: la pena conllevaba la decapitación del violador aunque hubiere consentimiento de la mujer violada. El emperador Kia King (Jia Quing según las traducciones de hoy) ordena aplastarlos en 1809. La viuda Ching (al mando de una fuerza de 60 juncos y 40.000 piratas) destroza una primera expedición. Pero en 1810 decide rendirse en las vísperas de una batalla decisiva en el delta del Xi-Jiang, cerca de Macao, Hong Kong y Guangdong, la antigua Cantón. La viuda se entrega, es perdonada, y envejece dedicada al contrabando de opio. Otra versión sobre su final cuenta que se casó con un gobernador, y, una tercera, que murió en 1844 dirigiendo un burdel y una casa de apuestas en la ciudad de Guangzhou.

Esta imagen nos ha sido ampliada por Ángela Vallvey de este modo:

> La señora Ching se convirtió en la reina absoluta de seis enormes escuadras, con quinientos barcos de quince a doscientas toneladas cada uno, dotados de veinticinco cañones en ambas bandas. No estaba nada mal para una mujer de carácter como ella. Los colores de las oriflamas eran rojo, verde, amarillo, violeta y negro, y la sexta escuadra lucía el emblema de una serpiente. Sus comandantes tenían nombres refinados del estilo de Pájaro y Sílex, Alto Sol, Joya de Toda la Tripulación y Olla Llena de Peces. Aunque podemos objetar que los nombres de los bellacos, más que elegantes, podían pasar por cursis, la verdad es que los capitanes sometían a sus alféreces a un orden nada propio de damiselas. El reglamento de la señora Ching era de todo menos blandengue. Indicaba con meridiana claridad que "si un hombre va a tierra por su cuenta, o si comete el acto llamado 'franquear las barreras', se le horadarán las orejas en presencia de toda la flota; en caso de reincidencia, se le dará muerte". También prohibió "tomar a título privado la menor cosa del botín procedente del robo y el pillaje. Todo será registrado, y el pirata recibirá, de las diez partes, dos para él; las otras ocho corresponderán al almacén denominado fondo general. Tomar lo que quiera que fuere del fondo general traerá consigo la muerte". La viuda, como algunos tiranos de la antigüedad griega, cuando se ponía a pensar en castigar una falta, lo prime-

ro que se le ocurría –por insignificante que fuera dicha infrac-
ción– era penarla con la muerte, así que con las faltas graves ya
no se le ocurría ninguna otra penitencia mejor o más ejempla-
rizante: "Nadie deberá seducir para su placer a las mujeres cautivas apresadas en las ciudades o en el campo y llevadas a bordo
de un navío. Se deberá, primeramente, pedir permiso al ecónomo, y retirarse a la cala del navío. El uso de la violencia con una
mujer sin el permiso del ecónomo será castigado con la muerte"[124].

En el segundo apartado, "Los años de aprendizaje", Borges
inicia propiamente la historia de la viuda Ching poniendo al lector en antecedentes sobre la persona que precedió a la viuda, su
marido, el almirante Ching, «hombre justiciero y probado» que
sucesivamente pasa de ser nombrado por los accionistas de las
escuadras piráticas como jefe a almirante o jefe de los Estados
Imperiales por las autoridades. Sin embargo, esta traición de la
que se sintieron víctimas los accionistas trajo como consecuencia que lo envenenaran con un plato de arroz cocido y orugas
envenenadas. La viuda, que se dio cuenta de la doble traición,
fue elegida por los piratas como la sustituta del esposo. Borges
la presenta con unas breves pero decisivas pinceladas, mostrando en ello sus capacidades constantes de enorme descriptor,
pues en tan solo unos imperceptibles trazos impresionistas
logra crear una personalidad verosímil: «Era una mujer sarmen-
tosa, de ojos dormidos y sonrisa cariada. El pelo renegrido y
aceitado tenía más resplandor que los ojos». Pero también le

124 A. Vallvey, "La pirata del mar de China", El País, 24 de agosto de 2005.

aplica la cualidad de la tranquilidad, algo que es muy sugestivo para una mujer que conduce y ordena a un ejército de hombres.

En el tercer apartado, "El comando", ofrece Borges una imagen de la mujer sin nombrarla, tomando como punto de partida los hechos y el reglamento que adoptó como ejemplo de su <inapelable severidad>. Borges, siguiendo ese criterio tan querido que consiste en darle la máxima verosimilitud a sus escritos, transcribe en cursiva tres artículos del terrible reglamento que mandó crear la viuda Ching en el que, como ya hemos dicho, la pena era la muerte si se violaban las ordenanzas que hacían referencia al robo del botín, al abandono del puesto sin permiso o al comercio con mujeres arrebatadas. No cita, sin embargo, Borges un artículo que le hubiera dado a la viuda Ching un rasgo de evidente modernidad: su defensa de la mujer, en el sentido de que también había un artículo del reglamento que causaba la muerte de aquel que violara a una prisionera. Creo que Borges, que trata de ofrecer la imagen de la infamia, no ha considerado incluir este artículo porque hubiera tergiversado esa feroz imagen que pretende crear de la viuda Ching haciéndola más humana.

En consecuencia, lo ignora, pero nosotros debemos resaltarlo para no olvidar la verdad histórica y para hacer constar que esta y otras historias (ya lo venimos advirtiendo) son recreaciones literarias y nunca narraciones históricas. Lo histórico debe ser entrecomillado y sólo sirve de marco teórico en algunos aspectos, pero no para reconducir la historia. Así, en este sentido, consideramos que la historia de la viuda Ching creada por Borges ya es otra muy diferente al original. Por ejemplo, también históricamente se sabe que la viuda Ching, a la muerte de su esposo, se casó con el hijo que había adoptado en su momento, sin embargo, en la historia de Borges no conocemos nada al respecto, bien porque no le interesara como referente para la arquitectura del personaje, bien porque desconociera este dato objetivo; hecho este último del que dudamos, inclinándonos mejor por hacer válida la primera hipótesis: no tuvo interés en destacarlo en la imagen que proyectaba de ella basada en la crueldad. También la bondad de enamorarse de su hijo, aunque es un hecho suficientemente interesante desde un punto de vista literario; sin embargo, introducía un elemento amoroso o quizá moralizante que no estaba dispuesto a asumir Borges.

Tras hacer alusión a los colores de las banderas de las escua-drillas, que introducen un elemento pictórico en la narración, Borges juega con el nombre de los jefes de la flota de la viuda, que nos recuerda un tanto a los guerreros americanos: Pájaro y Piedra, Castigo de Aguas de la Montaña... y finalmente (tras la alusión a los artículos del reglamento) ofrecen una enumeración de la alimentación de los piratas: galletas, obesas ratas cebadas, arroz cocido, pólvora mezclada con alcohol. Siendo el opio la distracción junto con los naipes y los dados.

El cuarto apartado lleva por título "Habla Kia-King, el joven emperador". Parece una interpolación con respecto al resto del relato. Borges, que es sabio al reproducir o imaginar la curtida prosa que lleva a cabo en este texto el emperador a través del edicto que promulga, irrumpe con un fragmento que, sometido a la proyección de la obra, posee una voluntad de asumible efec-to lingüístico-lírico. A través de la cursiva el emperador Kia-King reproduce un lenguaje paralelo y simbólico, muy en línea con otros textos de la tradición asiática, en los que hace constar la necesidad de lucha, increpa al almirante Kvo-Lang y le impo-ne una serie de órdenes: «No pongas en olvido que la clemen-cia es una atributo imperial y que sería presunción en un súbito intentar asumirla. Sé cruel, sé justo, sé obedecido, sé victorioso».

Un discurso que participa de una componente ideológica, pero también de la razón de ser de un emperador que se siente hostigado por una mujer que se enfrentará al Imperio Central en un combate en el que participaron mil naves y las fuerzas del Imperio fueron derrotadas mientras Kvo-Lang seguía el rito de suicidarse por la ominosa derrota.

A partir de este momento (como se refiere en el siguiente apartado, "Las riberas despavoridas") la viuda Ching se convierte en el terror de las riberas asaltando aldeas enteras. Ante tanta masacre y desconcierto, el emperador creará una segunda escuadra que remontará el delta del Si-Kiang, cerrando el paso a la escuadra de la viuda que, tras noches de ocio y saqueo, presentaba un aspecto lamentable, siendo derrotada. Esta continuidad presunta de la narración sin embargo no es tal, en tanto las interpolaciones y las disyuntivas literarias del escritor se sustentan sobre otros conceptos ajenos a la pura trayectoria narrativa.

En este sentido, también de poético en cuanto a su simbología, debe ser entendido el apartado titulado "El dragón y la zorra", donde refiere Borges una supuesta imagen que le sobreviene a la viuda sobre su derrota: imagina que altas bandadas de dragones se posaban cada tarde en el agua desde las naves de la escuadra imperial. En ellos la viuda interpretaba la fábula del dragón que había protegido a una zorra. Las cometas repetían todas las tardes la misma historia mientras la viuda se afligía y pensaba: el fin de la zorra era el fin de la viuda que, a través de esta fábula, acopia su simbólica caída:

> Nadie podía predecir si un ilimitado perdón o si un ilimitado castigo se abatirían sobre la zorra, pero el inevitable fin se acercaba. La Viuda comprendió. Arrojó sus dos espadas al río, se

arrodilló en un bote y ordenó que la condujeran hasta la nave del comando imperial[125].

Es un final lírico que nadie podría haber imaginado, pero Borges es muy consciente de la importancia de la literatura y la simbología lírica de toda la tradición oriental, y la asume totalmente en este hermoso cuentecito lleno de sugerencias que finaliza con estas palabras:

Era el atardecer; el cielo estaba lleno de dragones, esta vez amarillos. La Viuda murmuraba una frase: "la zorra busca el ala del dragón", dijo al subir a bordo[126].

En el último apartado, "La apoteosis", la viuda (identificada con la zorra de la historia) explica a lo que se dedica el resto de su vida: al contrabando de opio y a arrogarse un nombre cuya traducción es "Brillo de la Verdadera Instrucción". Y como Cervantes en El Quijote dice que un historiador afirmará que desde ese momento los barcos recuperaron la paz, los labradores pudieron vender sus espadas y se ofrecieron sacrificios y plegarias profiriendo cantos entre biombos.

La viuda Ching, pirata no produce un relato en el que la narración ofrezca un punto de partida solvente y se aleja de lo que había sucedido en las historias anteriores en las que existía un germen de argumento. Es como si la historia estuviera construida sobre los pespuntes de una historia, dejando a la intuición del lector el resto. Mucho ha de imaginar este y, sin duda, se convierte en un aliado del narrador que solventa con trazos líricos

125 Ibidem, p. 170
126 Ibidem.

o fragmentarios, bien de códigos, bien de comunicados del emperador, bien aludiendo a fábulas orientales, una historia llena de sugerencias y en la que lo que menos importa es el mundo reflejado.

Es como si Borges hubiera empleado la técnica pictórica del impresionismo para componer su «cuadro descriptivo-narrativo» de la viuda Ching en el que saliéndose de los modos expresivos al uso conforma la imagen con leves trazos significativos, bien simbólicos, bien alusivos.

Desde este punto de vista, creo que la técnica del manchado pictórico o del pespunte del tejido narrativo es importante porque opera desde el discurso de la contención de recursos narrativos y de la selección precisa de los mismos conformando la imagen de una mujer poderosa (la zorra) que finalmente sucumbe ante la fuerza del emperador (el dragón). Su fortaleza, que fue mucha, fallece ante la fuerza de la evidencia. Estos componentes quedan perfectamente reflejados en la historia en la que Borges ha apelado a las formas para satisfacer un relato con circunloquios literarios, pero efectivo en la resolución.

IV

EL PROVEEDOR DE INIQUIDADES
MONK EASTMAN

El título de la obra nos anuncia la complacencia barroca de Borges en ese ofrecimiento del protagonista, Monk Eastman[127], para convertirse en un consignatario de perversidades. La historia del judío Monk Eastman fue inspirada por H. Asbury[128] a partir de su obra Gangs of New York (1928), un extenso ensayo periodístico, al que se refiere Borges en el propio relato con estas palabras:

La historia de las bandas de Nueva York (revelada en 1928 por Herbert Asbury en un decoroso volumen de cuatrocientas páginas en octavo) tiene la confusión y la crueldad de las cosmogonías bárbaras y mucho de su ineptitud gigantesca...

---

127 La obra fue publicada en Revista Multicolor el año 1, núm. 2, p. 7, 19 de agosto de 1933, con ilustración de Guevara.

128 Asbury estaba lejos de ser un autor central en la literatura norteamericana del momento. Nacido en 1889 en una familia metodista de Missouri, Asbury había ido rompiendo con la Iglesia a medida que aprendió a fumar, a jugar, a beber y a salir con mujeres. En 1926, Asbury era un periodista más, pero ese año le vendió a la revista Mencken's American Mercury un artículo que levantaría polvo: era la historia de una prostituta de Farmington que citaba a sus clientes católicos en el cementerio protestante y viceversa. La revista fue prohibida en Boston, el editor la puso en la calle igualmente y fue preso, las ventas se dispararon y Asbury se hizo famoso. Tuvo trabajo en varios diarios y en 1928 dejó todo empleo y se dedicó a escribir.

Borges, fiel a sí mismo, no podría hacer sino lo que concebió, guiños al ensayo literario de Asbury, y a medida que va descubriendo esto fusiona los elementos creativos con los ensayísticos y erige su propio Monk Eastman, le da personalidad y fuerza propia a la invención de otro. Algunos se han preguntado en este sentido qué le puede deber Borges a Asbury.

El relato abarca la historia de gánsteres de finales de siglo para luego centrarse sobre Eastman, miembro del hampa y pagado por los políticos corruptos. Pero, como dice Aguinis[129],

> La obra de Borges ocupa un ambiguo espacio entre la ficción y la no ficción, habitado por delincuentes históricos que actuaron en los contornos de la sociedad. Alternan extremistas puritanos con inventores de mundos falsos que alienaban a sus corifeos. Borges se burla de estos villanos y de su repugnante conducta. Los convierte en personajes, aunque reduzca su vida "a dos o tres escenas", como advierte en el prólogo.

Scorsese ha llevado al cine esta obra de Asbury con la interpretación de Leonardo di Caprio en el papel del personaje de Amsterdam Vallon. También incluye a Monk Eastman, aunque le cambia el apellido. Se ve que a Scorsese también lo fascinó, como a Borges, el bueno de Monk, porque en la realidad, y en el cuento de Borges, éste comenzó a actuar treinta años después de los hechos que cuenta Pandillas de Nueva York , situados en 1863.

El libro empieza contrastando la arcaica y primigenia pelea de los cuchilleros argentinos, donde se enfrentan dos hombres, con las verdaderas batallas de los mafiosos norteamericanos de New York:

129 Aguinis, "Borges", op. cit.

El comienzo puede asimilarse, por otra parte, a un ensayo de Borges derivado de la lectura de un libro, pero ya está describiendo poéticamente, a través de una de sus características enumeraciones, un panorama a modo de catálogo de las bandas de Nueva York. De lo general, el narrador va hacia lo individual: la última oración enfoca al protagonista del relato, el más célebre de estos personajes a través de sus múltiples alias –ficciones de nombres, desdoblamientos- los que desembocan en aquel que los identificará dentro de la narración plasmada por Borges, a través de su narrador: *"Monk Eastman, jefe de mil doscientos hombres"*[130].

Este comienzo también ha sido visto como de una clara influencia de Chesterton. Así lo decía Anderson Imbert,

chestertoniano, me parece, el comienzo de "El proveedor de iniquidades Monk Eastman", donde vemos una realidad sustituida por otra, una impresión corregida por lo real ("Perfilados bien por un fondo de paredes celestes o de cielo alto, dos compadritos envainados en seria ropa negra bailan sobre zapatos de mujer un baile gravísimo, que es el de los cuchillos parejos".) El procedimiento de pintar un baile que bruscamente se desvanece y lo que queda son dos hombres batiéndose a duelo es típico del impresionismo de Chesterton[131].

Es interesante cómo Borges es capaz de dotar a un tema, aparentemente tan inicuo, de un halo de nobleza y gran saga. Pero

---

130 B. Kleingut de Abner, Marcel Schwob, Jorge Luis Borges: marginalidad y trascendencia, San Juan (Argentina), 2006, p. 317.
    131 E Anderson Imbert, "Chesterton en Borges" [en línea] Dirección URL:< http://www.ucm.es/BUCM/revistas/fll/02104547/articulos/ALHI73741104 69A.PDF>. (Consultado el día 1 de noviembre de 2006), págs. 469-494 [475].

sobre todo llama la atención lo lingüístico, la puesta en escena, el uso de la lengua, que posee una gran carga connotativa, la asunción del rol que juega la forma como determinante del fondo y el barroquismo expresivo que en este relato se hace fuerte y extenso. Ofrece desde el inicio una antítesis: la elegancia y valentía del malevaje rioplatense y la grosería y banalidad del neoyorquino que permite un distanciamiento trascendente. Basada en la segunda opción, la historia del múltiplemente nominado personaje va ramificando lo meramente delictivo para emparentarse con una forma de acción más amplia: la que lo convertirá en "proveedor de iniquidades" o, lo que es lo mismo, en empresario de muerte. Esto se justificaría en el apartado cuarto cuando se dicen los honorarios que cobra y en concepto de qué: "15 dólares por oreja arrancada, 19 una pierna rota, 25 un balazo en una pierna, 25 una puñalada, 100 el negocio entero. A veces, para no perder la costumbre ejecutaba personalmente una comisión".

La descripción de este famoso judío Monk Eastman la lleva a cabo en el tercer apartado, "El héroe", donde se dice que era «un hombre ruinoso y monumental. El pescuezo era corto, como de toro, el pecho inexpugnable, los brazos peleadores y largos, la nariz rota, la cara aunque historiada de cicatrices menos importante que el cuerpo, las piernas chuecas como de jinete o de marinero». Una descripción impecable que posee una influencia evidente de las grandes descripciones de Quevedo en El Buscón y del Barroco español en general en la precisión lingüística, en la búsqueda del léxico adecuado para generar el mayor efecto sonoro, gráfico y pictórico... Pero también este personaje es presentado a su vez con rasgos de nobleza, hasta el punto de que sus barbaridades como individuo es como si tuvieran una comprensión en el narrador:

La figura de Eastman aparece matizada por aspectos éticos de una conducta que acata los acuerdos establecidos, que se distingue por la valentía en la lucha cuerpo a cuerpo, cualitativa y cuantitativamente jugándose la vida; que soporta estoicamente el dolor y que no delata. De este modo el narrador genera cierto acercamiento afectivo del lector hacia el personaje[132].

Todos sabemos que el final de Monk Eastman es la muerte, como no podía ser de otro modo el de un mafioso estilo Al Capone: cinco balazos pondrán fin a su vida, sin embargo, lo consustancial a la obra es el proceso de conformación del personaje. Borges es un estilista de la palabra, un imaginero de la composición literaria y de Monk Eastman produce una de las imágenes más interesantes de las que aparecen en esta obra.

Comienza con el apartado "Los de esta América", donde *ipso facto* entra de lleno en una pelea entre dos compadres con ropa negra que tratan de darse muerte a cuchillo. Una entrada en el relato súbita, contundente y certera que nos llena de un comienzo fulgurante y de un lenguaje alambicado y perifrástico: "Hasta que de una oreja salta un clavel porque el cuchillo ha entrado en un hombre, que cierra con su muerte horizontal el baile sin música". Un fulgurante comienzo en la que los malevos se hacen héroes de la vida y de la muerte con el cuchillo e intentan emular a otros malevos, los de América del norte, que son definidos por Borges como más torpes y vertiginosos.

En la segunda parte, "Los de la otra", ofrece desde un tono episódico expositivo una imagen general de las bandas de

---

132 Kleingut, Marcel, op. cit., p. 321.

Nueva York que puso de moda en su ensayo Asbury[133]. Entre ellos estaban los Muchachos del Alba, que reclutaban asesinos precoces de diez y once años; los Galerudos Fieros, que portaban un sombrero de lana y bastos faldones; los Consejos Muertos, que transportaban un conejo muerto en un palo; y también personajes tan llamativos como Johnny Dolan el Dandy, Kit Burns, Blind Danny Lyons, Red Norah (la viuda amada y ostentada por todos los varones que dirigieron la banda de los Gophers), también la mujer Lizzie the Dove y, finalmente, nuestro héroe, Edward Delaney, alias William Delaney, alias Joseph Marvin, alias Joseph Morris y alias Monk Eastman, que dirigía a mil doscientos hombres. Vemos cómo Borges lo deja para el final después de que ha creado el coro de los malhechores, él aparece como la guinda del pastel, lleva a cabo intencionadamente este proceso de aparición como ha dicho Eguinis:

El señalamiento permitió advertir la estrategia que usó Borges en esta narración para demorar la aparición del personaje. Primero engancha el lector argentino con el breve capítulo titulado "Los de esta América" [134].

Esta es la entrada fulgurante que Borges lleva a cabo de Eastman en el contexto de los grandes de la época sobre los que

---

133 A. Fuster Lavin, "Los cuchilleros de Borges, por detrás del film Pandillas de New York" [en línea] Dirección URL www.elconfesionario.net/noticias/282.htm>. (Consultado el día 23 de noviembre de 2006): "En 1937, Borges volvió sobre Asbury. Esta vez, hablaba de otro de sus libros —The French quarter— en la revista El Hogar. En la reseña, recuerda Gangs..., del que dice que «sin duda, era brutal, pero algo de epopeya desesperada había en ese barrio. Su tema era el coraje: el coraje como única dignidad de los hombres misérrimos e infames»".

134 Eguinis, "Borges", op. cit.

sobresale sin duda. A través de la enumeración va creando ese procedimiento de acumulación que nos lleva a Eastman, el jefe de mil doscientos hombres, un soberbio de gran cuerpo bruto al que le encantaba todo tipo de batallas, como dirá más adelante. En el desarrollo del personaje y en ofrecer una imagen formalizada sobre él se centra en el apartado titulado "El héroe", descrito como un hombre "ruinoso y monumental", con el pescuezo corto, el pecho inexpugnable, los brazos peleadores y largos, la nariz rota y el rostro lleno de cicatrices. El cuerpo es el prototipo de un hombrón que por sí solo ya produce miedo; pero la imagen más literaria se refiere a la que aparece cuando él sale a ver el imperio que posee: "Con una paloma de plumaje azul en el hombro, igual que un toro con un benteveo en el lomo". Borges presenta a un tipo rudo que habla de su crueldad extrema cuando cuenta la anécdota de que por el mero hecho de hacer una marca más que completara las cincuenta del garrote que portaba mató a un hombre de un garrotazo. Algo de contraste en ese aspecto barroco al que aludíamos y delicada presencia atisba esa imagen del personaje de marras como amigo de los pájaros, una pasión de la adolescencia que lo acompañó hasta el final y que muestra que hasta los más crueles seres poseen un rasgo artístico o de sensibilidad[135]. Una delicadeza hacia los animales que produce un efecto antitético con la crueldad con la que actúa contra los humanos, este judío de nombre

---

135 Kleingut, Marcel, op. cit., p. 319: "La delicadeza en el trato con las aves y los gatos contrasta con la fuerza y violencia de su comportamiento físico, mediante a las cuales se abre camino venciendo a sus adversarios, para desempeñarse como mantenedor en los salones de baile, puesto en el cual actúa hasta 1899. La fecha precisada es la del nacimiento de Borges, un rasgo que lo acerca al personaje, en actitud verificable a través de la humanización en el tratamiento".

Edward Osterman que fue americanizado con el de Eastman:

> El narrador se sorprende de la identidad hebrea de ese "malevo tormentoso", hijo del propietario de un restaurante especializado en comidas purificadas higiénica y ritualmente para no contrariar las exigencias de la ortodoxia religiosa judía –Khoser es el vocablo hebreo preciso que utiliza Boges- y frecuentado por clientes fieles seguidores de los preceptos sagrados. La construcción dialéctica de los opuestos: judío/malevo, padre religioso/hijo mafioso, fluye de modo subyacente a través del relato[136].

Los acontecimientos transcurren en la década de los noventa del siglo XIX. Ya hacia el año 1899 era caudillo de una zona y los comités le consultaban para organizar todo tipo de fechorías. No tiene empacho Borges en aumentar aun más la crueldad de Eastman cuando enumera el precio que le ponía a cada acto delictivo: orejas arrancadas, piernas rotas, balazos en las piernas, puñaladas, negocios enteros. El punto de inflexión que va a generar un enfrentamiento terrible se va a producir cuando la banda de su antagonista, Paul Kelly, le mete dos balas en el abdomen y lo abandonan por muerto. Podemos decir en este sentido que para Borges

> Monk Eastman no es un criminal, sino una leyenda. No focaliza su moral, sino sus extravagancias de villano. La aparente neutralidad del narrador permite que el texto sea el que movilice las emociones y ponga en evidencia la alienación de los personajes, que pelean por causas que dan pena debido a su irrelevancia[137].

---

136 Ibidem, p. 318.
137 Aguinis, "Borges", op. cit.

La salida de peligro producirá uno de los famosos enfrentamientos entre bandas, conocido como "La batalla de
Rivington", a la que se dedicará el siguiente apartado. En ella
sigue Borges un procedimiento narrativo que usa con frecuencia en la mayor parte de sus historias para intensificar la imagen
que ofrece de los grupos que se enfrentan pero, al mismo tiempo, crea el recurso deformador de tipo antitético, porque a la
vez que nos habla de la maldad de estos «héroes» (en realidad,
antihéroes), enumera sus defectos más sonados, que no dejan
de llamar la atención: enfermedades vergonzosas, caries, dolen-
cias de las vías respiratorias o del riñón. Y dice finalmente:
"Unos cien héroes tan insignificantes o espléndidos como los
de Troya o Junín, libraron ese renegrido hecho de armas".

La descripción de la batalla es suculenta en la adjetivación bien
seleccionada. Un hecho que siempre ha gustado Borges, el esco-
ger con precisión el léxico, revisar una y otra vez el texto hasta
encontrar la palabra adecuada a sus pretensiones, la expresividad de la lengua y sus vicisitudes últimas:

> En Borges son los adjetivos, que sorprenden por la manera tan
> original que tienen de calificar un nombre, los que delatan su
> firma[138].

Así nos encontramos con que el mentón es rasurado, los
hombres, silenciosos; el horizonte, despavorido; los refuerzos,
impacientes; la convicción, brutal; el estrépito, insensato... Dice
el profesor Bruno Estañol al respecto:

---

138 R. González Echeverría: "Oye mi son: el canon cubano", Encuentro de
la Cultura Cubana, núm. 33, verano 2004, pp. 5-18 [12].

Mi visión personal es que en este libro ya está Borges de cuerpo entero como narrador de cuentos realistas con la adjetivación sorprendente y el uso de verbos inusitados que será su característica estilística principal[139].

Pero sobre todo, en ese juego de contraste y antítesis en que a veces se convierte esta obra, sorprende el aire lírico final con la paloma muerta a la vez que los siete heridos de gravedad y los cuatro cadáveres. Una visión que ha sido vista de este modo por Kleingut de Abner:

Alusión a la imagen poética hebrea del alba, e indicio proléptico, metonimia del protagonista. Este episodio opera en tanto clímax, momento de máxima tensión a partir del cual comienza a desplegarse el descenso de Monk hacia el desenlace[140].

---

139 B. Estañol, "Jorge Luis Borges, ¿escritor realista?", [en línea] Dirección URL: <http://www.revistadelauniversidad.unam.mx/2506/pdfs/89-98.pdf>. (Consultado el día 15 de septiembre de 2006). Estañol polemiza en su artículo con el francés D. Anzieu que en su libro El cuerpo de la obra. Ensayos psicoanalíticos sobre el trabajo creador (Ed. Siglo XXI), al referirse a Borges, afirma que sólo a partir de 1938 se puede decir que tiene importancia la narrativa de Borges a raíz del accidente que le produjo un corte con el batiente de una ventana y una septicemia aguda que lo hace debatirse entre la vida y la muerte. Dice Estañol: "Disiento con Anzieu porque uno de los libros que ha deparado mayor placer estético a muchas personas, incluyéndome a mí, es Historia universal de la infamia. Este goce estético es quizá el mejor indicador del valor de un libro. Anzieu considera que Borges no había encontrado su propia voz y tenía que pedir historias de prestado. Sin embargo, aunque las historias son ajenas, la voz, el tono y el estilo son nuevos y ya de Borges. La estructura de los cuentos también ya es borgiano. No intenta asombrar con el final de la historia sino con el lenguaje y con algo más que por lo pronto no sabemos qué es".

140 Kleingut, Marcel, op. cit., p. 322.

Sabemos que la corrupción estaba a la orden del día, y Monk Eastman estaba al servicio de los políticos locales que decían que las bandas mafiosas eran meras sociedades recreativas. Sin embargo, el enfrentamiento entre las bandas de Kelly y las de Eastman llega a tal punto que deciden platicar para llegar a un pacto, aunque éste no se llevó a cabo y dirimieron las diferencias boxeando:

Resulta significativa la diferencia de actitud de ambos capitanes. Kelly –pragmático y oportunista- acepta inmediatamente porque conoce el poder de los políticos, mientras Eastman, sin cálculo y alejado de la conveniencia, más cercano a la hybris de un héroe trágico quiere continuar y sólo consiente en acatar cuando recibe amenazas de encarcelamiento, único motivo inaceptable para él, pues cercena el bien más preciado: la libertad[141].

La detención de Monk Eastman traerá como consecuencia diez años de cárcel. Tras la salida de la cárcel se había producido la desbandada de todos sus efectivos. Se alistará en un regimiento de infantería y realizará actos de guerra de gran habili-

141 Ibidem. Insiste Kleingut en la idea de que es como si se produjera entre ellos una escena cinematográfica, a través de un combate de boxeo que dura dos horas, y acaba con la condena a diez años de Eastman. Para concluir del modo siguiente: "Interesante parábola la de este judío <Monje Hombre del Este>, el marginal agonista de una lucha milenaria. El hombre del libro: cosa extraña, este hebreo transformado en hombre de acción. Este ignoto, pequeño, orillero estadounidense, un menudo David proyectado como adversario del Goliat alegórico de Alemania. No la Alemania diegética de 1917, sino la real Alemania de la época de Borges, cuando escribía este relato, cuando Hitler ya estaba formando parte del gobierno alemán, y esbozaba su proyecto europeo; cuando el larvado antisemitismo podía concretarse en hechos inicuos, frente a los cuales la iniquidad de Monk Eastman como proveedor resulta más irónica que nunca" (p. 324).

dad y fortaleza. Su final es aciago: recibió cinco balazos en una calle de Nueva York.

Ni el proceso creador ni la singladura de la narración permiten un momento de abandono, sin embargo, hay que decir que Borges es uno de los escritores más imprevisibles que existen, su prosa no admite ningún tipo de lugar común y mucho menos la singladura imaginada. Por eso ha dicho Beckford que

> El estilo de Borges no tolera la neutralidad. Su prosa excluye cuidadosamente todo posible reposo; no permite ni se permite la menor indolencia. El lector no tarda en averiguar que el curso de esta prosa es imprevisible, que no puede adelantársele. Apenas lo intenta, descubre que no es eso lo que se le dice, que es otra cosa[142].

142 Beckorfd, "Borges", op. cit.

V

EL ASESINO DESINTERESADO
BILL HARRIGAN

El asesino desinteresado Bill Harrigan" reúne básicamente una selección que tiene que ver con los diversos planos cinematográficos del bandolero norteamericano –aunque de familia de origen irlandés- William Henry McCarthy. A través de diversas técnicas fílmicas, de las abundantes reiteraciones y las oraciones breves y directas, Borges ha querido conformar una imagen cinematográfica indeterminada pero imagen, al fin y al cabo, del famoso adolescente americano, como lo llamaría Ramón J. Sender en también su recreación novelesca de la vida de Billy The Kid, titulada, El bandido adolescente (1965):

> Las generaciones vanguardistas –a las que Borges perteneció al comienzo de su carrera- manifestaron en diferentes artículos y reseñas su gusto por el nuevo arte. En el cinematógrafo encontraron un nuevo modo estético que venían anhelando, un culto a la imagen. Diferentes autores adaptaron algunas técnicas del cine a sus propias producciones artísticas (...) Borges reconoce en su prólogo haber abusado de algunos procedimientos como las «enumeraciones dispares», «la brusca solución de continuidad» o «la reducción de la vida entera de un hombre a dos o tres escenas», procedimientos estos que el nuevo arte, sobre todo en su versión americana llevaba a la práctica en sus producciones[143].

143 Gil Guerrero, Poética, op. cit., pp. 106-107.

Esta trascendencia del cine en la obra de Borges ha sido estudiado por Edgardo Cozarinsky[144], Borges y el cine, y también, en menor medida, por Servelli, que en su breve ensayo "Mirando al sesgo: el cine en el texto borgeano" dice de modo genérico que

Dado el carácter definitorio que adquiere la construcción de personajes en la concepción del cine de Borges, parecería lícito asimilarla a la del personaje novelesco, e inferir de aquí, que el estatuto genérico de un film es análogo, en este tópico, al de la novela. El tratamiento otorgado a los personajes en los cuentos que inauguran la escritura ficcional de Borges avala lo antedicho, representa una prueba por la inversa. Los cuentos de Historia universal de la infamia priorizan los lineamientos argu-

144 E. Cozarinsky, Borges y el cine, Emecé, 2002. Cozarinky en dos grandes partes: "Borges sobre cine" y "Cine sobre Borges", aborda una doble dirección: pues la obra de Borges no sólo fue intensa como crítico de cine sino que también lo es en su propia intensidad cinematográfica, como estamos observando ab initio. También podemos encontrar las obras de Estela Cédola, Cómo el cine leyó a Borge, Buenos Aires, 1999 y Muriel Merino, Adaptations cinématographiques de Borges: de l'écrit à l'écran, Université Paris IV Sorbonne, Département d'études ibériques, Mémoire de Maîtrise, 2001. Por otra parte encontramos los telefilmes correspondientes a los textos de Borges :

1. Días de odio, Leopoldo Torre Nilson, 1954.

2. El muerto, Héctor Olivera, 1975.

3. La otra historia de Rosendo Juárez. Gerardo Vera, TVE e Iberoamericana Films, 1991.

4. La intrusa. Jaime Chávarri, TVE e Iberoamericana Fims, 1991.

5. La estrategia de la araña. Bernardo Bertolucci, 1970.

6. El sur. Carlos Saura, TVE e Iberoamericana Films, 1991.

7. Guerreros y cautivas, E. Cozarinsky, 1989.

8. Los libros y la noche, Tristán Bauer, 2000.

9. El hombre de la esquina rosada, René Mugica, 1962.

10. Invasión (guión de Borges), Hugo Santiago, 1969.

mentales (la trama) por sobre la construcción exhaustiva del personaje literario [145].

Se cree que Billy The Kid nació el 23 de noviembre de 1859, aunque la fecha admite bastantes dudas pues se barajan diversas antes de 1861. Borges, en el segundo apartado, que lleva por título un nombre tan barroco como "El estado larval", dice que nació en 1859 en un conventillo subterráneo de Nueva York y se crió entre negros a pesar de ser parido por madre irlandesa, Katherine. Como otros famosos delincuentes (el caso reciente de la viuda Ching o el de Tom Castro son emblemáticos) también Billy el Niño empleó diversos seudónimos a lo largo de su vida, siendo llamado William H. Bonney, Henry McCarty y Kid Antrim. Ignoramos el porqué de este Bill Harrigan que le coloca Borges. Aunque se le probaron sólo nueve muertes, sin embargo, fue acusado de haber matado en vida a más de veintiuna personas. Precisamente las mismas que le permiten a Borges, en el primer apartado, llevar a cabo una «boutade», muy

---

145 Servelli, "Mirando", op. cit., pp. 81-96. Dice Servelli que "La adscripción incondicional al cine clásico norteamericano orienta gran parte de la producción crítica de Borges sobre cine" (p. 82) En este sentido, la transparencia y fluidez narrativa del cine norteamericano estaría presente también en los cuentos de Borges, creándose así un trasvase fílmico de ideas evidente. Sobre la importancia que tiene el personaje en Borges, dice Servelli: "Refiriéndose al método narrativo de Hawthorne, que bosqueja una situación argumental como punto de partida, para luego componer los caracteres que la encarnen, Borges afirma: «Ese método puede producir, o permitir, admirables cuentos, porque en ellos, en razón de su brevedad, la trama es más visible que los actores, pero no admirables novelas, donde la forma general (si la hay) sólo es visible al fin y donde un solo personaje mal inventado puede contaminar de irrealidad a quienes lo acompañan»".

fiel a su carácter irónico y sarcástico que procede directamente de Quevedo[146], uno de los escritores, junto a Cervantes, al que más admiró: "El casi niño que al morir a los ventiún años debía a la justicia de los hombres veintiuna muertes -'sin contar mejicanos'". Idea que repetirá en el último apartado cuando afirma que «Los pormenores son irrecuperables, pero sabemos que debió hasta veintiuna muertes -'sin contar mejicanos'». Esta observación última no dice mucho de la consideración que para el argentino poseían los mejicanos, a los que no descubre ni siquiera como pertenecientes a la humanidad. ¡Son las cosas de Borges, como cuando dijo que la guerra de las Malvinas era la de dos calvos peleándose por un peine!

Tras la muerte por tuberculosis de su madre, Catherine (que se había unido a William Henry Harrison Antrim, que hará de padrastro), deja en manos de Antrim a los dos hermanos pero este los abandona. Billy trabajará con catorce años de lavaplatos en un hotel pero pronto comienza a robar. Esta iniciación en la delincuencia lo llevará a entrar en contacto con rateros y a iniciar una carrera delictiva y a la cárcel. Su primera muerte fue la

---

146 J. L. Borges, "Quevedo" en Otras Inquisiciones (1952), en op. cit. pp. 164-171. El afecto de Borges hacia el escritor castellano es notable como se deduce de las palabras elogiosas de este comentario extenso sobre la forma de abordar el hecho literario Quevedo, del que dice entre otras: "De Quevedo habría que resignarse a decir que es el literato de los literatos. Para gustar de Quevedo hay que ser (en acto y en potencia) un hombre de letras; inversamente, nadie que tenga vocación literaria puede no gustar de Quevedo. La grandeza de Quevedo es verbal (...) Trescientos años ha cumplido la muerte corporal de Quevedo, pero éste sigue siendo el primer artífice de las letras hispánicas. Como Joyce, como Goethe, como Shakespeare, como Dante, como ningún otro escritor, Francisco de Quevedo es menos un hombre que una dilatada y compleja literatura".

de "Ventoso" Cahill, un herrero que solía abusar de él. Más tarde entrará en la banda del famoso J. Evans y en una serie de altercados entre diversas bandas como las de Tunstall, Dolan, Evans, Kinney... A partir de este momento se inicia un proceso delictivo continuado en el que destacarán las múltiples víctimas que le hicieron famoso. Capturado por el marshall Pat Garrett en el estado de Nuevo México, se le condenaría a morir en la horca el 13 de mayo, pero escapa de su celda y mata a dos vigilantes. Pat Garrett se vengará más tarde dándole muerte cuando tan solo contaba ventiún años (el mismo número que muertos) en Fort Sumner el 14 de julio de 1881.

Esta es básicamente la historia real que soporta el argumento de la de Borges, aunque la maestría del escritor argentino derivará hacia aquellos aspectos que él consideraba esenciales como la integración del personaje en su ámbito territorial, en su territorio personal, como una forma de ordenar la existencia, como un *modus operandi* de estrategia literaria que quizá proceda de Cervantes. Recordemos que la Mancha ordenaba al héroe clásico; también un territorio, en este caso el de Arizona y Nuevo México, ordenan a otro héroe más moderno, Billy the Kid. Pero esta técnica de crear primero el espacio geográfico en el que insertar la figura es una técnica habitual en algunos cuentos de Borges: lo había empleado en la historia de Lazarus Morell en la que el Mississippi se convierte en ese territorio mágico y literario; también aquí.

Por esta razón comienza la historia haciendo referencia pausadamente al marco geográfico, las tierras de Arizona y Nuevo

México a las que llama "tierras con un ilustre fundamento de oro y de plata, tierras vertiginosas y aéreas, tierras de la meseta monumental y de los delicados colores, tierras con blanco resplandor de esqueleto pelado por los pájaros". Una enumeración (bastante habitual en él como técnica literaria, quizá más presente y familiar en la lírica que en la épica) en la que demuestra Borges no ya un absoluto dominio del espacio sino y, fundamentalmente, de la adjetivación. Un hecho que a mi modo de ver hereda directamente del modernismo. Los modernistas son los grandes adjetivadores, los creadores de matices, de sensualidad y de riqueza diversa y plural, como hace aquí Borges cuando se refiere a estas tierras áridas de Nuevo México y Arizona. La serie adjetival es muy llamativa: vertiginosas, aéreas..., pero también los sintagmas preposicionales con valor adjetival: con ilustre fundamento de oro y de plata, con blanco resplandor de esqueleto pelado por los pájaros. Una metonimia esta última que presenta la luz como instrumento para la descripción de un espacio. Un territorio que de nuevo en el apartado tercero adquiere una solvencia léxica e imaginaria definitiva, sobre todo cuando el escritor establece el correlato de la vida y el teatro. No en vano esos concurrentes vociferantes que asisten a los teatros de Bowery donde se reproduce el estado de la época, pistoleros y muertes, no son sino una forma de representación de un espacio imaginario, el Oeste americano, tan querido para el cine y en el que Borges establece su propia dinámica a través de unas pinceladas como el hacha demoledora de cedros, la enorme cara babilónica del bisonte, el sombrero de copa, la ira del hombre rojo o la desaforada pradera, por indicar algunos de

los ejemplos enumerativos de Borges con los que pretende tras-
ladar al lector una imagen plástica y una solvente reducción de
tantas imágenes a una sola; no en un afán de comprimir por comprimir sino de crear la conmoción estética. A través de la técnica
que advertía en el prólogo de las «enumeraciones dispares» o imágenes discontinuas. Técnica que ha sido puesta en relación a algunos elementos fílmicos por Servelli[147] y Molloy a quien aquel cita:

> «Las enumeraciones dispares», pueden remitirse al concepto de
> montaje, que permite un enlace de imágenes e ideas que no
> necesariamente responden a una lógica causal, o bien puede ser
> tratado con independencia de esta analogía y remontar el pro-
> cedimiento a su tradición literaria. Pero seguramente el análisis
> que ofrece Sylvia Molloy de este procedimiento privilegiado
> por Borges, en el capítulo séptimo de su ensayo citado ("El
> soterrado cimiento"), sea el más pertinente ya que el mismo
> recibe un tratamiento por su funcionamiento particular en el
> texto borgeano; ya no se trata de la enumeración *per se*, sino
> que, con Molloy, el procedimiento adquiere un nombre propio,
> «la enumeración heteróclita»: «Como desesperaciones aparen-
> tes y consuelos secretos habrán de considerarse, en su obra, la
> desarticulación sistemática y la salteada detención en lo inco-
> municado, la fragmentación que enjuicia la prevista sucesividad
> textual a la vez que socava la superstición del texto único y
> definitivo. Borges cuestiona e inquieta los componentes del
> destino del hombre como cuestiona la configuración sintáctica
> de un texto, temiendo y conjurando el posible reverso de la
> heterogeneidad que propone: un yo, un tiempo, un mundo, un
> texto determinados por la severa causalidad».

147 Servelli, "Mirando", op. cit., p. 89.

Y este espacio plural y amplio, de pronto (en el apartado "Demolición de un mejicano") se concentra en un lugar concreto, una taberna. Es decir, Borges va desde el plano general al plano medio, para después concentrarse en el primer plano cuando trata de analizar el personaje. El plano medio, en este caso, es la taberna situada en mitad del desierto («igual que en alta mar»). Un espacio concreto situado en ese mar que inmediatamente es analizado en su conjunto a través de las siguientes imágenes:

En el exterior: Tierra lisa, el cielo con nubes a desnivel, con desgarrones de tormenta y de luna, lleno de pozos que se agrietan y de montañas; también un cráneo de una vaca y la luz alargada de la taberna.

En el interior de la taberna: los hombres a los que les aplica los adjetivos de «cansados», «fornidos»… beben alcohol (al que llama pendenciero) y hacen ostentación de grandes monedas, un borracho canta, y un idioma, dice, que debe ser español porque quienes lo hablan son despreciados.

Es una fastuosa imagen, una trabajada y ordenada imagen en la que a través de unos leves trazos cromáticos ha logrado crear un mundo imaginario y transformar al lector en espectador, pues es la imagen la que queda reforzada en todo este proceso creativo.

Borges no sólo crea este territorio del delincuente sino que lo dota de una sabiduría, de una paleta cromática propia y personal que no le va a la zaga con la descripción que lleva a cabo inmediatamente del protagonista:

El jinete clavado sobre el caballo, el joven de los duros pistoletazos que aturden el desierto, el emisor de balas invisibles que matan a distancia, como una magia[148].

148 Borges, "El asesino desinteresado Bill Harrigan", op. cit., p. 177.

Realmente no sólo está describiendo a un héroe y lo está integrando en su territorio sino que está sabiendo transmitir al escritor la esencia de la literatura: la capacidad de conmover. En solo apenas unos trazos (como hacía Quevedo) Borges describe a Bill Harrigan con maestría. La primera imagen es soberbia y poderosa, propia de una estatua de bronce: el jinete clavado sobre el caballo. El uso del término «clavado» crea en su imagen una solvencia de fragua, de fortaleza, y la imposibilidad de derrumbarlo fácilmente. Este término muestra que la selección de léxico en Borges es heredera no sólo del barroco sino del modernismo, dos movimientos literarios que están muy presentes en su riqueza léxica, expresiva y creadora. Más adelante también lo tildará como «rojiza rata de conventillo» para ofrecer una expresiva hipérbole.

Pero también los aciertos narrativos se crean en la capacidad para organizar una atmósfera creíble y asfixiante que deriva hacia un interés por parte del lector. Así lo conduce por "Demolición de un mejicano", a partir del momento en que sitúa su cámara en Bill Harrigan, que está tomando unos tragos de aguardiente y observa a los hombres del desierto por los que se siente anonadados: "De golpe, hay un silencio total, sólo ignorado por la desatinada voz de un borracho". En esa atmósfera en la que entra en juego un mejicano fornido, Belisario Villagrán, con cara de india vieja y hay dos pistolas, el mejicano da las buenas noches a todos los gringos hijos de perra. Bill recoge el testigo del insulto y le dispara. Después todo nos habla de la frialdad del joven y de la importancia que la muerte posee para él:

> Una detonación retumba enseguida. Parapetado por aquel cordón de hombres altos, Bill ha disparado al intruso. La copa cae

del puño de Villagrán; después, el hombre entero. El hombre no precisa otra bala. Sin dignarse mirar al muerto lujoso, Bill reanuda su plática. «¿De veras?», dice «Pues yo soy Bill Harrigan, de New York». El borracho sigue cantando insignificante[149].

El efecto dramático ha sido conseguido y la intensidad de la escena y del escenario también. Estas situaciones de duelo han sido muy bien analizadas por Pauls:

Por eso el duelo en Borges es siempre un éxtasis, incluso —o sobre todo— cuando su resultado es trágico. Porque esa suspensión del tiempo y de la vida es como un trance, una alucinación, y tiene el vértigo de una fiesta[150].

Sólo esta escena es la que destaca el narrador y la que le da realce a toda la obra. Los demás son procesos enumerativos que consisten en ampliar el marco referencial del personaje dándole cuerpo a través de diversos acontecimientos o situaciones que sólo son nombradas. Así sucederá en el último apartado "Muertes porque sí", muy significativo para amplificar la visión del matador que fue Billy. Borges no entra en disquisiciones morales ni en explicaciones de ningún tipo. Sólo se interesa por la capacidad de transmitir una visión lo más contundente que puede y nada más. A partir de este momento en que se produce ese asesinato absurdo (Borges lo inventa, porque el primero realmente fue el de un herrero y no del modo que cuenta el escritor argentino), dice Borges, se inicia un camino en el que el

149 Ibidem, pp. 179-180.
150 A. Pauls, El factor Borges, Barcelona, 2004.

personaje intentará superar a la leyenda creada en torno a él. Por este motivo, en muchas ocasiones el personaje parece eso más que persona, un instrumento formal del relato y de ahí que

La elección y presentación de los personajes biografiados en HUI no apunta a una familiarización con el lector sino, por el contrario, a un extrañamiento, de manera tal que la única coherencia posible sólo pueda darse en la máscara. Los cambios de nombres, los nombres falsos, la ausencia de «efigies», la impostura, y el enmascaramiento dominan los relatos. Señala Molloy en Las letras de Borges, que «el personaje de Borges rara vez es persona, si actante diseminado en el texto», no hay un personaje que encarne en una situación que dé cuenta del texto, sino que hay en los cuentos una «situación plural», la organización de un argumento[151].

El final novelesco sobre los últimos momentos de Bill no sólo no tiene nada que ver con la realidad sino que le da un realce que la supera:

El último episodio es significativo en relación a dos propósitos. En primer lugar, el antididactismo, ya que la historia no acaba con la muestra de coraje de Bill Harrigan en la taberna tras la provocación, -asesinato que hubiera quedado justificado en las leyes de los cowboys-, sino que a este hecho le siguen otras muertes «porque sí», presentando a un verdadero asesino compulsivo, un antihéroe como protagonista. En segundo lugar,

---

151 Servelli, "Mirando" p. 87. Añadirá en otro momento el ensayista: "Partiendo de un análisis de los procedimientos de la novela, Borges enuncia una ley —«Todo episodio en un cuidadoso relato, es de proyección ulterior»— aplicable al cuento y al cine. Un desvío similar puede observarse en el ensayo dedicado a la indagación de los procedimientos por los cuales la novelística clásica construye su realidad textual ("La postulación de la realidad")".

este relato comparte la característica del antisentimentalismo, hecho que se observa fundamentalmente en el júbilo de la gente tras la muerte del Dago y de Billy the Kid mismo[152].

Ahí radica la ventaja de la literatura con respecto a la realidad: su capacidad para crear un orden que se centre en los sustancial y ofrezca la palabra como hilo conductor para su concreción y su definición: el calor, el comisario sentado disparándole, como si tal cosa a Bill, el overo que sigue y el jinete que se desploma:

> La agonía fue larga y blasfematoria. Ya con el sol bien alto, se fueron acercando y lo desarmaron; el hombre estaba muerto. Le notaron ese aire de cachivache que tienen los difuntos.

Borges crea sensaciones, produce efectos sensoriales diversos y logra captar el interés del lector a través de la fluidez de las acciones y de la construcción de una lengua que organiza perfectamente las condiciones del relato. Y sobre todo en sus personajes infames no existe un halo de heroicidad sino más bien de melancolía hasta el punto que son personajes que nos resultan hasta cercanos y atractivos al lector. De ahí que se haya dicho de estos héroes lo siguiente:

> La melancolía de los bandidos en Borges es algo sorprendente, toda vez que se distancia del sabor épico, de la confusa e inocente fruición en la violencia o el indudable «estar en el mundo» que suelen definir las narrativas de outlaws o de meros valientes que Borges sí aprecia en sus autores y obras favoritas: el Paulino Lucero, de Ascasubi, Hormiga Negra, de Gutiérrez, The Purple Land, de Hudson, "El Guapo", de Carriego, el

152 Gil Guerrero, Poética, op. cit., pp. 108-109.

Facundo, de Sarmiento, el cine de Hollywood (que según Borges recuperó para occidente el valor de lo infame), los relatos de Kipling, las historias de Stevenson sobre gentlemen of fortune (léase: piratas) o meros aventureros, o las sagas islandesas de outlaws. Esas felicidades informan Historia universal de la infamia (1935), desde luego[153].

153 J. P. Dabove, "Sobre algunas ficciones de violencia en la obra de J. L. Borges: bandidaje, melancolía, ley", Variaciones Borges, núm. 22, 2006, pp. 167-189 [172] Dice Dabove que este trabajo forma parte de una investigación en la que viene trabajando desde hace algunos años. Su tema es la representación de las diversas formas de violencia campesina denominadas «bandidaje» en la escritura latinoamericana de los siglos XIX y XX. Los resultados de la primera etapa de esa investigación se encuentran en prensa en la University of Pittsburgh Press (Nightmares of the Lettered City: Banditry, Literature and the Nation-State in Nineteenth-Century Latin American). El presente artículo forma parte de la segunda etapa de la investigación, dedicada al siglo XX. Sobre este asunto de la entonación melancólica ha dicho en otro momento Dabove que "las ficciones de violencia rioplatense participan, entiendo, de esa experiencia de la melancolía como nudo de necesidad e imposibilidad, pero la ubican en otro lugar, donde lo crucial es la relación con la ley. La melancolía en las ficciones de violencia es la huella de la distancia imperceptible pero infinita entre la ley oral que define la identidad pública del cultor del coraje y el cuerpo que oscuramente vive y muere bajo el peso de esa ley" (p. 174).

VI

EL INCIVIL MAESTRO DE CEREMONIAS KOTSUKÉ NO SUKÉ

Con esta obra[154] sí podemos decir que existen planteamientos morales (y no precisamente en torno a la infamia), en tanto Borges ensalza el valor de la fidelidad y la lealtad y genera, en el fondo, una enorme loa a estos valores que son connaturales a la civilización japonesa. Borges se adentra de nuevo en el mundo oriental tan querido para el modernismo y para él. De hecho una de sus lecturas más atractivas era Las mil y una noches. En Europa se puso de moda a finales del XIX la cultura oriental y existían completas colecciones de Ukiyo e. Se conocían los Tales of Old Japan de A. B. Mitford, varios volúmenes del celebérrimo Manga de Hokusai, ilustraciones eróticas de Utamaro, así como libros de los primitivos maestros del Ukiyo e, en blanco y negro. También en Hispanoamérica existía esa moda oriental desde Rubén Darío hasta Juan José Tablada (que introdujo en español el haikai[155]), Julián del Casal y otros que se interesaron por el exotismo que proviene de Oriente tanto en poemas como en cuen-

---

154 Fue publicada en la Revista Multicolor el año 1, núm. 18, p. 5, 9 de diciembre de 1933, con ilustración de Parpagnoli.

155 El haikai es una de las formas de poesía tradicional japonesa, basada en cuestiones cómicas y divertidas, considerada como una de los pilares de esta. Del haikai han nacido otros dos géneros: el haikú y el Haikai-no-Renga (sucesión de haikais). Matsuo Basho, poeta muy afamado en el arte del haikai, separó el primer poema del Haikai-no-Renga (el Hokku) y por ende lo independizó

tos. Julián del Casal, por ejemplo, con Kakemono (1892) y Sourimono (1893) incorporó a la corriente modernista el japonesismo, cuyo cultivador más devoto en Hispanoamérica fue Juan José Tablada. Efrén Rebolledo, en sus libros Rimas japonesas, (1909), Nikko y Hojas de bambú (1910). En Cuba, los hermanos Carlos Pío y Federico Uhrbach habían seguido el ejemplo de Casal en su libro Gemelas (1894). También Leopoldo Lugones divulga Estampas japonesas en Las horas doradas (1922).

Borges, en consecuencia, en este relato sigue la estela que habían creado sus predecesores y reinventa la historia del incivil maestro de ceremonias Kotsuké no Suké, aciago funcionario que motivó la degradación y la muerte del señor de la Torre de Ako y temió suicidarse como un caballero cuando los vengadores lo conminaron a ello.

El relato tiene como base la Historia Doctrinal de los cuarenta y siete capitanes, referida por A. B. Mitford, a quien cita como recopilador de Tales of Old Japan, London, 1912. De hecho, hacia el final del primer apartado dice que sigue la relación de este

> Que omite las continuas distracciones que obra el color local y prefiere atender al movimiento del glorioso episodio. Esa
> · buena falta de «orientalismo» deja sospechar que se trata de

del Renga, dándole al Hokku una personalización estética y expresiva. Pero Basho también llamaba al Hokku como Haiku. Esto hizo que en los inicios, el Hokku fuera lo mismo que el Haiku. Pero con el paso del tiempo, poetas como Masaoka Shiki separan sustancialmente el haiku del hokku, conservando este último la vis "cómica", mientras el haiku adquiría un valor más "espiritual".

156 A. B. Mitford procedía de una familia literaria británica distinguida. Desde su nacimiento en 1837, Mitford se movió de un país a otro mientras que sus padres vivieron en varios países europeos. En 1865 alcanzó un puesto en

una versión directa del japonés[156].

Sin embargo, su existencia, como bien han señalado pertenece al acerbo oral:

> Podríamos creer o no que se trata de un hecho histórico, que por su dramatismo pasó a formar parte de la tradición oral que lo transformó en leyenda. Lo que sí es verdad es que, a dos siglos de dicho suceso, en pleno siglo XX, nos encontramos no sólo con los héroes al estilo japonés de la segunda guerra mundial, sino que podemos señalar en la historia de la literatura japonesa moderna y contemporánea que la práctica del suicidio fue abrazada por sus más ilustres representantes[157].

Esta historia desarrolla en la primavera de 1702 la contrariedad entre el señor de la Torre de Ako y el maestro de ceremonias Kira Kotsuké no Suké. El señor de la Torre de Ako recibe la visita de un enviado imperial y para impedir errores precedía al enviado el maestro de ceremonias Kotsuké no Suké, que se burla del señor de la Torre humillándolo, al obligarlo a inclinarse ante él para atarle la cinta del zapato. En un momento de irascibilidad ante las continuas chanzas, el señor de la Torre le tira un hachazo al maestro de ceremonias. Un tribunal militar lo condena al suicidio al señor de la Torre, que muere como un samurai y más tarde es decapitado por el consejero Kuranosuké.

Desde entonces, Kotsuké no Suké se convierte en el odiado

Beijing y comenzó sus estudios en chino. Fue agregado de la legación británica a partir de 1866 a 1870. La época de su llegada coincidió con la agitación de la restauración de Meiji, que él atestiguó y experimentó durante su estancia. Mitford también comenzó a estudiar japonés. En 1873 se retiró de la oficina extranjera. Se hizo famoso por sus Cuentos del viejo Japón (1871).

157 Y. Boon Seo y C. Macías, "Sobre el suicidio y un cuento japonés de Borges", México y la cuenca del Pacífico, octubre-diciembre 1998, pp. 27-29 [28].

maestro de ceremonias y los capitanes del señor de la Torre juran venganza. Los capitanes detienen a Kotsuké no Suké y le ruegan que se suicide conforme al ritual de los samurais, pero él no lo hace y lo deguellan. Finalmente los guerreros se suicidan tras recibir este privilegio de la Suprema Corte.

En consecuencia, como han dicho algunos autores, en El incivil maestro de ceremonias Kotsuké no Suké, se puede producir una antítesis entre una infamia real que es traición y otra infamia irreal que es lealtad. Kotsuké, el maestro de ceremonias representa primero el título del relato, luego el de infame, finalmente el de vengador. La infamia de Kotsuké no Suké hay que leerla en el contexto de las tradiciones y los hechos consumados de la sociedad japonesa, donde las fórmulas de tratamiento, de cortesía o de humillación son mucho más que una cuestión de modales, al menos así entendidos para los occidentales. Kotsuké no mueve (como sucedía con la viuda Ching) a la defensa del personaje sino a su más absoluto desprecio. Su comportamiento no es sólo un ataque a la tradición sino que, llegado el caso y rendido, no es capaz de cumplir esas tradiciones y le falta el valor para suicidarse. El odio que proyecta hacia los demás es un odio conquistado, es una forma de aceptar la tradición y de atacar a quien la incumple. Pero después de esa infamia inicial, para una persona de tan digna posición, entra en un proceso de degradación personal de la que no le exime la historia ni tampoco esa tradición que incumple reiteradamente. Desde el principio, Kotsuké no Suké es un persona despreciable que no mueve en nuestro ánimo ninguna consideración y, además, es el causante de la muerte de un hombre. Pero, sobre todo, esta obra es un hermoso canto a la lealtad tal como dirimen sus palabras finales:

Este es el final de la historia de los cuarenta y siete hombres fieles —salvo que no tiene final, porque los otros hombres, que no somos leales tal vez, pero que nunca perderemos del todo la esperanza de serlo, seguiremos honrándolos con palabras[158].

El proceso de infamación del consejero es paralelo e inverso al del maestro de ceremonias. Mientras el primero "se codea con rameras y poetas, y hasta con gente peor", despide a su mujer y a su hijo menor y compra "una querida en un lupanar", el segundo se rodea de "espías incorruptibles, puntuales y secretos", además de un ejército de protección. Ambos extremos aceptan el absurdo. En el del consejero, buscar la total infamia para crear confianza en el enemigo; en el segundo, la reiteración y la contradicción: por definición los espías son secretos y puntuales; también son corruptibles.

Aquí el protagonista no es el villano, ni siquiera el héroe que buscará venganza sobre él, sino la preparación, minuciosa y delicada, de una venganza, una entrega y una retribución.

Las claves simbólicas del relato las ofrece Yoon Bong Seo y Claudia Macías, de la universidad de Guadalajara, que han visto lo siguiente:

La gravedad de la falta que motivó el primer suicidio es a causa de un símbolo: "El enviado representaba al emperador, pero a manera de alusión o de símbolo: matiz que no era menos improcedente recargar que atenuar". Y el maestro de ceremonias, paradójicamente enviado "para impedir errores harto fácilmente fatales" (idem), era un funcionario de la corte de Yedo y, por lo tanto, compartía la dignidad real. 2. La ausencia de sangre, en un relato en donde ocurren más de cuarenta muertes "sangrientas", no hay derramamiento de sangre explí-

158 Borges, "Incivil", op. cit., p. 187.

cito (...) De dichos símbolos podemos señalar que el texto des- taca el suicidio como inherente a una arraigada tradición de honor y, además, como un acto limpio, pulcro, digno de los nobles caballeros, ya que el incivil maestro no acepta suicidar- se y muere degollado en manos de los capitanes. En términos de estilo, destacan en el cuento tres momentos: 1. La escena del suicidio del señor de la Torre de Ako se presenta como todo un espectáculo con matices cinematográficos al marcar la dis- tancia de los espectadores (...) El ritmo marcado por la reitera- ción con "y" le da solemnidad al momento. 2. La escena del asalto al palacio del maestro de ceremonias es de singular belle- za por la manera tan sucinta y pulcra de describirla (...) La ausencia de verbos la convierte en una pintura "dinámica" y "sonora" en donde podemos contemplar las sogas que se mue- ven y el disparo de las flechas, así como el sonido del tambor de ataque. 3. El momento intitulado "El testimonio", tiene la peculiaridad de romper el tiempo en que se venía narrando la historia en general. Cuando los capitanes han satisfecho su venganza, el tiempo cambia repentinamente al presente" [159].

Nos movemos, por tanto, ante los símbolos manifiestos de una tradición que todo el mundo respeta y ante los que dan la muerte porque esta es la única que puede reparar la situación creada. La muerte como harakiri, que es una forma de elevación espiritual, de seguir siendo digno en la eternidad; y la muerte del indigno, la muerte que trae el ser degollado como Kotsuké no Suké cuando es incapaz de dar respuesta a la propuesta de los cuarenta y siete hombres leales. El ceremonial, después, aporta mucho a una tradición en la que se produce una total simbiosis

---

159 Y. Boon Seo y C. Macías, "Suicidios y/en un cuento de Borges", Sincronía, invierno 2001.

entre los actos, la conducción de los mismos y los síntomas de su credibilidad. Por eso llevarán en un caldero la cabeza de Kotsuké no Suké, para cuidarla, y, después de ello, los actores del sacrificio se someten a la justicia y, aunque son condenados por dar muerte, pueden recibir el máximo privilegio que es el de suicidarse conforme a la tradición de la dignidad: el suicidio[160] es una forma de restablecer el equilibrio perdido, es una respuesta ante la ruptura de un orden, así para mantener y proteger el honor, el de su amo, la familia, la comunidad y la de su patria. Tras pedirle permiso a su amo, el guerrero se hacía el harakiri como un bien supremo. Una de las dos espadas que llevaban siempre consigo cortaba su vientre en dos movimientos, uno vertical y otro horizontal. El mejor amigo entonces lo decapitaba para evitar mayores sufrimientos. En consecuencia, el

---

160 En el siglo XX ha habido figuras emblemáticas de la literatura japonesa que se han suicidado, siendo fieles a esa tradición milenaria: el 24 de julio de 1927, Akutagawa: el escritor más brillante de la literatura moderna japonesa se suicida con el sentimiento de "una vaga inquietud" en una época de crisis. El 19 de junio de 1948 fue encontrado el cuerpo sin vida de Osamu Dazai, quien seis días antes había puesto voluntariamente fin a su vida arrojándose, junto con su amante, a las aguas de un canal de desagüe de las afueras de Tokio. Dazai era una de las figuras cumbres de la narrativa japonesa contemporánea. El 16 de abril de 1972, Yasunari Kawabata, ganador del Premio Nobel de Literatura en 1968, era encontrado muerto en su estudio de Zushi con un tubo de gas en la boca. El 25 de noviembre de 1970, el polémico escritor Yukio Mishima, acompañado de un grupo de jóvenes con los que integraba la paramilitar Sociedad del Escudo, irrumpió en el Regimiento Oriente de las Fuerzas de Autodefensa en el barrio de Ichigaya, en Tokio, y tras someter a los oficiales, reunió a los soldados en una explanada y les dirigió una arenga que terminaba diciendo: "...Teníamos la ilusión de que sólo las Fuerzas de Autodefensa conservaran el espíritu del Japón auténtico, del alma del guerrero del Japón antiguo". Y para dar fuerza a sus palabras, Mishima se abrió el vientre con una espada corta y uno de sus asistentes cumplió con el deber de decapitarlo.

harakiri durante siglos fue el símbolo de lealtad, de honor, de confianza y de patriotismo. Un honor que no le cabrá en absoluto al incivil maestro de ceremonias.

La obra se fragmenta en seis apartados: el primero no lleva título alguno y los restantes los siguientes: "La cinta desatada", "El simulador de la infamia", "La cicatriz", "El testimonio" y "El hombre de Satsuma".

El primer apartado es un resumen del personaje, Kotsuké no Suké, su infamia, la hipérbole que nos habla de la abundante bibliografía tan querida a Borges, las óperas, tesis doctorales, monografías, películas que conmemoran el hecho, y la persona de donde lo toma de un modo inmediato: A. B. Mitford. Se trataría de una especie de introducción de tipo expositivo que muchos no identificarían ni mucho menos con el relato sino con la crítica literaria o con el ensayo. Desconocemos esas tesis... a las que se refiere Borges que emplea esta enumeración con el ánimo de generar expectación en el lector, aunque ignoramos realmente dónde se encuentran semejantes estudios. La cultura japonesa siempre tuvo un gran atractivo para Borges[161] que intentó al final de su vida hablar japonés y así se lo hizo saber a María Kodama, que no encontró sino a un árabe para que le enseñara y comenzó a estudiar árabe, pero sí se conocen estas palabras de Borges:

Cuando tenía once o doce años, después de leer la obra de Lafcadio Hearn me interesé por el Japón. Leí luego la traduc-

161 Sobre la influencia de la lírica japonesa en la de Borges, es importante la obra de Graciela Susana Puente, La lírica japonesa y Jorge Luis Borges, Buenos Aires, La Luna Que, 1999.

ción al inglés del Genji Monogatari, libros sobre budismo, los de Daisetz Suzuki sobre zen, y seguía sintiendo que algún día me gustaría conocer directamente la cultura japonesa. Este deseo se cumple a mis 80 años y me siento muy feliz[162].

A este respecto dirá también en otro momento:

He empezado a estudiar ese idioma que no sabré nunca, pero es algo así como si supiera que algo es inmortal, que de algún modo seguiré estudiando japonés después de mi muerte corporal.

El segundo apartado lo titula "La cinta desatada". Comienza propiamente la historia con referencia a la fecha de la primavera de 1702 cuando el señor de la Torre de Ako recibe a un enviado imperial.

En ocasiones las metalepsis del discurso, que son en realidad aclaraciones del autor, sólo consiguen una lacra añadida y ralen-

---

162 Algunas palabras de Borges extraídas de sus libros son también muy significativas al respecto: "… Me he sentido un bárbaro en el Asia. Concretamente en Japón. Eso no me ha entristecido. El hecho de compartir de algún modo una cultura que me parece harto más compleja que la nuestra, me alegró"."… Otro rasgo que me pareció admirable: es que aquí asociamos la idea de un santuario, de una iglesia, con la solemnidad y el terror sagrado. En cambio, yo he observado en Japón a la gente en un templo de Nara: la gente se ríe, hace bromas (...), se siente que la gente está divertida. Lo sagrado y el humor no se excluyen. El hecho es sentir lo sagrado como algo amistoso". Llamó mucho la atención también la personalidad de Buda y sobre él escribió en la revista Sur hacia finales de 1950 un breve ensayo titulado "La personalidad del Buda". Este, junto con los materiales de las conferencias sobre el budismo ofrecidas por Borges en el Colegio Libre de Estudios Superiores, posiblemente sea el embrión conceptual del libro arriba referido, escrito con la colaboración de su amiga Alicia Jurado, el libro Qué es el budismo (1976).

tizar el proceso narrativo, aunque la intención del autor es hacer más comprensibles algunas claves interpretativas. El enviado imperial se presenta, pero las alusiones de Borges se cargan a veces de retórica innecesaria. Por ejemplo, cuando hace la presentación del enviado de este modo: "El enviado representaba al emperador, pero a manera de alusión o de símbolo: matiz que no era menos improcedente recargar que atenuar". Entonces se manifiesta la presencia del maestro de ceremonias por primera vez con un aire de insolente tono magistral y burlas al señor de la Torre que "no sabía replicar y la disciplina la vedaba toda violencia". El maestro de ceremonias llegó a rebajar la dignidad del señor de la Torre hasta tal punto de que le pidió que le atara un zapato, pero no contento Kotsuke le increpó que era incorregible y que "sólo un patán era capaz de frangollar un nudo tan torpe". Ante este ataque sombrío el señor de la Torre responde sacando la espada y tirando un hachazo al maestro de ceremonias que huye pero dejando tras sí una bella metáfora: "Apenas rubricada la frente por un hilo de tenue sangre".

El tribunal, días después, dictaminará contra el heridor que deberá suicidarse. Así lo hará desnudándose hasta la cintura y abriéndose el vientre con las heridas rituales de los samuráis. Pero es sugerente en este proceso la ausencia de sangre, pormenor que intenta conquistar para sí Borges, que rehuye del elemento sanguinolento en sus textos. Así dirá: "Y los espectadores más alejados no vieron sangre porque el fieltro era rojo". Su padrino, el consejero Kiranosuké lo decapita para que no sufra.

En este apartado Borges enfrenta dos imágenes: la de la dignidad del señor de la Torre que, tras humillarse y ser humillado por un acto menor, ha de darse la muerte. Un hecho incomprensible para un occidental que no vislumbra esta discriminación de la cultura japonesa ante una situación injusta. Sin embargo, este rigor de la costumbre y de las leyes no impide reconocer que la actuación de un hombre, que por su rango ha de responder de otro modo, sólo se puede amortizar con la muerte.

La otra imagen la proyecta el infame Kotsuké no Suké, el maestro de ceremonias, no sólo responsable de la humillación del señor de la Torre sino también de su suicidio. Representaría, en consecuencia, un ser abyecto que no sólo no respeta las tradiciones de los grandes hombres, sino que sale victorioso por esos resquicios que impone una ley antigua y trasnochada.

El siguiente apartado, "El simulador de la infamia", muestra que la jerarquía de la dignidad japonesa es de tal calibre que el acto indigno del jefe alcanza a los que están inmediatamente en situación de inferioridad jerárquicamente. Recorre por los acontecimientos lineales una vez que el señor de la Torre de Takumi no Kami se ha dado muerte: los bienes son confiscados, los capitanes desbandados, la familia arruinada y la execración como límite moral.

Ante este panorama de la víctima, el victimario, consciente de que la venganza puede estar cerca, fortificó su casa con arqueros y esgrimistas; pero además contaba con espías que vigilaban la capitana de los vengadores: el consejero Kuranosuké. Sin embargo, para despistar el consejero se alejará a Tokio y se involucrará en lupanares hasta que un hombre de Satsuma lo conoce y ataca por su comportamiento.

En esa coyuntura, Kotsuké sentirá gran alivio, pero sabemos que será pasajero. El comportamiento del consejero, que se sale de los límites previstos, no posee otro fundamento que engañar al maestro de ceremonias y obligarlo a pensar en otras cosas que no sean la venganza de los capitanes. Para ello decide incluso comprar una querida de un lupanar y despachar a su mujer y sus hijos. Sin embargo, en el último párrafo, y dejando en vilo el proceso narrativo, Borges advierte que en el invierno de 1703, un año después de la terrible escena, los cuarenta y siete capitanes se dan cita en un desmantelado jardín en los alrededores de Yedo, en donde está el maestro de ceremonias, para preparar el ataque, al que consideran «una operación militar de estricta justicia». Es destacable en este apartado el importante papel que posee el consejero del muerto porque sobre él se sustenta la intriga y su capacidad simbólica.

En el apartado "La cicatriz", símbolo de la que llevaba Kotsuké no Suké, se desarrolla el asalto al palacio del infame. Por la parte delantera lo hace el consejero y por la de atrás el hijo de dieciséis años que muere. Borges se sostiene en la enumeración para conseguir la acción deseada y la concentración de la intriga: "... Los arqueros apostados en la azotea, el directo destino de las flechas hacia los órganos vitales de los hombres..." Una enumeración barroca en su consistencia y expansión literaria y en su capacidad de literaturización.

Mueren nueve capitanes y la resistencia fallece a partir de media noche. Kotsuké, a quien se define con esta perífrasis tan majestuosa, «razón ignominiosa de esas lealtades», no aparece. Hasta que lo encuentran como un pobre hombre y, a continuación, se produce una escena muy cinematográfica, pues lejos de matarlo sin más contemplaciones, los capitanes se arrojan a los pies del detenido y le ruegan que se suicide como un samurai: "En vano propusieron ese decoro a su ánimo servir. Era varón inaccesible al honor; a la madrugada tuvieron que degollarlo".

Un capítulo dominado por la acción y por la muerte; en él desarrolla Borges su capacidad de concentración y expansión en dos procesos que maneja con soltura según interesen, pero sobre todo destaca la cobardía de un samurai infame que es incapaz de seguir la tradición que ha hecho grande al pueblo japonés.

En el penúltimo apartado, "El testimonio", sigue el ritual marcado, una vez que se ha producido la venganza. Los capitanes tienen que convalidar ese proceso vengativo y para ello se someten a la Suprema Corte para que la venganza sea convalidada y así puedan perecer, no como indignos vengadores, sino como samuráis dignos. De modo que, cuando eso se produce, finalmente lo que triunfa es el símbolo y el suicidio como privilegio. Una vez que ofrendan a su señor la cabeza del indigno Kotsuké no Suké, reciben el fallo de la Corte Suprema y mueren. Se exalta así el concepto de fidelidad y el valor de la muerte como purificación.

En el último apartado, "El hombre de Satsuma", es el pueblo quien se hace partícipe del proceso. En primer lugar a través de los peregrinos que acuden al monumento de Oishi Kuranosuké, el fiel consejero del señor de la Torre. Si anteriormente, en el capítulo tercero, habían quedado en cursiva las palabras del hombre de Satsuma que reconoce en el lupanar al consejero y lo insulta, la reparación de aquella ofensa, por desconocimiento de los que preparaba Kuranosuké, se produce en este momento, y el mismo hombre de Satsuma reconoce:

Yo te vi tirado en la puerta de un lupanar de Kioto y no pensé que estabas meditando la venganza de tu señor, y te creí un soldado sin fe y te escupí en la cara. He venido a ofrecerte satisfacción[163].

Este acto del hombre de Satsuma, estas palabras, reflejan

---

163 Borges, "Incivil", op. cit., p. 187.

hasta el detalle la profundidad del pensamiento de Borges que no pierde ni una sola pincelada para transmitir el rigor del comportamiento de los japoneses, el valor de sus tradiciones y la mesura de sus comportamientos. Finalmente, el consejero será enterrado con sus capitanes como símbolo de la lealtad.

Pero este canto a la fidelidad y la lealtad, que es consustancial a todo el proceso que puede llevar incluso a la muerte como elemento purificador, lo deja en duda para el resto el escritor argentino con su comentario final:

> Este es el final de la historia de los cuarenta y siete hombres leales –salvo que no tiene final, porque los otros hombres, que no somos leales tal vez, pero que nunca perderemos del todo la esperanza de serlo, seguiremos honrándolos con palabras[164].

Dice mucho del valor moralizador de este texto, pues Borges es consciente de que, tras esta muestra de lealtad, hay todo un ejemplo a seguir, todo un didactismo subyacente que nos anuncia un camino.

164 Ibidem.

VII

EL TINTORERO ENMASCARADO
HAKIM DE MERV

"El tintorero enmascarado Hákim de Merv" representa una inmersión de Borges en una suerte de orientalismo muy querido para él como en "Los traductores de las 1001 Noches" de su obra Historia de la eternidad (1936); "Tlön, Uqbar, orbis tertius", "La lotería de Babilonia", "La biblioteca de Babel", de Ficciones (1944); "La busca de Averroes", "El asir Abenjacan el Mojari muerto en su laberinto" de El aleph (1949)... Pero aquí se produce la incursión explícita, aunque no intensa por excesivamente evasiva y poco precisa, de las teorías gnósticas que pondrá de manifiesto, como veremos, en otras obras.

También, como en "El atroz redentor Lazarus Morell" pero, sobre todo, en "El impostor inverosímil Tom Castro", se produce la historia de una impostura, la llevada a cabo por esta especie de «santón», Hákim de Merv, que se escondía debajo de la máscara dorada.

El proceso escritural se organiza, en consecuencia, en torno a varios polos: la impostura y el gnosticismo, con toda la carga orientalista que aparece en esta historia con la que Borges logra adentrarse también en la impostura a su modo. Como ha dicho Ian Almond:

At different times he can be the sardonic commentator on obsolete practices, the detached chronicler of distant events, the cynical observer of alien beliefs, or the warm and sympathetic reporter of a subject with which he feels personally engaged. The various tones with which Borges addresses his Islamic content differs from story to story; observed and interpreted in the correct order, the dozen stories concerning Islam that Borges wrote betwe-en 1933 and 1956 show an increasing awareness of the complexities involved in writing about a collection of metaphors such as "Islam"[165].

Efectivamente, Borges se conforma tanto en un sujeto sardóni-co, en un comentador como en un cronista y reconstructor de una historia sobre fragmentos que otros han ido organizando, como en su momento hizo Cervantes en El Quijote. Una labor de arqueó-logo de la literatura que debe mucho al enorme lector que siempre fue. La literatura concreta como pieza de esa Literatura con mayús-cula, creada desde los albores de la humanidad, como él siempre creyó.

Y en esa labor de encajar lecturas, de reconstruir su propia biblio-teca de Babel, algunos pueden considerar que el argumento de Hákim de Merv procede directamente de la Enciclopedia Británica, de la que Borges era un endiablado lector. De hecho, si nosotros leemos el nombre de Al Moqanna[166] en la Enciclopedia Británica (nombre de nuestro personaje Hákim de Merv) obten-dremos el argumento de la obra de Borges.

Luego, Borges creará su propia historia, su versión de la his-

165 I. Almond, "Borges the Post-Orientalist: Images of Islam from the Edge of the West", MFS Modern Ficcion Studies, Vol. 50, num. 2, summer 2004, pp. 435-459 [436].

166 Sobre este Mokanna dice la Classic Encyclopedia, basada en la undécima edición de la Enciclopedia Británica: MOKANNA (al-Moqanna', the Veiled), the name given to Hakim, or 'Ata, a man of unknown parentage, originally a fuller in Merv, who posed as an incarnation of Deity, and headed a revolt in Khorasan against the caliph Mandi. For about three years he sustained himself in the field against the troops of the caliph and for two years longer in his fortress of Sanam; then, reduced to straits in 779, he and his followers took poison and set fire to the

toria, su fragmento con valor histórico, que ya no será la misma historia (o será la misma pero distinta, según el agua del río fluya en la visión de Heráclito o de Parménides). Borges cuidará y engalanará su obra con todo tipo de citas eruditas y bibliografía al uso para darle un alcance a lo explicado, un valor de símbolo, un valor definitivo; pero, en realidad, lo sustancial de la historia, sus rudimentos, su argumentario lo hallamos, en este caso concreto, en la definición de la Enciclopedia Británica.

Al Moqanna también aparecerá en 1817 en la obra publicada por Thomas Moore, Lalla Rokh[167], a la que no nombra en absoluto Borges entre sus influencias, aunque sí cita el nombre de Moore, al que tacha con un displicente y agresivo adjetivo: "gárrulo" (torpe, tosco, rudo, zafio...). Dice Borges: «La fama occidental del Profeta se debe a un gárrulo poema de Moore, cargado de saudades y de suspiros de conspirador irlandés». El poema es Lalla Rokh, del famoso poeta irlandés amigo de Byron. La imagen que Borges nos ofrece de Moore es diabólica y eficaz desde el punto de vista literario pues en pocas palabras crea su enfoque, algo a lo que nos tenía muy acostumbra-

fortress. Much is related to his magical arts, especially of a moonlike light visible for an enormous distance which he made to rise from a pit near Nakhshab. He is the hero of the first part of Moore's Lalla Rookh. En otras obras como The Nuttal Encyclopaedia dice también que murió envenenado: Mokanna, Al, "the veiled one," a name given to Hákim ben Allah, who wore a veil to hide the loss of an eye; he professed to be an incarnation of the Deity and to work miracles; found followers; founded a sect at Khorassan; seized some fortresses, but was overthrown at Kash A.D. 780, whereupon he took poison.

167 Sin autor: "Thomas Moore, from Lalla Rookh: An Oriental Romance" en The Norton : Anthology of English Literature, [en línea] Dirección URL:<http://www.wwnorton.com/college/english/nael/romantic/topic_4/moore.htm > (Consultado el día 18 de agosto de 2009): "His major venture in

dos en sus obras y cuyo precedente y maestro inmediato hay que buscarlo, sin ninguna duda, en Francisco de Quevedo. Efectivamente, en la obra de Thomas Moore[168] existe otro gran precedente no aludido directamente sino con el desprecio hacia

Romantic Orientalism, Lalla Rookh (1817), earned him £3,000 from Longman even before it was well under way, at that time the largest sum ever offered for a single poem. It was a sound investment for the publisher, going through more than twenty editions during the author's lifetime. The work consists of four highly imaginative tales told by a young Cashmerian poet named Feramorz, employed to entertain the Indian princess Lalla Rookh on her travels from Delhi to Cashmere to be married to the king of Bucharia (Bukhara, in what is now Uzbekistan). The tales are high melodrama, with roles that could have been played by Rudolph Valentino and Agnes Ayres in early motion pictures like The Sheik. The frame of these stories, by contrast, becomes increasingly interesting as the emissary Fadladeen, one of Lalla Rookh's entourage on the journey, assumes the role of ill-tempered critic of Feramorz's tales in the manner of the Tory critics of Blackwood's and the Edinburgh Review (this was the year before they lambasted young Keats for the faults of Endymion) and as Lalla Rookh falls in love with the poet Feramorz, who at the end turns out to be the very king of Bucharia to whom she is betrothed. The extract given here, three hundred lines from near the beginning of the third tale, "The Fire-Worshippers," establishes the principal characters of a kind of Romeo-and-Juliet plot of young (and ultimately tragic) love in a context of warring families and cultures. Hafed, the leader of the Persian Ghebers, falls in love with Hinda, daughter of his enemy, the Moslem emir al Hassan. "The overtones are unmistakably those of Irish rebellion, particularly the Robert Emmet episode," writes Howard Mumford Jones, in a still-useful biography of Moore published more than six decades ago (The Harp That Once — A Chronicle of the Life of Thomas Moore, 1937). "Moore hymns the doomed patriots and goes out of his way to excoriate the wretch who betrayed their cause. [T]he suggestion that Hafed is a Persian Robert Emmet, Hinda the unfortunate Sarah Curran, and the traitor a composite portrait of government spies, is irresistible."

168 Thomas Moore (Dublín, 28 de mayo de 1779 - Sloperton, 25 de febrero de 1852) fue un poeta romántico irlandés, recordado sobre todo por la letra de The Last Rose of Summer. Estudió en el Trinity College de Dublín, que recien-

el escritor.

Sí es cierto que Borges recuerda dos fuentes de inspiración al final de Historia universal de la infamia ofreciendo la secuencia de los orígenes de estos relatos: A History of Persia (London, 1915) de Sir Percy Molesworth Sykes[169] y Die Vernichtung der Rose (Leipzig, 1927).

El espía inglés Percy Sykes no cita, sin embargo, en ningún

temente había permitido la entrada a estudiantes católicos y estudió Derecho en el "Middle Temple" de Londres. Sin embargo, obtuvo la fama como poeta, traductor, cantante y compositor de baladas populares. Su obra pronto se hizo inmensamente popular, incluyendo entre sus Melodías irlandesas: The Harp That Once Through Tara's Halls, The Minstrel Boy, Believe Me If All Those Endearing Young Charms, The Meeting of the Waters y muchas otras. Entre sus obras más conocidas están: Epistles, Odes, and Other Poems, que representa un panegírico a las históricas Cataratas Cohoes Falls llamada Lines Written at the Cohos (sic), or Falls of the Mohawk River, entre otros versos famosos. También podemos citar: Lalla Rookh: an Oriental Romance (1817) (poema narrativo) (precisamente en este poema narrativo aparece la figura de Al Moqanna), The Fudge Family in Paris (1818) (sátira), Amores de los ángeles (The Loves of the Angels) (1823) (poema narrativo) y The Epicurean (1827) (novela). Fue amigo personal y biógrafo de Lord Byron. Muchos compositores han creado música para los poemas de Thomas Moore incluyendo Robert Schumann, Hector Berlioz, Charles Ives, William Bolcom, y Lori Laitman. Thomas Moore representa todo el prestigio de la poesía nacional de Irlanda. Es considerado el Poeta nacional irlandés y es a ese país lo que Robert Burns es a Escocia.

169 La inteligencia británica envió en 1890 a Percy Moleswoth Sykes a Persia. Una historia de Persia se publicaría en Macmillan, Londres, en 1915. La edición que manejamos es un facsímil de la historia clásica publicada por primera vez por Macmillan en 1915 y publicado en dos ediciones más por Routledge & Kegan Paul. Sir Percy Sykes fue un explorador, cónsul, soldado y un espía que vivió y viajó por Persia durante un período de veinticinco años. Estos dos volúmenes ofrecen una historia completa de Persia desde Alejandro Magno, a través del colonialismo británico, francés y ruso, a principios del XX. La obra lleva una nueva introducción por el biógrafo de Sykes, Anthony Wynn.

momento a Hákim de Merv pero sí nos habla de un profeta velado de Khorasán que tiene el nombre de Hákim Burkai[170], sobre el que afirma lo siguiente:

> *The veiled Prophet of Khorasan, A. H. 158-161 (774-777).- To the beginning of Mehdi's reign belong the incidents made familiar to English readers in Moore's well-known poem. Its hero, Mokanna, known as Hákim Burkai, or "the Physician with the face-veil", was born at Karez, wich is now a squalid willage on the road between Meshed and Herat. He taught the immanence of the Deity in Adam, in Abu Muslim, whose name wose stil intensely revered, and in himself. For four years he held Central Asia, until, being besieged and seeing no hope, he cast himself into a tank of vitriol.*

Este Hákim Burkai tiene elementos comunes con nuestro Hákim de Merv pero también grandes diferencias. La inspiración no requiere el plagio o la copia necesaria. Los héroes pueden ser variaciones de un mismo héroe y ya son otros. Don Quijote puede estar inspirado en el Amadís o en Tirante el Blanco, pero ya es otro personaje. Hákim de Merv tiene en su precedente rasgos similares pero ya es un prototipo creado por Borges. Entre los elementos de relación de uno y otro personaje hallamos las siguientes coincidencias:

El seudónimo del "velado". Que según Percy Sykes obedece a su rostro velado (face-veil), término que también emplea Borges: «Apodarían luego El Velado».

La época: en torno a los mismos años. Los datos de Percy Sykes se fijan en torno a 158-161[171] (de la Hégira), también los

---

170 Ibidem, p. 563. Aquí alude claramente Percy Sykes al profeta velado de Khorasan conocido como Hákim Burkai y médico. Hay semejanzas y diferencias como veremos con respecto a la narración creada por Borges.

171 Barros, "Infamias", op. cit. Afirma sobre la datación de esta obra lo

ofrece Borges que dice que «a fines de la luna de rejeb del año 161 la famosa ciudad de Nishapur abrió sus puertas de metal al Emascarado...» Incluso alude Borges que el 163 Hákim fue cercado en Sanam por el ejército de Jaifa. Son fechas cercanas que sitúan un período concreto.

Ambos aluden a Al Moqanna. Percy Sykes dice lo siguiente: «Its hero —se refiere al héroe de Moore-, Mokanna, known as Hákim Burkai». En cambio, nada más comenzar la obra dice Borges: «Si no me equivoco, las fuentes originales de información acerca de Al Moqanna, el Profesta Velado (o más estrictamente Enmascarado) del Jorasán». Y más adelante cita, como hemos dicho, el «gárrulo poema de Moore».

En realidad hay más diferencias que semejanzas con el personaje recogido por Percy Sykes. Las diferencias que observamos son las siguientes:

El nombre: en el texto de Percy Sykes se llama Hákim Burkai.

Lugar de nacimiento: Hákim Burkai nació en un pueblo miserable entre Meshed y Herat (en la actual Afganistán). Hákim de Merv nace en la antigua ciudad de Merv en el Turkestán (hoy Zajastán).

Los oficios: Hákim de Merv es tintorero («arte de impíos», dirá Borges). Hákim Burkai, en cambio, es médico («the Physician with the face-veil», una profesión siempre muy respetable). Hákim Burkai es una persona estudiosa que habló de la inmanencia de la divinidad en Adam y también en Abu

siguiente: "Finalmente, -para nuestro estudio-, el séptimo, "El tintorero enmascarado Hákim de Merv", pese a no tener referencia precisa para la datación gregoriana (y sí para la islámica) contiene un dato que permitiría colocarlo a mediados del siglo I de nuestra era".

172 Abu Muslim Abd al-Rahman ibn Muslim al-Khorasani, más conocido como Abū Muslim (700 - 755 d.C.) fue líder de un movimiento revolucionario

Muslim[172]. En ningún momento hay alusión en Borges a este personaje histórico, líder de un movimiento revolucionario en Korasán.

La muerte: Hákim de Merv es asesinado por los soldados que lo atraviesan con las lanzas; en cambio Hákim Burkai murió cuando se arrojó él mismo al interior de un tanque de vitriolo.

Hasta aquí todo es previsible, sin embargo, la otra fuente que cita es Die Vernichtung der Rose (Leipzig, 1927), una obra apócrifa, supuestamente traducida del árabe por un tal Alexander Schulz (que curiosa y socarronamente coincide con el verdadero nombre de un amigo argentino de Borges del período ultra-

en Jorasán, cuyos esfuerzos desarticularon a la dinastía de los Omeyas. Su nombre es árabe de "padre del musulmán, Abd al-Rahman, hijo del musulmán desde Jorasán". Nació dentro de la colectividad mawl+ (musulmán no-árabe) y de orígenes humildes, conoció a un representante del califato Abbasi, mientras estaba en prisión (741 d.C.). Después de su liberación arreglada, fue enviado a Jorasán (745–746) para concitar una rebelión. Reclutó a partir de varios grupos descontentos, triunfando en derrocar al último califa Omeya, Marwān II (750 d.C.), por lo que sería gratificado con la gobernación de Jorasán. Su popularidad indujo al segundo califa abbasí, Al Mansur a verlo como una amenaza, ejecutándolo en consecuencia.

173 Invención irónica y simbólica de Jorge Luis Borges que se refiere a su amigo Xul Solar. Isela M. Verdugo ha rastreado a este Xul en "Borges y Xul Solar: mundos imaginarios", Expression journal, [en línea], Dirección URL:<http//www.2cyberwhelm.org/diversity/express/htm/Borges.htm>. (Consultado el día 18 de enero de 2007). La primera mención a Xul puede leerse en el ensayo "El idioma infinito", publicado en el número 12 de Proa, segunda época, en julio de 1925 y recogido en El tamaño de mi esperanza, su libro de 1926, por cierto ilustrado por Xul con cinco viñetas que representan unos dragoncitos embanderados. Borges vuelve a mencionar a Xul en el ensayo "Séneca en las orillas", publicado por la revista Síntesis, en diciembre de 1928, y recopilado con el título "La inscripción de los carros" en Evaristo Carriego (1930). Ese texto también fue publicado nuevamente en el histórico primer número de la revista Sur (1931). En El tintorero enmascarado Hákim de Merv Borges cita

ísta, Xul Solar[173]), quien supuestamente proporcionó información sobre el Profeta velado, Hákim de Merv, que figura en la obra.

Nada más comenzar su obra Borges alega la ironía («si no me equivoco», dice) y la técnica ficcional del ensayista («das fuentes originales de información acerca de Al Moqanna») para exponer las bases teóricas del conocimiento sobre el que se sustenta la información que dará veracidad a Al Moqanna, el Profeta Velado o Enmascarado del Jorasán, y señala cuatro:

Las excertas de la Historia de los jalifas conservada por Baladhuri.

El Manual del gigante o Libro de la precisión y la revisión del historiador oficial de los Abbasidas, ibn abi Taid Tarfur.

El códice árabe titulado La aniquilación de la rosa, donde se refutan las herejías de la Rosa oscura o Rosa escondida, libro canónico del Profeta.

Unas monedas sin efigie desenterradas por el ingeniero

a un pintor llamado Alexander Schulz, a quien atribuye un libro que lleva por título Die Vernichtung der Rose (Aniquilación de la Rosa). En el mismo se refutarían las cosmogonías y afirmaciones del heresiarca Hákim de Merv. Una de estas afirmaciones dice: "Los espejos y la paternidad son abominables porque multiplican la tierra y la afirman". Es una sentencia que Borges también usa de manera casi idéntica en el cuento "Tlön, Uqbar, Orbis Tertius" (1940), en el que se menciona directamente a Xul Solar como traductor de una frase escrita en uno de los lenguajes del planeta imaginario. En 1936 publica Borges su libro Historia de la eternidad y en el ensayo "Las kenningar" alude al interés de Xul Solar por las innovaciones lingüísticas. En 1939 Borges publica en Sur un artículo en el que recuerda que Xul Solar "hace más de doce años que predica (vanamente) el sistema duodecimal..." En "Tlön, Uqbar, Orbis Tertius" de Ficciones aparece Xul Solar como un traductor de esa extraña lengua que se habla en Tlön; dice Borges: "Xul Solar traduce con brevedad: upa tras perfluyue lunó. Upward, behin the onstreaming it mooned". La ironía no admite la menor duda.

Andrusov en un desmonte del Ferrocarril Trascaspiano...

También añade Borges una especie de quinta vía de información, pues afirma que «la fama occidental del Profeta se debe a
un gárrulo poema de Moore, cargado de saudades y de suspiros
de conspirador irlandés». Una relación de fuentes con las que
quiere avalar la verdad histórica del personaje. Insertar a su personaje en la realidad. Sobre ellas hay que considerar que Borges
genera ese mundo erudito artificial, con visos de hacerlo real.
¿Existe ese Al Moqanna en la Historia de los jalifas?...

Además de preocuparse por esta bibliografía, varios críticos
descubrieron que un libro no mencionado por Borges en el prólogo, Vies imaginaires[174] de Marcel Schwob, prologado en su

---

174 B. Gauthier et A. Gefen, "Chronologie" [en línea] Dirección
URL:<http://www.marcel-schwob.org/Articles/116/chronologie>.
(Consultado el 2 de julio de 2006): "1867: naissance de Marcel Schwob à
Chaville le 23 août. Son père, George Schwob, est proche de Théodore de
Banville et de Théophile Gautier, participa au Corsaire Satan de Baudelaire, et
signe avec Jules Verne une pièce de théâtre (...) 1876: la famille se fixe à Nantes,
où George Schwob acquiert le Phare de la Loire, principal journal républicain
de la région. Les parents donnent à leurs enfants gouvernantes anglaises et pré-
cepteurs allemands (...)1881-1882: Marcel Schwob part à Paris pour y faire faire
ses études, et réside chez son oncle Léon Cahun à la Bibliothèque Mazarine. Le
séjour est déterminant pour la vocation littéraire du jeune homme : bibliothé-
caire en chef de la Mazarine, Léon Cahun a rapporté de ses voyages en Asie
Mineure, en Syrie et sur les bords de l'Euphrate des romans historiques et d'a-
ventures documentés : Les Aventures du capitaine Magon, La bannière bleue,
les Pilotes d'Ango, les Mercenaires, Hassan le Janissaire. « Son oncle Léon
Cahun, que l'on appelle simplement un orientaliste mais dont l'érudition était
universelle et auquel il faudra bien rendre, un jour, la justice qui lui est due »
(...)1887-1889: échec au concours d'entrée à l'Ecole normale supérieure, mais
réussite brillante à la licence. En Sorbonne, Marcel lit Aristote et Spinoza et
découvre la philosophie continuiste professée par Émile Boutroux, pour lequel
la contingence historique peut se résorber en un jeu à sommes nulles. La doc-

momento por Borges, fue motivo de inspiración total para él: fue en julio de 1894 cuando Schwob[175] anunció en el Journal el ciclo titulado Vidas imaginarias, conocido como la «vie de certains poètes, dieux, assassins et pirates ainsi que de plusieurs princesses et dames galantes», aunque no se publicará hasta 1896, siendo saludado por las críticas de la época como un heredero de Nerval y Flaubert. Personajes que tienen mucho que ver con estos a los que Borges dedicará su Historia universal de la infamia. ¿Por qué Borges no nombra entre sus inspiradores a Schwob que, a la postre, podríamos considerar como un antecedente inmediato e inspirador del libro?[176] Está claro que Schwob es rescatado del olvido por Borges, pero también Borges en determinados momentos se muestra olvidadizo de Schwob, un olvido que esconde algo. Un silencio que podría

trine mystique selon laquelle la conscience peut « par la perception immobile d'un seul objet, supprimer le temps et créer l'éternité intensive » imprégnera les cycles historiques de la Légende des Gueux et des Vies imaginaires...» El 26 de febrero de 1905 fallece de una pulmonía.

175 Kleingut de Abner, Jorge, op. cit. Dice la autora que "las coincidencias de gusto estético entre Marcel Schwob y Jorge Luis Borges darían pie a un capítulo aparte" (p. 265). Y añade en otro momento: "Schwob y Borges hallan el goce de la escritura –la sublimación a través del arte- partiendo del placer de la lectura y de una particular intencionalidad inclinada a la reflexión filosófica (...) Por eso tanto Schwob como Borges utilizan conscientemente las construcciones hipertextuales. Sólo el Verbo podría producir una genuina Restitución, no los textos literarios, que son meras mimesis (...) El diálogo entre textos ostensiblemente propuesto por Schwob-Borges intensifica la apertura potenciadora del significado poético" (pp. 335-336).

176 A. Neyra Sánchez, "Otros Borges (Crónicas desde Ginebra)" [en línea] Dirección URL: <http://www.elhablador.com/borges.htm> (Consultado el día 19 de agosto de 2009). Neyra Sánchez afirma que Borges nunca negó la influencia de Schwob en su obra, una influencia que llega a ambos desde Lucrecio, el escritor latino a quien tanto admiraban. Precisamente en Vies imaginaires el escritor francés ofrece una historia sobre su admirado Lucrecio, historia sobre

tener valor acusatorio:

> Pero así como estimo que el volumen inicial de ficción borgeana trasciende el carácter de mero ejercicio preliminar para convertirse en terreno seminal de su plenitud posterior, también aprecio la presencia de Schwob trascendiendo los límites de su inspiradora Vidas imaginarias. En tanto teórico, crítico y creador, su rigurosa formación académica, su erudición versátil, su intuición basada en la sutileza de percepción y su don imaginativo, le permitieron una visión estética anticipadora de la literatura del "por venir"[177].

El tintorero enmascarado Hákim de Merv es el más imaginario de sus infames, es el invento más total de esta galería de imágenes discontinuas que venimos trabajando. Su intertextualidad aparente es menor, más diluida, y su más cercano antecedente es también El rey de la máscara de oro de Marcel Schowb y ciertos elementos históricos obtenidos en la descripción topográfi-

---

la que existe una clara influencia en El Aleph de Borges, que tampoco llegó a reconocer como dice Neyra Sánchez: "Resulta vano hablar de la semejanza de esta visión de Lucrecio con El Aleph. Lo curioso es que Borges no menciona este aleph en su cuento y aun cuando su descripción resulta más precisa y generosa en detalles, no cabe duda que se trata del mismo momento-objeto que el imaginado por Schwob para Lucrecio. Este silencio incomprensible –pues ya se ha dicho que Borges reconoce la gran influencia que ejerció Schwob en él, en especial en Historia universal de la infamia- sólo nos hace recordar el cuento de Pierre Menard y preguntarnos cuántas veces más Borges ha plagiado a algún otro autor, algún otro texto, alguna otra vida". Un hecho constatado por Neyra Sánchez que, unido al anterior, referido a la influencia de Schwob en "El tintorero Hákim de Merv" nos lleva a la idea reiterada de que Borges hablaba de los escritos en los que se inspiraba sólo en los casos que a él personalmente le convenía o sólo decía las verdades a medias, dejando en el anonimato la influencia de obras como la citada de Schwob.

177 Kleingut, Marcel, op. cit., p. 327.

ca e histórica de Boukhara, escrita por Abu-Bak Mohammad ibn Dja' far Narshakhi.

Hay mucho en esta historia de una reconstrucción de una situación ficticia a partir de componentes neorrománticos y diversas lecturas que dirimen al final, un efecto comprensible en la figura de Merv. Pero mucho hay también en esta composición de fragmentairedad en la historia de Hákim de Merv, de la componente que instaura el poeta Moore:

> *Just as the Romantic poet Thomas Moore was careful to annotate his poem on the pseudo-prophet al-Mokanna with a wealth of footnotes, Borges is also careful to begin his own version of the same story ("The Masked Dyer, Hákim of Merv") with a string of academic references to Baladhuri, A History of Persia, Ibn abi Taifur, and the fictitious Alexander Schulz. Borges may dismiss his predecessor's poetic treatment of Baladhuri as "long-winded" and full of Irish sentimentality ("The Masked Dyer" 78), yet their different approaches share this common need for an acknowledged store of (invariably European) knowledge to give credence to their narratives, regardless of whether it is Renan's Averroes or Pitts's Account of the Mahometans. In this narrow sense at least, Borges does not appear to differ greatly from the vast amount of nineteenth-century Oriental writers before him.*

Describe las aventuras de un nuevo impostor, como Lazarus Morell, en este caso un impostor religioso, Hákim de Merv, que esconde su cara detrás de una máscara de oro. Hákim va a ser un pretexto para hablarnos fundamentalmente de la teoría de los gnósticos, tan querida para Borges, y a la que más tarde en

---

178 J. L. Borges, "Tlön, Uqbar, Orbis Tertius" de Ficciones, op. cit., pp. 329-330. En este conocido cuento inventa un país y un pensamiento, genera la intromisión de la fantasía en la realidad cuando aquella adquiere una serie de principios y de valores que no existen en ésta. Parte de ese principio querido para todos los hom-

su cuento "Tlon, Uqbar, Orbis Tertius" dedicará especial atención[178]. Aquí la función simbólica de los actos viles sobresale
muy claramente: Hákim fue primero un tintorero, esto es,
alguien que nos ofrece en colores bellos y brillantes lo que ori-
ginalmente era gris y amarillento. En esto se parece al artista,
que confiere características peculiarmente atractivas a algo que
no necesariamente las tiene. Borges llamará a su profesión «arte
de los impíos, de falsarios y de inconstantes que inspiró los primeros anatemas de su carrera pródiga». Al respecto decía
Horacio E. Lona[179]:

> Un capítulo ilustrativo de ella es la historia de "El tintorero
> enmascarado Hákim de Merv", el profeta velado que morirá en
> forma desastrosa. El párrafo dedicado a su doctrina lleva como

bres de anhelar otros mundos que puedan ser mejores que éste. Así dirá en su obra:
"Casi inmediatamente, la realidad cedió en más de un punto. Lo cierto es que anhe-
laba ceder. Hace diez años bastaba cualquier simetría con apariencia de orden –el
materialismo dialéctico, el antisemitismo, el nazismo- para embelesar a los hombres. ¿Cómo no someterse a Tlön, a la minuciosa y vasta evidencia de un planeta
ordenado? Inútil responder que la realidad también está ordenada. Quizá lo esté,
pero de acuerdo a leyes divinas –traduzco: a leyes inhumanas- que no acabamos
nunca de percibir. Tlön será un laberinto pero es un laberinto urdido por hombres,
un laberinto destinado a que lo descifren los hombres". Borges sigue la teoría de
un orden nuevo sobre la tierra, idea que sostiene todas las ideas y sugerencias de
los gnósticos, aunque la teoría de estos no esté totalmente desarrollada aquí.
Borges nunca desarrolla, siempre sugiere, argumenta, utiliza indicios, crea pespuntes de ideas, nunca se considera depositario de teorías completamente cerradas y
sostenibles. Esa voluntad de crear algo nuevo, ese mundo ilusorio, que se sostenga
sobre los estudios herméticos, la filantropía, la cábala, donde el sujeto de conocimiento sea uno y eterno, donde cada libro encierre su contralibro, un panteísmo
idealista, un mundo que busque el asombro, la negación del tiempo, donde la cultura clásica sea la psicología...

179 H. E. Lona, "Borges, la gnosis y los gnósticos, una aproximación a ́Tlon,
Uqbar, Orbis Tertius ́", Variaciones Borges, 1 enero de 2003.

titulo "Los espejos abominables" (327). Se trata de una herejía "con evidentes infiltraciones de las prehistorias gnósticas". El detalle anuncia una nueva incursión en el mundo de los gnósticos, y el anuncio se cumple. Veamos los contenidos de mayor importancia. En el principio de la cosmogonía de Hákim hay un Dios espectral. Esa divinidad carece majestuosamente de origen, así como de nombre y de cara. Es un Dios inmutable, pero su imagen proyectó nueve sombras...

Tras la introducción inicial donde Borges indica las fuentes que ha empleado en su historia, organiza la misma en seis apartados perfectamente diferenciados que llevan los títulos siguientes: "La púrpura escarlata", "El toro", "El leopardo", "El profeta velado", "Los espejos abominables" y "El rostro". Esta organización tiene una voluntad sistemática y temporal, pues se inicia el año 120 de la Hégira y finaliza el año 163 con el asesinato del protagonista.

En el primer apartado nos dice su origen en el Turquestán y en la ciudad de Merv, un lugar de jardines y de prados que miran al desierto. Borges, un maestro en las descripciones, con pocos trazos crea un mundo, con tres líneas alimenta la imaginación y erige una imagen plástica extraordinariamente bella como cuando describe ese lugar en medio del desierto con el mediodía blanco y deslumbrador y el polvo que ahoga a los hombres, en una «fatigada ciudad». Adjetivo que es toda una premonición y un acierto. Otro de los grandes méritos inherentes a su obra: la adjetivación. Crea una especie de fantasmagórica nebulosa en torno a su geografía que es la misma que existe en torno al nacimiento y desarrollo de la vida de este personaje.

Un hermano de su padre lo adiestra en el arte de la tintorería. Pero Borges asimila esta actividad con ese nacimiento de los anatemas y lo falsario, porque el tinte es un procedimiento que cambia la realidad, la altera, la embellece. Los primeros textos (pertenecientes a la obra Aniquilación) aparecen en cursiva para explicarnos el proceso de conformación de la máscara de oro que ocultará su rostro. Reconoce que en los años mozos pecó y «trastorné los verdaderos colores de las criaturas». El artificio se impone a la realidad, el tintorero transforma ésta en un arte de impíos. Los elementos simbólicos, la alegorización de una decisión, de una época, de un cambio, tienen su origen en estas palabras en cursiva que nos imantan de las primeras revelaciones de un Ángel que le habla de los colores de los animales: «Los carneros no eran del color de los tigres». El cambio de color afecta a la realidad y la transforma. No es algo nuevo. ¿Cómo se veía la realidad en las televisiones en blanco y negro y, más tarde, con la televisión en color? En cambio, reconoce Hákim que Satán decía que el Poderoso sí quería que fueran del mismo color y lo utilizaban a él para ello. Hákim como un instrumento de la retórica alegórica y de alteración de la realidad. Pero, al final, Hákim comprendió que tanto el Ángel como Satán erraban, porque lo terrible no era la diferenciación de colores o la igualdad sino el color en sí mismo: «Todo color es aborrecible»:

La intervención poética principia en la duplicidad, pero no termina allí. La particular duplicidad del escritor (la imagen del tintorero en 'Hákim') surge del hecho de que presenta la forma inventada como si poseyera los atributos de la realidad, permitiendo así que se reproduzca miméticamente, a su vez, en otra imagen especular que toma la pseudorrealidad precedente como su punto de partida. Lo mueve "el blasfematorio propósito de atribuir la divina categoría de ser a unas simples [enti-

180 "Paul", op. cit.

dades]". La duplicación, consecuentemente, se convierte en una proliferación de imágenes especulares sucesivas[180].

A los veintiséis años de su nacimiento (146 de la Hégira) Hákim desaparece de Merv. No sólo destruye las calderas y las cubas de inmersión sino también un alfanje de Shiraz y un espejo de bronce. Objetos que reúnen un valor simbólico. Cuando esa realidad queremos destruirla (esa realidad que vivimos) para reconstruir una nueva, el espejo debe ser destruido. Hákim lo hace. En "Tlön, Uqbar, Orbis Tertius", el espejo, por ejemplo, tiene un valor demoníaco porque reproduce la realidad y acecha a los que conviven en ella. Al comienzo de este cuento dice Borges:

> Debo a la conjunción de un espejo y de una enciclopedia el descubrimiento de Uqbar. El espejo inquietaba al fondo de un corredor en una quinta de la calle Gaona (...) Desde el fondo remoto del corredor, el espejo nos acechaba. Descubrimos (en la alta noche ese descubrimiento es inevitable) que los espejos tienen algo monstruoso. Entonces Bioy Casares recordó que uno de los heresiarcas de Uqbar había declarado que los espejos y la cópula son abominables porque multiplican el número de los hombres[181].

Ocho años más tarde después de la desaparición (158), durante la luna de Ramadán, un grupo de limosneros, chalanes, ladrones de camellos y matarifes aguardaban el signo mientras el ocaso se confundía con la arena. Y en ese ámbito cuasi mágico y misterioso, en esa conjunción temporal, que procede directamente de las lecturas de Las mil y una noches, desde el fondo del desierto surgen tres figuras humanas:

---

181 J. L. Borges, "Tlön" en op. cit., p. 315.

Dos ciegos (a consecuencia de haber visto la cara del hombre de la máscara).

Un hombre con una máscara de toro (Hákim de Merv).

A partir de este momento, Hákim ha creado la gran impostura, su gran invento, su extraordinaria mixtificación, creíble en un ámbito donde lo mágico y lo fantástico es más creíble que la propia realidad porque hay necesidad de creer en otra realidad para que nos evada de ésta. Una realidad con un orden mágico, porque para los gnósticos «el visible universo era una ilusión o (más precisamente) un sofisma»[182]. El mismo sofisma de un hombre sin rostro, un tintorero, un transformador de la realidad, un mentiroso, un impostor con un rostro nuevo, con un rostro de toro. La mitología del toro como símbolo de una tradición de poder. Lo sabían bien en Creta y también los atenienses, que cada año debían hacer al minotauro la ofrenda de sus más bellas doncellas. Un hombre-toro, de nuevo el mito del minotauro.

El tercer apartado lleva como símbolo el leopardo, «tal vez un ejemplar de esa raza esbelta y sangrienta que los monteros persas educan». El que es capaz de dominarlo, genera en su entorno el halo del misterio y la reverencia. Y así le sucede a Hákim de Merv, que logra enceguecerlo y, en consecuencia, ascender al limbo de los elegidos, alcanza la virtud sobrenatural y la adoración.

Pero antes de este hecho fantástico, existe un precedente. Los hombres que esperaban en la tarde la llegada de la luna de ramadán, esperaban la mortificación y el ayuno. Con Hákim de Merv llegará «un signo mejor». Trae una nueva ley y los exhorta a la djehad y al martirio. Los más humildes (esclavos, pordioseros, chalanes, ladrones de caballos y matarifes) lo negarán como un nuevo

182 Ibidem, p. 316.

impostor pero la ceguera del leopardo será el signo, el milagro que los incite a su adoración.

La historia de la primera parte se conecta ahora diacrónicamente con un acontecimiento que explica su desaparición en el año 146. Cuenta que ese mismo año un hombre entra en su casa y, tras purificarse y rezar, le cortó el cuello y lo llevó al cielo, a la derecha del ángel Gabriel, delante del Señor, que le encargó la misión de profetizar y le inculcó las palabras antiguas, y el «glorioso resplandor que los ojos mortales no toleraban».

Una historia que forma parte del canon de ese mundo, de un mundo poblado de una fantasía que se mezcla con la realidad y se hace una misma con ella: la existencia de un mundo-idea, una idealización creíble y justificable. Y es que en el ámbito del Islam, la existencia de profetas (o como dice Borges, «amigos confidenciales de Dios») ha sido autorizada siempre, fuesen amenazadores e indiscretos.

La "verdad" de Hákim de Merv penetra porque su mundo es verosímil a través del apartado "Los espejos abominables". La herejía de Hákim, la doctrina de la Cara Resplandeciente, beberá de las escuelas gnósticas y se enfrentará a la cólera pública del Jalifa Mohamed al Mahdí, que se declarará su enconado enemigo, al considerarlo un apóstata. La teoría religiosa de Hákim se sostiene sobre las siguientes ideas:

Un Dios espectral, sin rostro ni origen, inmutable que proyecta

---

183 Sobre éste número nueve dice Barros, "Infamias", op. cit.: "Cabría señalar parentescos entre "El tintorero..." y elementos que aparecerán en "Los teólogos" y "El Zahir"; el tema del número 9 como conformador de mundos -para el primero- y la relación a través de la rosa -para el segundo-: "el Zahir es la sombra de la rosa y la rasgadura del velo".

nueve[183] sombras y la presidencia de un primer cielo. Sombras que son una degradación inicial, según los gnósticos. Según la Pistis Sophia, un libro gnóstico por excelencia, en lugar de crear la luz ese Dios espectral crea las sombras, pues todo nace de un error al proyectar la materia, también sombra y la experiencia como su producto. De esa primera corona demiúrgica procedió una segunda, con toda su cohorte de ángeles, potestades y tronos... y estos fundaron otro cielo más abajo que era el duplicado del cielo inicial..., así sucesivamente hasta llegar al número mágico 999:

> Borges adjudica a su criatura literaria una cosmogonía de rasgos propios de un gnosticismo "clasico". Al Dios supremo no se lo puede nombrar porque carece de nombre, ni ver, porque carece de cara. En su transcendencia que no admite cambio hay, con todo, una actividad inesperada, en cuanto que proyecta nueve sombras—siendo el mismo un Dios espectral. Ya se prevé lo que se afirma al final: son sombras de sombras. Es, de algún modo, lógico pensar que estas sombras solo pudieron "condescender" a la acción de la que va a surgir un primer cielo. Siguiendo la extraña fuerza genética de las sombras van naciendo otros cielos hasta llegar a 999. Desde el punto de vista matemático el proceso se ha repetido 111 veces a partir de las primeras nueve sombras, pero si se tiene en cuenta que son sombras que reflejan a un Dios espectral, entonces no es

184 Sin autor, "Borges, la gnosis y los gnósticos. Una aproximación a Tlön, Uqbar, Orbis Tertius", [en línea], Dirección :
U<http://goliath.ecnext.com/coms2/gi_0199-2790126/Borges-la-gnosis-y-los.html> (Consultado el día 19 de agosto de 2009): "No es difícil adivinar que la cosmogonía de Hákim se inspira en el modelo de la de Basílides. La lectura de Ireneo que sirvió de base a "Una vindicación del falso Basílides" da su primer fruto en el campo de la literatura fantástica dentro de la obra de Borges. El juego con los números -ya no son "solamente" 365 cielos, sino 999- es también

sorprendente que la fracción de divinidad del señor que rige el último cielo tienda a cero[184].

En Los teólogos que tanto se sostiene sobre el tema eterno del tiempo en Borges, afirma el autor lo siguiente:

El acto de un solo hombre (afirmó) pesa más que los nueve cielos concéntricos y tras soñar que puede perderse y volver es una aparatosa frivolidad. El tiempo no rehace lo que perdemos; la eternidad lo guarda para la gloria y también para el fuego[185].

Este Dios que defienden las teorías gnósticas es ajeno al mal, y será la cohorte de ángeles, potestades y tronos en los que delega, los responsables de éste. Así, por ejemplo, estaba presente en las teorías de Basílides:

1. En la cosmogonia de Basílides hay un Dios desconocido en su trascendencia, del que emanan potencias subalternas que generan 365 cielos. Los días del año corresponden al número de cielos. El último de estos cielos está en poder de los ángeles, que han creado el mundo correspondiente y se reparten la tierra y los pueblos que habitan en ella; 2. De este modo, los gnósticos solucionan el problema del mal en el mundo, en

típico en las especulaciones gnósticas (12). Lo fundamental es que en ambas cosmogonías el mundo de la experiencia es el resultado último y por ello de degradación extrema, en el largo proceso de alejamiento de un origen divino que determina su origen".

185 Borges, "Los teólogos", Obra Completa, op. cit., volumen 2, p. 32.

186 Sin autor, "Borges", op. cit.: "Los cristianos ortodoxos (6) rechazaron tanto la versión de un origen del mundo como resultado de una degradacion creciente a partir de un núcleo divino, cuanto la de un origen como la obra de un demiurgo perverso, creador del mundo material, opuesto al Dios ajeno y extraño a toda realidad terrestre, al Dios de Jesucristo. Afirmaciones semejantes eran para ellos una blasfemia en contra del único Dios, Padre de Jesucristo, creador del cielo y de la tierra".

cuanto que no se lo atribuyen al Dios transcendente, sino a las otras potencias que se han ido alejando cada vez más de él[186].

2.El señor del cielo del fondo es el que rige y su fracción de divinidad tiende a cero.

3.La tierra es un error, una parodia[187]. Esta valoración negativa de la tierra es permanente en los gnósticos como antinomia del cielo. Hay un punto en que los gnósticos son acreedores de una ruptura con una tradición que valoraba profundamente la tierra como espacio y lugar para la existencia. Con ellos se rompe esa tradición y apuntan a la teoría de la decadencia cósmica:

La cosmogonía gnóstica así enunciada se guarda en el relato. El velado rostro del profeta huye de los espejos y de su reflejo; su invulnerabilidad es una parodia que enmascara, oculta, y sus artes mágicas derivan de la alquimia. La intertextualidad se amplía y se dirige a una zona esotérica, patrimonio iniciático pero también popular. Todo el saber se conjunta agregándose concentrado y repetitivo en páginas breves. Y al conjuntarlo y

187 Afirma Barros-Lemes, "Infamias", op. cit.: "Existen, en estos relatos, varios temas que serán retomados por Borges en obras narrativas posteriores. Quizás el más resaltante sea el que aparece en "El tintorero enmascarado Hákim de Merv". Dice el texto: "La tierra que habitamos es un error, una incompetente parodia. Los espejos y la paternidad son abominables porque la multiplican y afirman". En "Tlön, Uqbar, Orbis Tertius", tenemos dos versiones de la misma idea. La primera es la que el narrador le adjudica a Bioy Casares: "recordó que uno de los heresiarcas de Uqbar había declarado que los espejos y la paternidad son abominables porque multiplican el número de los hombres". La segunda es la presunta nota en el tomo XLVI de la Enciclopedia Anglo-Americana: "Para uno de esos gnósticos, el visible universo era una ilusión o (más precisamente) un sofisma. Los espejos y la paternidad son abominables porque lo multiplican y lo divulgan". Este último, sin duda el más cercano al texto de "El tintorero...", y a la idea expresada en la penúltima estrofa de El Golem".

188 Glantz, "Borges", op. cit.

hacer de su libro una parte del universo entramos en la máxima sintetización mediante otra combinación alquímica[188].

4.Los espejos y la paternidad son abominables:

La frase se refiere a "la tierra que habitamos". Los espejos son la forma más simple de multiplicación de la tierra, en cuanto que simplemente la reflejan una o infinitas veces y le dan así una nueva forma de existencia. La paternidad es la afirmación contundente del valor del mundo por parte de aquellos que engendran a un hijo, en cuanto que de este modo ellos expresan su aceptación de la realidad mundana y su voluntad de perpetuarse en ella. Ambos, los espejos y la paternidad, no merecen en sí mismos el adjetivo de abominables. En un caso se trata de un testimonio artesanal-cultural, en otro de una realidad ligada a la sexualidad humana. Se convierten en abominables por su referencia al mundo del error y la distorsion que ellos "multiplican y afirman"[189].

Ya habíamos advertido con anterioridad toda la problemática alegórica del espejo y sus consecuencias funestas de las que hablaremos también más adelante cuando comentemos "Etcétera". En El Aleph Borges dirá: «El mundo inferior es el espejo y es el mapa del superior»[190].

189 Sin Autor, "Borges", op. cit.: "El tema del espejo aparece en los escritos gnósticos, pero no como simple medio para multiplicar una realidad existente, sino con una función mucho más decisiva. En el Poimandres (14), el primero de los tratados del Corpus Hermeticum, el hombre primordial se enamora de la propia imagen reflejada en el agua, dando origen así al componente mortal de la naturaleza humana. El reflejo tiene aquí una consecuencia fatal. En la "Canción de la perla" (15) el reflejo significa la salvación. Cuando el gnóstico, que ha olvidado su dignidad, contempla su imagen en un espejo, vestido ahora con un vestido deslumbrante, se reconoce y recupera su identidad".

190 J. L. Borges, "El aleph" en Obra Completa, op. cit., p. 124.

5.El asco es la virtud fundamental. A través de la castidad o el desenfreno llegamos a ella. Barros-Lemes afirma que:

El tema de los dos caminos que pueden llevarnos a la virtud fundamental -el asco-, es decir, "la abstinencia y el desenfreno, el ejercicio de la carne o su castidad", que aparece aquí, se reitera a lo largo de la obra de Borges. En ese contexto, la muerte de Hákim se origina en uno de esos dos caminos: el del desenfreno. Será una de sus concubinas quien lo delatará e iniciará el proceso hacia su desenmascaramiento. Su muerte se une a la de Monk o a la de Bill: es coherente con su elección de cambio y abandono de los caminos pre-establecidos[191].

6.El Infierno maravilloso con el reino sobre 999 imperios de fuego... para los que niegan la Palabra, el Enjoyado Velo y el Rostro.

7.El paraíso es un lugar donde siempre es de noche y hay piletas de piedra, donde la felicidad es la de los que se despiden, los que renuncian y los que duermen.

Esta doctrina, como refiere en el apartado "El profeta velado", se extenderá por el Jorasán. Como color Hákim elige el blanco, frente al emblemático de los Banú Abbás, el negro. Los enfrentamientos con el Jalifa llegarán y también sus victorias que le abrirán las puertas de Nishapur en el 161 y de Astarabad al año siguiente. Hákim se subía sobre el lomo de un camello rojizo y entonaba su plegaria, las flechas que caían a su alrededor nunca llegaban a tocarlo. Ayudó a los leprosos y delegó su gobierno en seis o siete adeptos. Era una persona pacífica, amiga de la meditación, con un harem de 114 mujeres.

Este poder finaliza el año 163 cuando Hákim es cercado en

191 Barros-Lémes, "Infamias", op. cit.
192 La violencia como fin último: violencia que en estos relatos de Historia universal de la infamia Rey Beckford, "Jorge", op. cit. ha visto como un ejerci-

Sanam por el ejército del Jalifa y lo atraviesan con lanzas[192]. Un rumor que crea una mujer adúltera del harem pronto se extiende: el profeta no tenía el dedo anular de la mano derecha y tampoco uñas en los otros. Este signo era un claro anuncio de su futura derrota que se produce cuando se descubre el engaño, al quitarle la careta y observar la lepra extendida por su cuerpo:

> La prometida cara del Apóstol, la cara que había estado en los cielos, era en efecto blanca, pero con la blancura peculiar de la lepra manchada. Era tan abultada o increíble que les pareció una careta...[193]

La infamia de Merv le traerá su propia muerte. Su infamia es doble, por una parte asociada a su profesión de tintorero, como individuo que transforma la realidad; por otra, la insistencia en la necesidad de crear una religión, romper el *ordo* existente, querer cambiar el *statu quo*, que lo enfrentará a ese propio orden reinante, pero no está legitimado para hacerlo porque está sostenido por la mentira: la máscara (una forma indirecta de tinte) sólo sirve para encubrir su enfermedad. Este engaño lo llevará a la muerte:

> En Hákim de Merv, la "infamia" central de su herejía está rodeada de las infamias de la persecución religiosa, las de enfermedades e ignorancias, las de transmutación de la realidad -la

cio de estilo también, por cuanto se establece una relación estructural entre los elementos propiamente narrativos y las actitudes violentas que surgen en la obra: la violencia que caracteriza a los protagonistas de estos relatos se suma a la violencia de la estructura narrativa y ambas se encarnan en un estilo que, como el de Borges, está hecho de bruscos contrastes, de enumeraciones arbitrarias, de saltos imprevistos.

193 Borges, "Tintorero", op. cit., p. 194.
194 Barros-Lemes, "Infamias", op. cit.

labor de tintorería, de cambio de colores- para finalizar en la de la traición recibida[194].

Borges construye un personaje imperceptible. Su invisibilidad es manifiesta. No conocemos nada físico de él, muy poco de sus circunstancias. Ya había dicho en su momento que el ser humano es sus circunstancias, "intertextuando" con Ortega y Gasset: «Un hombre se confunde, gradualmente, con la forma de su destino; un hombre es, a la larga, sus circunstancias»[195]. La vorágine de su nacimiento es meramente textual. Sus procedimientos se asientan en la bibliografía y la referencia libresca para darle una pincelada de credibilidad:

> El tintorero enmascarado Hákim de Merv es el más imaginario de sus infames, es el invento más total de esta galería de imágenes discontinuas que venimos trabajando. Su intertextualidad aparente es menor, más diluida y su más cercano antecedente es El rey de la máscara de oro de Marcel Schowb y ciertos elementos históricos obtenidos en la descripción topográfica e histórica de Boukhara escrita por Abu-Bak Mohammad ibn Dja' far Narshakhi[196].

Borges conoce el alma humana y es consciente de que al ser humano le fascina el realismo. Su personaje quiere ser real, asienta sus cuarteles de invierno en la realidad. Los documentos, los textos que lo preceden, las fuentes (¿acaso el término fuentes no es historicista?) nos conducen en esa dirección. Giordano, siguiendo a Louis Annick habla del narrador-scriptor como un instrumento ex profeso creado por Borges para tras-

195 J. L. Borges, "El zahir", El Aleph, op. cit., p. 89.
196 Glantz, "Borges", op. cit.

ladar múltiples causas escriturales. La visión de Giordano es la siguiente:

> El narrador-scriptor de los textos borgesianos impone a su materia una "justicia poética" regida por la productividad narrativa y por sus gustos personales. Por eso su tono dominante es la ironía, el desdoblamiento irreductible de las significaciones. A la vez que cuestiona, por su condición ambigua y por la naturaleza de su práctica, la variación, el concepto tradicional de autor como garante y propietario del sentido, la figura del scriptor impone una imagen del autor como lector que (r) escribe y presupone un lector que comparte su misma ética irreverente, que prefiere sacrificar la autenticidad al goce que brinda la sospecha de una invención[197].

Una vez que el lector es consciente de la historicidad del personaje (por tanto, de su veracidad: lo histórico es veraz; lo no histórico, legendario o falso) Borges construye la magia de su propia creación y reivindica ya un personaje literario que tiene más componente ficcional que de realidad histórica, aunque no olvida este presupuesto técnico inicial de credibilidad histórica y de ahí las referencias a lo largo del texto a «el cronista de los Abbasidas refiere que...»[198] o «el historiador oficial de los Abbasidas narra sin mayor entusiasmo», es decir, una voluntad historicista; al igual que Cervantes inventó a Cide Hamete

---

197 Giordano en "Creación", op. cit.

198 Ibidem, op. cit., p. 191.

199 Esta idea es una simplificación, evidentemente, los temas de la autoría del Quijote son mucho más complejos que esta simplificación; no obstante, nuestra voluntad es hacer más comprensible el proceso que, evidentemente, tiene mucho que ver con el llevado a cabo por Cervantes.

Benengeli siendo él un mero transcriptor de la historia[199]. En ningún momento dirá que es un texto histórico pero quiere revestirlo de tal. Un argumento que ya había advertido en otras obras anteriores como en "Historia del guerrero y la cautiva"[200] donde dice: «Imaginemos (éste no es un trabajo histórico) lo primero».

Esta intermediación de carácter cientifista puede llevar a cabo una degradación del personaje y mantenerlo en un ámbito simuladamente objetivo. Evidentemente esto es así *ab initio*, después no, porque los elementos literarios, los símbolos, la alegorización del personaje y sus evidencias mitológicas, así como su final, crean las condiciones de la literatura y no de la historia. Evidentemente junto a ello existe una concepción ensayística en la que los elementos de tipo religioso, el poder exultante de las ideas, condicionan toda la puesta en escena literaria. Hoy día existe una literatura que promueve estos escenarios estéticos y por ello se pretende moderno, sin embargo, esta literatura ya estaba en Borges, al que considero el gran precedente de la literatura contemporánea: el escritor más moderno, igual que Cervantes fue el escritor más moderno en su época y precedió a toda la gran novela inglesa, francesa y rusa que se escribió durante los siglos XVIII y XIX.

Algunos podrían pensar en una voluntad ensayística y erudita en la obra de Borges, así se puede percibir desde fuera cuando no se conoce el pensamiento que la rige. Sin embargo, Borges, en Historia universal de la infamia, es fiel a sí mismo y a su pensamiento claramente declarado en múltiples ocasiones. Una de

---

200 J. L. Borges, "Historia del guerrero y la cautiva" en El Aleph, op. cit., p. 39.

ellas es cuando, siguiendo a Chesterton (su admirado Chesterton) dice:

> Razona que la realidad es de una interminable riqueza y que el lenguaje de los hombres no agota ese vertiginoso caudal. Escribe (se refiere a Chesterton): "El hombre sabe que hay en el alma tintes más desconcertantes, más innumerables y más anónimos que los colores de una selva otoñal. Cree, sin embargo, que esos tintes en todas sus fusiones y conversiones, son representables con precisión por un mecanismo arbitrario de gruñidos y de chillidos (...)" Chesterton infiere, después, que puede haber diversos lenguajes que de algún modo correspondan a la inasible realidad; entre esos muchos el de las alegorías y las fábulas[201].

Una idea esencial que nos permite comprender la voluntad técnica y teórica que sostiene a Hákim de Merv. Partiendo de lo inasible de la conquista de la realidad, para conformar ésta deben ponerse en funcionamiento diversos tipos de lenguajes que coadyuven a su veracidad como individuo y como personaje. Uno de ellos es la realidad histórica, documental... o la realidad literaria, pero en última instancia deben ser muchos los tipos de lenguajes (en terminología de Chesterton) que han de participar para que la realidad adquiera la riqueza necesaria y no se convierta en un mero remedo, en algo frívolo o en una fábula.

---

201 Borges en Nathaniel, op. cit., p. 179.

VIII

HOMBRE DE LA ESQUINA ROSADA

Hombre de la esquina rosada" pertenece a su etapa criollista[202], que se extiende desde 1921 a 1935. Esta historia[203] tuvo varias versiones[204] desde que la publicara por primera vez el 26 de febrero de 1927 en la revista Martín Fierro, hasta la definitiva, ocho años más tarde, en Historia universal de la infamia. Pero, en última instancia, como afirma Rosa Pellicer, en 1928 publicó en el libro El idioma de los argentinos el relato

202 Gil Guerrero, Poética, op. cit., p. 109: "El nuevo criollismo argentino, reunido en torno a la revista Martín Fierro, propone la necesidad de una lengua nacional y su representación en la literatura a través de la distinción de los rasgos de oralidad que lo caracterizan. En el seno mismo del criollismo vanguardista o neocriollismo, Borges propone una nueva versión de esta textualización de la oralidad argentina. Frente al habla rural, gauchesca que hasta ese momento se había textualizado en obras a favor del proyecto nacionalista desarrollado a partir del Centenario, Borges propone la textualización de un habla urbana, arrabalera, la del compadrito que vive en los suburbios de Buenos Aires. Esta tendencia, desarrollada desde Fervor de Buenos Aires, llega hasta HER, último ejemplo de este proyecto criollista borgiano".

203 Hay una película argentina del mismo nombre, inspirada en el cuento con adaptación de Joaquín Gómez Bas, Carlos Adén e Isaac Aisenberg, estrenada el 26 de junio de 1962 y dirigida por René Mugica, cuyos actores principales son Francisco Petrone, Jacinto Herrera, Walter Vidarte y Susana Campos. Película que tiene una evidente variante con respecto al relato: Rosendo, interpretado por Jacinto Herrera, se niega a luchar y arroja el cuchillo porque no puede pelear con un muerto, pues Francisco Real está poseído por alguien que murió en la cárcel y que a través de él viene a vengarse de todos aquellos que fueron los causantes de su ruina, y, en especial, de Rosendo, quien además le había quitado a la Lujanera.

Hombres pelearon, que es el borrador del cuento de HUI:
Tampoco hay que olvidar un hecho tenido en cuenta escasas
veces: "Historia de Rosendo Juáres", de El informe Brodie, es
otra versión de la misma historia, esta vez narrada por el com-

En una entrevista en RNE también contaba lo siguiente: "De todas las adap-
taciones cinematográficas de mi obra, sólo hubo una buena: el mal cuento
Hombre de la esquina rosada inspiró un excelente film con el mismo título, dirigido por René Mugica. Era éste un film admirable, muy superior al relato ende-
ble en el cual se inspiró. Lo demás que se ha hecho prefiero callarlo... Luego
hubo una película titulada Los otros (Les autres (1974), de Hugo Santiago). Eso
se hizo en francés. No recuerdo el nombre del director. Se estrenó en París,
donde fracasó. Yo no la vi nunca. También hicieron otras películas de las cuales no quiero acordarme... Aunque participé en alguno de los guiones, luego
todo aquel trabajo fue transformado...."

Por otra parte, Jorge Luis Borges y Astor Piazzolla compusieron una suite
para doce instrumentos, narrador y cantante, inspirada en el cuento y que también lleva el nombre de El hombre de la Esquina Rosada, de la cual existe una
versión grabada por Daniel Binelli, Jairo y Lito Cruz. Hay también una adaptación teatral de Isaac Aisenberg.

204 F. Sorrentino, "Cuando el cuchillero se hizo futbolista", [en línea].
Dirección URL:
<http://www.ucm.es/info/especulo/numero21/cuchille.html> (Consultado
el día 2 de septiembre de 2009): "El célebre cuento de Borges titulado Hombre
de la esquina rosada apareció por primera vez en el volumen Historia universal
de la infamia, que se publicó en 1935. Para llegar a ese texto definitivo, Borges
redactó y publicó, a lo largo de ocho años, tres versiones anteriores, según este
detalle:

"Leyenda policial", en la revista Martín Fierro, 26 de febrero de 1927.
"Hombres pelearon", en el volumen El idioma de los argentinos, 1928.
"Hombres de las orillas", en el diario Crítica, 16 de septiembre de 1933.

Esta pequeña cronología nos indica que, cuando arribó a la versión definitiva
del cuento, Borges era una persona de treinta y seis años, pero también nos
muestra que el tema le interesaba desde acaso una década antes".

205 R. Pellicer, "Historia universal de la infamia en la obra de Jorge Luis
Borges" en Oro en la piedra. Homenaje a Borges, Murcia, 1987, Consejería de
Cultura, Educación y Turismo, Editora Regional de Murcia, 2008, p. 241.

padrito que rehusó la pelea[205].

Y su título ha sido motivo de un análisis pormenorizado llevado a cabo por la profesora Irene González M.[206], que, siguiendo a Genette, sostiene, entre otras ideas interesantes, la trascendencia del valor de hombre (de hecho, como veremos en el análisis de esta obra, Francisco Real va buscando a un hombre), y el complemento nominal esquina rosada, concluyendo del modo siguiente:

Si se lee el relato a partir de su título se posibilitaría un acerca-

206 I. González M., "El título como programador de lectura en ´Hombre de la esquina rosada´ de J. L. Borges", Filología y Lingüística XXX (2), 2004, pp. 25-32. Dice la profesora sobre las palabras más significativas del título: "Evidentemente, el término ´hombre´ remite a toda una ideología, sobre todo si se piensa en el contexto latinoamericano: la ideología (estereotipo, quizá) del machismo" (p. 26).

"La esquina, por su parte, puede ser definida desde un doble ángulo: el interno y el externo. Partiendo desde una perspectiva pragmática del lenguaje, sabemos bien que la ´esquina´ puede tener diversas asociaciones. En cuanto a lo interno, frases del tipo ´estar arrinconado en una esquina´, ´estar olvidado en una esquina´ y otras por el estilo remiten a una concepción peyorativa o desvalorizante. Lo que está en la esquina es algo que tiene poca funcionalidad, que se ve como de soslayo. Respecto de lo externo, se acuñan frases del tipo ´estar parado en la esquina´, ´la esquina del vicio´, entre otras, que se asocian con la ´vida pública´ y todas sus posibles derivaciones (las prostitutas, los vagabundos, los mafiosos tienen como espacio de desenvolvimiento alguna esquina particular) (...) El último lexema que tenemos en el título es ´rosada´. De acuerdo con la acepción del diccionario, el rosado solo nos remite a un color. Sin embargo, siguiendo con la línea de lectura pragmática que se ha instaurado, tendríamos que acotar que, en un contexto general, el rosado se asocia con lo femenino. De esta forma, y tomando en cuenta el sujeto del relato, se establece una aparente contradicción, pues ´hombre´ y ´rosada´ son lexemas opuestos. Partiendo de la antítesis anterior, se puede plantear que el relato versará sobre un hombre que, por asociación con el color rosado, no sería otra cosa sino el conocido ´gallina´ de nuestra cultura, el cobarde disfrazado de matón al cual, dentro del código machista, se le atribuyen caracteres femeninos" (p. 27).

miento diferente al texto, en la medida en que se descubre que el "hombre de la esquina rosada" no es sino una mampara de un narrador tramposo (o dos) que quieren embaucar al lector haciéndole creer que el personaje central de la historia es el héroe Rosendo Juárez y presentando como soslayados la intención narcisista y el deseo de reivindicación de un hombre que solo podría ser héroe ante los ojos de un lector ingenuo[207].

En "Hombre de la esquina rosada"[208] el narrador cuenta a Borges en primera persona la historia de un grandullón, cuchillero matón del norte de la ciudad, Francisco Real, alias el Corralero, que se presenta en un burdel del sur para desafiar a Rosendo Juárez, alias el Pegador[209]. En consecuencia podemos decir con Jean Weisgerber que

Borges imagine donc un personnage qui évoque (imagine) et raconte la nuit où mourut Francisco Real. Ainsi s´établit un double point de vue dans la narration (l´imagination de Borges et celle du narrateur) , possibles tout

207 González, "Título", op. cit., p. 31.

208 Glantz, "Borges", op. cit.: "De estos ambiguos ejercicios pasó a la trabajosa composición de un cuento directo –"Hombre de la esquina rosada"- que firmó con el nombre de un abuelo de sus abuelos, Francisco Bustos, y que ha logrado un éxito singular y un poco misterioso». Enmascarado y defendido por «uno de esos abuelos» que combatieron en las luchas de independencia de la Argentina y que Borges tanto admira, este joven tímido e irresponsable se lanza a la tarea de «falsear y tergiversar» ajenas historias. Es decir que tanto en el nombre como en la acción que le da sentido al nombre, Borges se esconde detrás de alguien o de algo. Este esconderse que se traduce por falsearse determina, a pesar de la ambigüedad aparente de los términos empleados, un nuevo concepto explícito de la escritura".

209 Pauls, Factor, op. cit., p. 42: "Por eso el duelo en Borges es siempre un éxtasis, incluso –o sobre todo– cuando su resultado es trágico. Porque esa suspensión del tiempo y de la vida es como un trance, una alucinación, y tiene el vértigo de una fiesta".

deux au même temps, vu la relation d´inclusion entre l´un et l´autre. Par surcroît, on est en présence d´une double valeur (vérite/mensonge) lorsque ce personnage relate, en l´évoquant, ce qu´il a fait (ou ce qu´il a imaginé-desiré-faire)[210].

Este comienzo siempre le resultó a Borges inverosímil, hasta el punto de que refería que era un cuento completamente artificial porque

La provocación sin el halago previo exagerado no solía ocurrir en este tipo de situaciones. Del mismo modo resulta inverosímil la respuesta pacífica de los hombres del galpón que siguen tangueando con las muchachas entre el júbilo de los hombres del norte. Sin embargo, Borges subordina la verosimilitud de la historia a un requisito para él fundamental: la brevedad[211].

Rosendo Juárez no quiere entrar en pelea a pesar de que lo requiere la Lujanera. Sobre este comienzo decía Borges en 1963, en Colombia, en la Universidad de Antioquia:

Hace cerca de cuarenta años yo cometí la imprudencia de escribir un cuento titulado "El hombre de la esquina rosada", cuyo tema es ése: el desconocido que provoca a un desconocido, el desconocido que llega de un barrio lejano a un barrio perdido en el oeste de Buenos Aires, y desafía a otro a pelear con él. Ahora, cuando escribí ese cuento lo hice con un propósito visual, porque me había impresionado lo visual de muchos cuentos de Stevenson y de Chesterton. Y pensé que sería curioso aplicar la materia orillera a esa técnica, esa técnica que quiere que cada cosa ocurra de un modo vívido; es decir, que todas

210 J. Weisgerber, Le Réalisme magique, Éditions L´Age D´Homme, 1987, p. 136.
211 Gil Guerrero, Poética, op. cit., p. 114.

las cosas ocurran como un ballet (y hace unos tres o cuatro años se ha hecho un ballet con ese argumento de "El hombre de la esquina rosada"). Ahora bien, en ese cuento yo necesitaba que la provocación fuera brusca. Y así, el corralero entra en el salón de baile y provoca bruscamente al guapo local, que se llama, creo, Rosendo Suárez. Bueno, cuando escribí ese cuento sabía, porque lo había presenciado muchas veces, que eso era históricamente falso. Las provocaciones nunca se hacían así. Llegaba el desconocido, se acercaba respetuosamente al hombre que iba a desafiar, lo colmaba de elogios, y luego esos elogios eran tan copiosos que se habían convertido en burlas, y luego lo desafiaba a pelear[212].

Más tarde, Francisco Real llega de nuevo, esta vez herido, y acaba muriendo. Algunos piensan que ha sido la Lujanera quien lo ha matado. Al advertir la llegada de la policía, le roban todos los bienes que tiene y lo tiran al río después de haberle arrancado hasta las vísceras para que no sobrenadara. No se sabe quién lo ha matado pero una confidencia del narrador a Borges nos sugiere que ha sido el narrador[213]. Sobre este final ha dicho Betancur Garcés:

212 Sin autor, "Hombre de la esquina rosada", [en línea] Dirección URL: < http://wapedia.mobi/es/Hombre_de_la_esquina_rosada#6.> (Consultado el día 5 de septiembre de 2009).

213 Gónzález, "Título", op. cit., p. 30: "En un rincón oscuro, es asesinado por un desconocido, un hombre que aparentemente no quiso recurrir al espacio público para llevar a cabo su hazaña. La identidad del desconocido solo será revelada al final del texto cuando, recurriendo al indicio como mecanismo narrativo, el mismo narrador intradiegético se presente como responsable del crimen. Al respecto, los dos indicios que nos da son convincentes, sobre todo desde la perspectiva del código heroico que se maneja: «el cuchillo estaba limpio» y la visita de la Lujanera a su casa".

La identidad del asesino del Corralero permanece en estado de secreto a lo largo de toda la narración; al final, sólo el actor Borges instalado como interlocutor del narrador, y el enunciatario, logran acceder al estado cognoscitivo de verdad: fue el narrador quien lo mató. Se da una manipulación enunciativa del saber en el enunciado y en la enunciación[214]

Sólo al final de la obra, y de un modo indirecto el narrador[215] no confiesa que lo ha matado pero sí que había limpiado su cuchillo, donde ya no había rastro de sangre. Esta idea tiene su correspondencia con otras palabras anteriores en las que el narrador expresa su antagonismo con la actitud pasiva mostrada por Rosendo:

> Me dio coraje de sentir que no éramos nadies (...) Yo forcejeaba por sentir que a mí no me representaba nada el asunto, pero la cobardía de Rosendo y el coraje insufrible del forastero no me querían dejar[216].

No obstante, la actitud del narrador queriendo ocultar su identidad de asesino y su juego con el lector se evidencia en expresiones como «yo esperaba algo, pero no lo que sucedió»; pero además demuestra una gran sangre fría para controlar la situación, porque todos sospechan inmediatamente de la Lujanera y él observa en su defensa: «Fíjense en las manos de esa mujer. ¿Qué pulso ni qué corazón va a tener para clavar una

---

214 A. Betancur Garcés, Aproximación semiótica a la narrativa, Colombia, 2005, p. 42.

215 Estañol, "Jorge", op. cit., p. 92: "Está escrito con la preceptiva de Edgar Allan Poe de que un cuento debe tener un final sorprendente y que desde la primera palabra debe estar pensado para la imprevisible revelación final".

216 Borges, "Hombre de la esquina rosada" op. cit., Vol. 1, p. 199.

puñalada?» Sin embargo, esta actitud tácita, taimada, no se compadece con su carácter, pues sabemos que es una persona agresiva y pronta en las respuestas. Por ejemplo, cuando entra Francisco Real le golpea al narrador la hoja al abrirse y su respuesta es virulenta:

> Me le juí encima y le encajé la zurda en la facha, mientras con la derecha sacaba el cuchillo filoso que cargaba en la sisa del chaleco, junto al sobaco izquierdo. Poco iba a durarme la atropellada. El hombre, para afirmarse, estiró los brazos y me hizo a un lado, como despidiéndose de un estorbo. Me dejó agachado, detrás, todavía, con la mano abajo del saco, sobre le arma inservible. Siguió como tal cosa, adelante[217].

La respuesta del narrador es violenta pero parece un pelele ante la actuación del «hombre» Francisco Real, que lo aparta de sí como si fuera un ser inútil, a pesar de empuñar el cuchillo. No le hace caso. Una ofensa personal que, unida a la ofensa general (de carácter social) explica el final de la obra:

> El autor de la muerte no puede ser considerado «asesino»: no tiene rencor, no lo motiva la pasión, simplemente cumple con su deber como verdugo, mata a quien mató a su ídolo. Mata a quién mató sus ilusiones, sus míseras esperanzas de ascenso social y, aunque simultáneamente demostró que podía ocupar el sitial de «guapo» que junto con la vida perdiera su referente, nos enseña que tampoco esa era su intención.[218]

---

217 Ibidem, pp. 196-197.
218 O. Bianchi, "Hombre de la esquina rosada" [en línea] Dirección URL: <http://www.todotango.com.ar/spanish/biblioteca/cronicas/jlborges.html> (Consultado el día 3 de septiembre de 2009).

Esta visión de Óscar Bianchi, de la que no participamos, posee su propia razón de ser y tendrá sus razones teóricas pero ignora Bianchi los antecedentes a los que aludíamos y, sobre todo, ignora que el narrador, al matar a Francisco Real, está siguiendo el «orden social» reinante en este ámbito público. No se aparta de la norma creada a través del uso y de la costumbre, es Rosendo Juárez el que se aparta, inventa un «nuevo orden» frente al, para él, «desorden social» reinante. La muerte de Francisco Real, por tanto, pasa de ser un acontecimiento privado para convertirse en un acontecimiento público. Trasciende la esfera del yo. Lo mismo que el comportamiento de Rosendo Juárez (su no comportamiento, su pasividad) también rompe la esfera pública. Pero en todo ello abundaremos más adelante.

Estamos ante un narrador que se siente injuriado por la ofensa recibida del forastero y la falta de respuesta de los pretendidamente más fuertes. Pero es un hombre que se mueve en las tinieblas, preso de no se sabe qué ocultaciones, como una especie de Ulises (también se llamó Nadie en la cueva de Polifemo) intentando resolver la situación sin hacer ruido, tomando como referencia el silencio. De ahí que su comentario final es una forma de aceptar que él es el asesino sin aceptarlo, como si fuera un silencio acusador:

> Entonces, Borges, volví a sacar el cuchillo corto y filoso que yo sabía cargar aquí, en el chaleco, junto al sobaco izquierdo, y le pegué otra revisada despacio, y estaba como nuevo, inocente, y no quedaba ni un rastrito de sangre[219].

219 Ibidem, p. 202.

La historia no sólo se le cuenta a Borges, aunque él toma un protagonismo como oyente al final por voluntad propia, sino también a otras personas. De hecho al principio de la narración dice el narrador: «A ustedes, claro que les falta la debida experiencia para reconocer ese nombre», con un lenguaje invadido de lunfardismos y regionalismos. Pero su óptica genera, como ha dicho Estañol, unas perspectivas lectoras muy interesantes:

> El mecanismo que da efectividad al cuento es la omisión conspicua. El narrador omite por completo cómo fue el asesinato y durante la narración actúa como un espectador y no como el protagonista que verdaderamente fue. El no tener nombre y ser hombre sin importancia, en contraste con los temidos matones, también lo libra de toda sospecha. En esto consiste la eficacia de la narración. Al hacer esto se convierte en un narrador no confiable (unreliable narrator), que es una técnica que le permite al lector ver al cuento desde varias perspectivas. La limitada del narrador y desde la propia perspectiva del lector y no petrifica la interpretación como lo hace el narrador omnisciente[220].

El elemento oral, que analizaremos adelante tiene un valor esencial en esta historia a la que Borges ha logrado darle una sublime credibilidad y ha logrado crear un producto estético importante, quizá la obra más importante de este libro y la que más éxito le reportó.

---

220 Estañol, "Jorge", p. 93. Y añade Estañol: "La técnica del narrador no confiable muestra a un Borges malicioso y conocedor profundo de las técnicas cuentísticas previas a él e innovador y un maestro ya del cuento moderno. En realidad este cuento es un experimento en el cuento policial en el que el narrador es el asesino y este hecho sólo se revela hasta el final".

En la medida en que el discurso del narrador viene dirigido a unos oyentes que son personajes, nos alejamos del narratario grado cero y nos acercamos a uno concreto y específico que se puede percibir en señales implícitas y expresas (pronombres,-ustedes, usted, les-; vocativos –señor, Borges-; formas verbales –falta, hablarme, reconocer-).[221]

Una historia que versa sobre hombres que viven al margen de la sociedad y sólo aspiran a «divertirse» y matarse entre ellos.

Esta obra fue publicada en 1935 y tiene continuidad treinta y cinco años después, en "Historia de Rosendo Juárez"[222] de El informe de Brodie (1970), donde vuelve a hablar de Rosendo Juárez y El Corralero. No es la misma historia ni una continuación, sino una variante del final de esta historia («palinodia, contaveneno» lo llama Borges) con técnicas narrativas disímiles y puntos de vista también. Al parecer no fue muy bien entendida por la crítica esta versión de Rosendo Juárez y Borges tampoco estuvo muy contento[223] del producto final creado a tenor de sus palabras:

> Además, tuve la desgracia de escribir un cuento totalmente falso: "Hombre de la esquina rosada". En el prólogo de Historia universal de la infamia advertí que era deliberadamente falso. Yo sabía que el cuento era imposible, más fantástico

---

221 Tedio, "Relativismo", op. cit.

222 J. L. Borges, "Historia de Rosendo Juárez", Prosa Completa, Vol. 2, op. cit., pp. 385-390.

223 En esta misma idea insiste Estañol, "Jorge", op. cit., p. 93: "Nunca fue un cuento que le gustara a Borges. La causa de este desagrado no es muy claro. Didier Anzieu opina que es un cuento en que las pulsiones edípicas de Borges surgen y se precisan en el crimen del joven hacia el hombre mayor que detenta el poder y que debió ser muy angustioso para él. Tal vez a Borges también le disgustó el uso del lenguaje popular".

que cualquier cuento voluntariamente fantástico mío, y sin embargo, debo la poca fama que tengo a ese cuento. Y aunque después escribí otro cuento. "Historia de Rosendo Juárez", como una suerte de palinodia o de contraveneno, no fue tomado en serio por nadie. No sé si lo leyeron, o simularon no haberlo leído, o si lo tomaron por un mal momento mío. El hecho es que yo quise referir la misma historia tal como pudo haber ocurrido, tal como yo sabía que pudo haber sucedido cuando escribí "Hombre de la esquina rosada" en 1930, en Adrogué. La escena de la provocación es falsa; el hecho de que el interlocutor oculte su identidad de matador hasta el fin del cuento es falso y no está justificado por nada; el lenguaje es, de tan criollo, caricatural. Quizás haya una necesidad de lo falso que fue hallada en ese cuento. Además, el relato se prestaba a las vanidades nacionalistas, a la idea de que éramos muy valientes o de que lo habíamos sido; tal vez por eso gustó. Cuando yo tuve que leer las pruebas para una reedición lo hice bastante abochornado y traté de atenuar las "criolladas" demasiado evidentes o, lo que es lo mismo, demasiado falsas. Lo curioso es que las personas que admiran ese cuento lo llaman Hombre de la Casa Rosada y suponen que me refiero al Presidente de la República[224].

En "Historia de Rosendo Juárez"[225] cuenta éste en primera persona a un señor que «ha puesto el sucedido en una novela»

224 Tales palabras son declaraciones de Borges a Mª. E.Vázquez, "Borges, sus días y su tiempo", Javier Vergara Editor, 1984, reproducido también [en línea] Dirección URL: http://www.literatura.org/Borges/Borges_dichos.html> (Consultado el día 10 de agosto de 2006).

225 B. Sarlo, "Introducción a El informe de Brodie" [en línea], Dirección URL: http://www.uiowa.edu/borges/bsol/bsbrodie.shtml (Consultado el día 30 de agosto de 2009): "La reescritura de un texto de Swift no es la única en este volumen de cuentos. Borges vuelve a un texto propio, «Hombre de la esqui-

(se refiere al sucedido que acaece en Hombre de la esquina rosada), entendemos, sin nombrarlo que es Borges y lo que dice el
narrador por novela ha de entenderse como cuento. Rosendo
Juárez entra en un bar y llama la atención de una persona (el
novelista aludido) y le advierte que le va a contar lo que de veras
ocurrió la noche que mataron al Corralero. El lector espera que
llegue a ello ipso facto, pero toma otros derroteros y la historia
del Corralero no llegará hasta el final; previamente, Rosendo
Juárez cuenta la historia de su vida, el desconocimiento de su
padre, la humildad de su madre y el crimen que ha de cometer
cuando es retado por otro. Crimen que le hace cambiar de vida
porque la policía lo chantajea y le dice que si no apoya a don
Nicolás Paredes, del partido radical, va a la cárcel. Acepta y
durante años hace de matón del tal Paredes y del señor Laferrer.
Como interpolación cuenta la historia de su amigo Luis Irala, al
que la mujer Casilda abandona para marcharse con Rufino
Aguilera. Rosendo Juárez trata de convencerlo de que no trate
de vengarse de Rufino por el despecho de su mujer. No le hace
caso y finalmente encuentra la muerte.

Sólo dedica unas cuentas líneas a contar el final de la historia
del Corralero que, como decimos, sería una variante del final de
"Hombre de la esquina rosada". En la "Historia de Rosendo
Juárez", éste cuenta que rechaza el reto del Corralero de pelear,

na rosada» (que había publicado en 1935 en Historia universal de la infamia).
Cambia la perspectiva narrativa y, a través de esta variación, introduce una
dimensión moral explícita: en su rival, el cuchillero reconoce y repudia un reflejo acabado de sí mismo. Ese reflejo vergonzoso, y no la cobardía (como se leía
en la primera versión) hace que rehuya la pelea. Lección compositiva sobre las
consecuencias del desplazamiento del punto de vista, «Historia de Rosendo
Juárez» pone en escena el modo en que la voz narrativa define no sólo su perspectiva sobre la acción, sino un campo de saberes y una ética".

a pesar de que la Lujanera le sacó el cuchillo y se lo puso en la mano. Después cambia completamente de vida pero no nos aclara cómo fue el final del Corralero realmente:

- Lo que pasa es que no sos más que un cobarde.

- Así será —le dije-. No tengo miedo de pasar por cobarde. Podés agregar, si te halaga, que me has llamado hijo de mala madre y que me he dejado escupir. Ahora ¿estás más tranquilo?

(...) Lo solté y salí sin apuro. La gente me abrió cancha, asombrada. Qué podía importarme lo que pensaran[226].

En "Hombre de la esquina rosada" la violencia[227] no es gratuita, forma parte de la puesta en escena de la infamia[228]. Pero,

---

226 Ibidem, p. 390.

227 Bianchi, "Hombre", op. cit. Afirma que el origen de la historia está en una serie de tangos: "¿En que tangos acunó Borges este relato? Irrespetuosamente me permito suponer que algunos de estos que imaginaron mis oídos mientras leía 'Tres amigos', cuyo relator añora a sus amigos que conformaban el <trío más mentado que pudo haber caminado> y nos agrede desde su añoranza diciéndonos que es imposible reeditar aquellos tiempos. Hay en todo el relato de Borges un trasfondo de ámbito de pertenencia que, extrapolado a sus límites, parece murmurar la palabra 'amistad'. Y, además, se presiente en el relator la nostalgia por aquel otro tiempo. 'Culpas ajenas' donde Ponzio hiciera su descargo, recuerda ese mandato de amistad desde el cual se asumen recatadamente el rol que el amigo dejó vacante, ya sea con cuchillo o con silencio. 'El Tigre Millán', en la descripción de Francisco Real, el Corralero, morocho, alto, fornido, seguro de sí mismo. 'Como abrazado a un rencor': Real, al pedir que le ahorren la vergüenza de expirar ante la vista de los demás, está repitiendo el verso <...no ando en busca de un consuelo ni ando en busca de un perdón, no pretendo sacramentos ni palabras funebreras, me le entrego mansamente como me entregué al botón...>"

228 Tedio, "Relativismo", op. cit.: "En HER, la infamia estaría expresada en la conducta de hombres que se matan a cuchillo por razones que parecen bala-

¿quién es el infame en este cuento? En los otros cuentos hay una concreción evidente. Todo gira en torno a un protagonista. Pero en este cuento quién juega ese papel: ¿Rosendo Juárez el Pegador, Francisco Real el Corralero, La Lujanera, o el narrador del que ignoramos su identidad? Entendemos que es el narrador, esa persona desconocida que cuenta tranquilamente su historia desde una cierta distancia aunque realmente es tan protagonista de la misma como el resto. Su naturalidad y sangre fría contando la historia como ajeno a la misma produce al final una evidente revolución en la historia porque su impostura genera todo un proceso.

Decía que la violencia no es baladí porque forma parte de la propia historia Argentina pero también de la concepción de la propia historia en sí. Entiendo que la violencia es un modo de vivir, de ser, de mostrar el lugar que uno ocupa en la sociedad. El hombre que no es capaz de hacer frente a los desafíos y vencerlos, no es un hombre. Por eso Francisco Real busca a un hombre: «Lo que estoy buscando es un hombre», dirá Francisco Real el Corralero. Busca a un hombre para vencerlo y, en consecuencia, sentirse él también hombre. Existe un constante procedimiento de restitución. No dejar de ser hombre para no perderse en el hábito de una sociedad adocenada y perdida. Quien no es hombre pierde su identidad. No es nadie (naides, dice el narrador):

díes pero que, como ocurre en toda América Latina, pueden tener profundas raíces de tipo social. En descampado, bajo la noche estrellada y después de hacerse la reflexión sobre el deber de ser guapo, se produce una elipsis temporal y funcional y el personaje-narrador aparece de nuevo en el baile (...) sin decirlo directamente, el narrador deja entrever que ha sido el quien ha atado al Corralero".

Andan por ahí unos bolaceros diciendo que en estos andurria-
les hay uno que tiene mentas de cuchillero, y de malo, y que le
dicen el Pegador. Quiero encontrarlo pa que me enseñe a mí,
que soy naides, lo que es un hombre de coraje y de vista[229].

Francisco Real, que se siente como nadie, tiene necesidad de
encontrar esa identidad que todos le hurtan y algunos ensayistas llaman fama o reconocimiento público:

El tercer personaje que aparece en escena es Francisco Real.
Desde nuestra perspectiva, este actante no se ubica en ninguno
de los dos espacios básicos del relato sino que más bien va de uno
a otro, es decir, entra en el salón de baile y, en el mismo juego del
discurso, soslaya totalmente al hombre de la esquina oscura (el
narrador) y va en busca del otro hombre que todos pueden ver,
del que se destaca por tener la esquina clara, el espacio del reconocimiento público. La meta de este personaje es poseer este último espacio, el pedestal de la fama y, para ello, tendría que eliminar al personaje que lo está ocupando en ese mismo instante[230].

La fórmula es vencer en duelo a alguien que posee ya esos
«galones de hombre» y ha adquirido la validez de tal, una jerarquía social que él no tiene. A quien debe vencer es a Rosendo
Juárez, un hombre, pero su desafío (el guante arrojado) no es

229 Borges, Hombre, op. cit., p. 197.
230 González, "Título", op. cit., p. 29. Y añade González: "En este momento asistimos a un instante decisivo del relato, porque sabemos que el matón
Rosendo Juárez se niega a defender su derecho a ocupar ese espacio que con
tanto esfuerzo ha ganado y que tanto prestigio le acarrea. Francisco Real, ante
tal actitud y ante la imposibilidad de ganar el puesto por medio de la lucha a
cuchillo (como lo impone el código de la hombría heroica del arrabalero), decide denigrar a Juárez verbalmente y sustituirlo en su posición de <jefe de la
tribu>".

recogido por Juárez para el que estos símbolos sociales ya están periclitados. Son absurdos. Se siente al margen de ellos. ¿Por qué? ¿Por qué no acepta Rosendo Juárez el juego de la prescripción social? ¿Por qué no acepta el statu quo reinante y responde al envite de Francisco Real? También se lo pregunta el propio narrador:

> ¿Qué le pasaba mientras tanto al Rosendo, que no lo sacaba pisotiando a ese balaquero? Seguí callado, sin alzarle los ojos (...) La Lujanerna lo miró aborreciéndolo (...) -Déjalo a ése, que nos hizo creer que era un hombre[231].

Francisco Real no entiende lo que está pasando («Real bailaba muy grave, pero sin ninguna luz») porque, según su visión del orden social reinante el primer paso para la consecución de una identidad sólo se puede conseguir inicialmente a través de una respuesta del desafiado. La no respuesta no entra dentro de su organización mental y mucho menos dentro del concepto social que ha aprendido.

Ante esta "no respuesta" de Rosendo, ante su silencio delator, el narrador sólo siente "vergüenza" porque se rompió el mandato social y, de algún modo, con el gesto de Rosendo no sólo se rompe una tradición, se rompe algo más importante: la justificación de la violencia como instrumento de organización social; y más importante todavía: la ruptura del principio de que la superación de la violencia con más violencia sostiene y alimenta los principios identatarios de la sociedad haciéndonos creer que somos alguien. De ahí que no podía haber otra respuesta que la que da el narrador:

---

231 Ibidem, p. 198.

Me dio coraje de sentir que no éramos nadies (...) Yo hubiera querido estar de una vez en el día siguiente, yo me quería salir de esa noche[232].

Ha habido autores que lo han visto de un modo cercano al que expresamos pero con algunas variantes:

Ese desconocimiento es el reverso melancólico del jubiloso desafío de Real ("Yo soy Francisco Real, un hombre del Norte. Yo soy Francisco Real, que le dicen el Corralero. Yo les he consentido a estos infelices que me alzaran la mano, porque lo que estoy buscando es un hombre", 323), o de la restauración de la ley por medio del crimen y del desafío del narrador (...) El rechazo melancólico al desafío es la línea de fuga por la cual el cuerpo de Rosendo se desterritorializa en relación a la ley, habita un margen inalcanzable, y se convierte, como dije antes, en inenarrable. El rechazo melancólico al desafío silencia las voces mayores de la épica, y con ella, la de quienes se la apropian: el estado, la comunidad de hombres, el criollismo popular, y encuentra el desolado pero revelador camino del indigno, el cobarde, el traidor: el mismo camino sin camino que Silvio Astier, lector como Borges[233].

El "pecado" de Rosendo Juárez se tratará de justificar años más tarde en "Historia de Rosendo Juárez" de El informe de Brodie afirmando que

Sucedió entonces lo que nadie quiere entender. En ese botarate provocador me vi como en un espejo y me di vergüenza. No sentí miedo; acaso de haberlo sentido, salgo a pelear. Me quedé

232 Ibidem, p. 199.
233 Dabove, "Ficciones", p. 186.

como si tal cosa (...) Para zafarme de esa vida, me corrí a la República Oriental, donde me puse de carrero. Desde mi vuelta me he afincado aquí. San Telmo ha sido siempre un barrio de orden[234].

Las palabras de Rosendo Juárez son una clara muestra de varias percepciones:

1.Su negación a luchar no es una muestra de cobardía.

2.Ha dejado de creer en ese «orden social reinante» en el que sólo alcanzan validez identataria aquellos que matan, mueren o responden al reto.

3.Deja de creer en la violencia como instrumento, como procedimiento para demostrar la existencia y dejar de ser «nadies». En tanto entiende que este modelo conductual se asienta sobre el «desorden».

4.El símbolo del espejo (tan querido en Borges, ya hemos hablado de él) incide sobremanera en su modo de ser: el espejo tiene la función de duplicación. Francisco Real no es tal sino un espejo en el que se mira Rosendo Juárez. Se siente duplicado. Al mirar a Francisco Real Rosendo Juárez se está mirando en su propio espejo, se está reconociendo a sí mismo y no se gusta: «Me di vergüenza». Pero la vergüenza de Rosendo Juárez es diferente (por antitética) con la vergüenza que siente el narrador de "Hombre de la esquina rosada": «Debí ponerme colorao de vergüenza». La vergüenza de éste es distinta, es una vergüenza-consecuencia de la ruptura del orden social reinante. La vergüenza de Rosendo Juárez es por percatarse de las razones que crean ese orden social reinante, y, en consecuencia, negarlo. Son

234 Borges, Historia, op. cit., p. 390.

completamente antinómicas. El espejo, que siempre posee un valor negativo porque multiplica la realidad, la duplica hasta el caos pero en sentido contrario. En cambio, en este caso ha generado un orden nuevo por negación de lo que se ha visto reflejado en él.

5.Rosendo Juárez en El informe de Brodie apela al concepto de «orden» para salirse de ese statu quo reinante: «Desde mi vuelta me he afincado aquí. San Telmo ha sido siempre un barrio de orden».

Sin llegar a defender totalmente nuestra tesis. Sí es cierto que ha habido otros críticos que se han dejado seducir por el tema del silencio de Rosendo Juárez y han llevado una explicación que visualiza también en la línea que acabamos de explicar en ciento modo:

Sabemos que la muerte de Real fue una venganza del barrio por la humillación que todos habían recibido en la defección de Rosendo. El cuento, más bien, gravita sobre el gesto de Rosendo, cuyo rechazo al desafío tiene la gravedad del secreto. ¿Qué quiero decir con secreto? Algo que se reserva a distancia, que no se descubre (que nunca avendrá a la revelación, porque no existe bajo el modo de la verdad), pero que en esa reserva encuentra su ambiguo poder. La muerte de Real es un enigma, pero por ello mismo un espectáculo donde distancia e inteligibilidad son cruciales (su muerte habita un espacio homogéneo al desafío) (...) El gesto de Rosendo no es cobardía. O en todo caso, si aún queremos llamar a ese gesto cobardía, tenemos que entender que la cobardía es algo más complejo y más inasible que el mero reverso de la valentía definida desde la ley oral (...) Cortejando el riesgo de hacer de Rosendo una versión orillera de Bartleby, diré que el rechazo al desafío no es aquello que hace que la favorecida relación de Rosendo con la ley cese, sino que es aquello que hace que la ley incomprensiblemente cese, y por eso el mundo narrado entra en un interregno de silencio[235].

Por esta razón, insiste Dabove:

> Las ficciones de violencia rioplatense participan, entiendo, de esa experiencia de la melancolía como nudo de necesidad e imposibilidad, pero la ubican en otro lugar, donde lo crucial es la relación con la ley. La melancolía en las ficciones de violencia es la huella de la distancia imperceptible pero infinita entre la ley oral que define la identidad pública del cultor del coraje y el cuerpo que oscuramente vive y muere bajo el peso de esa ley[236].

Borges crea en esta obra una estructura dramática pero a través de la voz (de la conducción oral) de uno de sus protagonistas. Desde el principio sabemos que Francisco Real ha muerto. Lo que importa es el proceso en el que hay un provocador, Francisco Real; un coro griego (los que asisten como espectadores forzados a la provocación); un corifeo (la Lujanera) y un espectador (en teoría, aunque en la práctica se convierte en personaje, pero secreto). Estos son los personajes, que son descritos brevemente como un impacto visual desde que aparecen creando un corolario inmediato en el lector. Este impacto visual ha querido ser heredado de Stevenson:

> Este postulado favorece el carácter visual del relato que Borges aprendió de Stevenson, no existe ninguna caracterización psicológica y todos los personajes son metonimizados a través de imágenes externas, visuales[237].

235 Dabove, "Ficciones", op. cit., pp. 184-186.
236 Dabove,"Ficciones", op. cit., p. 8.
237 Gil Guerrero, Poética, op. cit., p. 113.

El narrador es anónimo, relator de una historia de la cual él es testigo, cómplice y autor. Es el "hombre de la esquina rosada" y se puede deducir que es un hombre impensado, no es nadie, como se ve cuando le hace frente a Francisco Real, que le golpea con la hoja de la puerta, como si fuera un simple estorbo. Pero es una persona que cumple una misión «ética» como hemos dicho y defiende

> A todo trance sus ilusiones y sus ideales, que también son los de las otras personas del barrio donde vive, que en este caso son el coraje, la hombría, la habilidad que representaba para ellos Rosendo Juárez. El autor de la muerte no puede ser considerado «asesino»: no tiene rencor, no lo motiva la pasión, simplemente cumple con su deber como verdugo, mata a quien mató a su ídolo. Mata a quién mató sus ilusiones, sus míseras esperanzas de ascenso social y, aunque simultáneamente demostró que podía ocupar el sitial de «guapo» que junto con la vida perdiera su referente, nos enseña que tampoco esa era su intención[238].

Tras la desaparición de Rosendo lleva a cabo una reflexión «moralizadora», dándole a esta palabra la consideración exclusiva que tiene en un barrio con unas connotaciones delictivas. Reflexión que pretende mostrar el dolor del narrador ante la caída de su héroe, pero, sobre todo, el dolor ante la caída de un barrio, de una colectividad. Porque la huida de Rosendo representa no sólo un ataque individual, personal e íntimo (a la insolencia o la vanidad de cada uno y del narrador en concreto o la Lujanera...), sino que es un ataque al grupo, a la manada; en definitiva, a la colectividad.

---

238 Sin autor, "Hombre", op. cit.

Las palabras del narrador muestran ese recorrido desde lo individual («yo era apenas otro yuyo de esas orillas») a lo social («Sentí después que no, que el barrio cuanto más aporriao, más obligación de ser guapo»); en consecuencia, es como si desde este momento el narrador contrajera una obligación «moral» con su gente, con la de su arrabal, quizá porque sea el único que se percata de las consecuencias colectivas del gesto de Rosendo Juárez. Y, por ello, se ve en la obligación de restituir la «guapura» del barrio y las estrellas lindas para marearse. El narrador es un personaje literario pero también es un personaje agónico, un héroe trágico que se debate entre la necesidad de resarcirse de esa ofensa o abandonar: «Pero la cobardía de Rosendo y el coraje insufrible del forastero no me querían dejar».

Pero, ¿por qué no da la cara?, ¿por qué lleva a cabo su venganza o «restitución» a escondidas, en la oscuridad, en silencio? Considero que la razón es bien simple: él no quiere ser el nuevo héroe, el sustituto de Rosendo o de Francisco. Él quiere seguir siendo anónimo, pero lo que detesta es cambiar de manos (¿que el poder se traslade del sur al norte?), aspira a que su barrio, su arrabal siga gobernándose como antaño, guardando esa guapura a la que hace referencia, saliendo de esa basura. En consecuencia, no estamos de acuerdo con González cuando dice que el narrador se erige en nuevo héroe. Y no estamos de acuerdo porque los héroes nunca son anónimos, los héroes tienen nombres y apellidos, no se esconden, dan la cara. Y cuando lo son interesan poco al colectivo que no los identifica con señal alguna. Los héroes siempre tienen que ser nominados. Ulises es héroe cuando tiene su nombre, no cuando Polifemo le pregunta y dice que se llama "Nadie". El narrador de esta historia no es un héroe sino que «personifica» la colectividad, la voz de la conciencia de la colectividad y el anonimato de la misma:

Ahora bien, desde el punto de vista de nuestro análisis, ¿cómo se hilvanarán todos los elementos anteriores? Obviamente, hemos sido partícipes de la confabulación de un narrador (¿o dos?) que, so pretexto de contarnos una historia sobre la degradación de un arrabalero, nos ha referido la suya propia y, todavía más, nos ha develado cómo él, siendo un hombre «arrinconado» (en la esquina interna), insignificante, al que se le podría incluso tachar de cobarde, ha sido capaz de asesinar a cuchillo a un matón para erigirse así en el héroe del texto. Respecto de esto, recuérdese que, en el nivel extradiegético, este actante está contando la historia a Borges (el narratario), quien a su vez, la remitirá a otro lector. Borges, como narratario o interlocutor del narrador interno, ha descubierto la intención subyacente en la historia y, para no arruinar el plan del otro, la ha transcrito en forma íntegra (irónica diríamos) para ver si el inteligente narratorio del siglo veinte se toma el trabajo de leer lo que está entre líneas. Se colige de lo anterior, por otra parte, que más que la historia de Rosendo Juárez, lo que se ha narrado es, si pudiéramos llamarlo así, la "desheroización de Juárez" y, como contraparte, la heroización del dador de la diégesis. En términos de la perspectiva narrativa, el personaje que estaba oculto ha devenido en héroe gracias a que el otro le ha cedido su lugar. En el esquema siguiente, se intenta mostrar ese juego de la doble instancia narrativa[239].

Y quizá, y por esta misma razón, juega con lector, juega a la confusión cuando afirma que lo que sucedió no se lo esperaba. ¿Cómo que no lo esperaba si él es el brazo ejecutor del suceso?

Una vez que muere el responsable de la ruptura de ese orden anterior, ya está tranquilo. El odio (que siempre es un especulación individual) deja ya de tener sentido cuando muere

239 González, "Título", op. cit., p. 30.

Francisco y pierde el habla. El habla como símbolo de esa inicial ruptura, porque la ofensa de Real es también oral, y para
unos iletrados la oralidad es la vida, pueden matar por unas
palabras dichas, palabras que son ofensivas al venir de la boca
de Real. Y también hay una reflexión existencial que más parece llegada directamente desde el magín de Borges en torno a la
volatilidad de su existencia, a su inconsistencia, una oración para
la posteridad literaria, un acierto contundente y efectivo: «Tanta
soberbia el hombre, y no sirve más que pa juntar moscas»[240].
Una expresión que aparecerá de nuevo en otros cuentos
suyos[241].

Francisco Real, apodado El Corralero es el retador, con voz
potente y autoritaria (definida magistralmente como «el hombre
era parecido a la voz») vestido de negro, alto y fornido, con una
chalina color bayo. Ha llegado desde el norte para incrementar
su fama y demostrar que es más varón. Su entrada es magistralmente presentada por Borges:

240 Borges, Hombre, op. cit., p. 201.
241 T. Alfieri, "Jorge Luis Borges ante la condición humana", [en línea],
Dirección URL: < http://www.ensayistas.org/critica/generales/C-H/argenti-
na/borges.htm> (Consultado el día 3 de agosto de 2010). Entre otras reflexiones interesantes, Alfieri dice lo siguiente: "Desde la primera etapa de su obra -
a partir de los escritos juveniles- puede reconocerse la huella indeleble del idealismo en su pensamiento, que continuará a lo largo de toda su producción, par-
ticularmente del idealismo de George Berkeley, expresado en su libro Los principios del conocimiento humano, y resumido en el lema «esse est percipi» con
el cual Berkeley negaba la existencia independiente de la materia y afirmaba que
el mundo no existe fuera de nuestra percepción. Dos ejemplos evidentes pueden leerse en: el poema «Amanecer» de su primer libro, en el que se conjetura
que, como el mundo es el resultado de la mente, en las horas del sueño hay un
instante en que peligra desaforadamente el ser de toda la ciudad de Buenos
Aires: el instante del alba, en el que sólo algunos trasnochadores sueñan el

Al rato llamaron a la puerta con autoridá, un golpe y una voz. En seguida un silencio general, una pechada poderosa a la puerta y el hombre estaba dentro. El hombre era parecido a la voz[242].

Borges, con apenas unas breves pinceladas, con el empleo de unos sustantivos y la creación de una imagen logra pintar en tres líneas a Francisco Real expresando que es una persona de autoridad, de mando, de fortaleza, que tiene una voz potente identificativa de estos rasgos de su carácter y de su fortaleza física como individuo. Es un personaje tópico y típico, cuyo comportamiento, como dijo Borges en su momento, resulta claramente falso e irreal. El personaje entra en el local arramblando a todos, pero le hacen frente y comienzan a empujarle («lo arriaron como un cristo, casi de punta a punta, a pechadas, a silbidos y a salivasos», como al Buscón de Quevedo los estudiantes), le pegan, lo insultan, se ríen

mundo; y en el cuento «Tlön, Uqbar, Orbis Tertius» donde se lee : «Hume notó para siempre que los argumentos de Berkeley no admiten la menor réplica [...]», frase que demuestra la permanencia del idealismo berkeliano a lo largo del tiempo y en la obra de su madurez. Este idealismo le brindará una suerte de distanciamiento de la realidad, en especial de la realidad social, y envolverá su concepción de la condición humana en un manto de irrealidad en el que se jugará estéticamente con la idea de que el mundo «es una actividad de la mente/un sueño de las almas». Este idealismo mezclado con un toque de orientalismo -tendencia de muchos escritores argentinos durante fines del XIX y comienzos del XX- lo llevará a constantes juegos de su pensamiento sobre la apariencia engañosa de lo que llamamos realidad cuando sólo es un manto irreal, como un espejismo, y sobre la negación del yo, lo cual lo condujo a desarrollar un estilo lleno de modalizaciones que serán la expresión física de un pensamiento sobre lo incierto, lo ambiguo, lo que se diluye, las infinitas posibilidades del pensamiento que puede admitir bifurcaciones, repeticiones, contradicciones lógicas y estructuras paradojales que disuelven el tiempo y el espacio y, por ello, su concepción de la condición humana carecerá de todo sentido histórico a un punto tal como en pocos escritores se ha dado".

242 Ibidem, p. 196.

de él, «como reservándolo pa Rosendo», que está sin moverse en la pared del fondo. Se dirige a Rosendo Juárez con un cuchillón en la mano y se presenta, le dice de dónde viene y que ha consentido en que los presentes le alcen la mano, porque lo que está buscando es a un hombre, y busca al Pegador. Rosendo guarda silencio. Ante esta situación, los hombres de Rosendo Juárez están atentos por si deben intervenir. Una vez que ya es el nuevo héroe, consigue su trofeo: la Lujanera.

Su muerte es presentada con una gran dignidad y muestra de engreimiento y vanidad:

> «Tápenme la cara», dijo despacio, cuando no pudo más. Sólo le quedaba el orgullo y no iba a consentir que le curiosearan los visajes de su agonía. Alguien le puso encima el chambergo negro, que era de copa altísima. Se murió abajo del chambergo, sin queja[243].

Rosendo Juárez el Pegador simboliza al matón, al duro del barrio («era de los que pisaban más fuerte por Villa Santa Rita»), querido por algunos, admirado y respetado por todos («los hombres y los perros lo respetaban, las chinas también»), y, dadas sus hazañas realizadas con el puñal, hace temblar con su sola presencia a cualquiera que sepa de él. También es un hombre tocado por la suerte a quien imitaban los jóvenes del arrabal hasta en el modo de escupir y trabaja para los caciques de la zona, D. Nicolás Paredes, uno de los hombres de Morel. En la historia, sin embargo, rehuye cobardemente el reto del forastero y se va para desaparecer casi por completo del resto de la narración. Cuando se produce su dispersión (agarrando el lado más oscuro) tiene un breve encuentro con el narrador al que

---

243 Borges, Hombre, op. cit., p. 200.

increpa y lo llama «estorbo» y «pendejo»:

> Vos siempre ha de servir de estorbo, pendejo –me rezongó al pasar, no sé si para desahogarse, o ajeno. Agarró el lado más oscuro, el del Maldonado; no lo volví a ver más.

Esta actitud de Rosendo Juárez al marcharse increpando al narrador denota que:

Se siente afectado por la pérdida de autoridad.

Toma al narrador como chivo expiatorio porque el narrador no es nadie.

No se va por la oscuridad, como muestra del que ya no es nadie, sino algo mucho más profundo y terrible con cuya expresión, de gran fuerza descriptiva, Borges muestra una voluntad en Rosendo de desaparecer, y lo manifiesta gracias al uso del verbo 'agarrar': Rosendo agarra la oscuridad.

La Lujanera es un personaje secundario que posee una cierta importancia porque consolida una situación (es la protagonista de los personajes secundarios), una hermosa prostituta presentada de una forma excepcional en unos breves trazos, pero, sobre todo, con la intuición precisa de la oración a la que no le falta ni le sobra palabra alguna y se convierte en un bello piropo («verla, no daba sueño»):

> las sobraba de lejos a todas. Se murió, señor, y digo que hay años en que ni pienso en ella, pero había que verla en sus días, con esos ojos. Verla, no daba sueño.[244]

---

244 Ibidem.

Siempre está pendiente del más poderoso, primero presentada como la mujer de Rosendo Juárez y luego de Francisco Real. Será la única visible testigo de la muerte de Real aunque no vea quién ha sido el asesino. Asimismo, tal vez de lo visto por esta mujer es que surge el nombre de la historia, pues ella dice que vio a un hombre desconocido darle a El Corralero la puñalada fatal: el hombre de la esquina rosada. Aparece cuando llega Francisco Real, cuando éste desafía a Rosendo, para meterle la mano en el pecho y sacarle el cuchillo. Una actitud que denota también como formando parte del statu quo reinante, así como animadora de peleas. Trata de proteger a su ya «ex hombre» después de despreciar el cuchillo que le ofrece y Francisco Real hace el gesto de pegarle: «Déjalo a ese, que nos hizo creer que era un hombre». Real, como ganador de la contienda se hace con el trofeo, que es la Lujanera, la mujer-objeto. Su reacción ante la situación es desconcertante: llegó «mandada» y como «perdida» explica que un «desconocido» lo llama a pelear a Francisco Real y le «infiere» una puñalada. Nadie la cree y los norteños afirman que ella ha sido la que mató a Real. ¿Por qué no la cree nadie? Hay dos razones que justifican esa incredulidad popular:

1. Ella da el cuchillo a Rosendo Juárez para que se defienda.
2. Ella era, hasta ese momento, la amante de Rosendo Juárez.

La que sale en su defensa es el narrador tomando como pretexto sus manos: «Fíjense en las manos de esa mujer. ¿Qué pulso ni qué corazón va a tener para clavar una puñalada». Su desaparición es similar a la de Rosendo Juárez, pues si aquel lo hizo agarrando la oscuridad, ésta lo hace aprovechando que están echando al agua a Real: «La Lujanera aprovechó el apuro

245 E. Monroy, "Borges, el arrabalero y el cuchillero", [en línea] Dirección URL: http://www.usergioarboleda.edu.co/altus/cultivarte_borges.htm (Consultado el día 24 de agosto de 2009):

para salir».Monroy[245] la ha visto del siguiente modo:

> Como un último personaje importante dentro del cuento, se puede nombrar a la Lujanera, una mujer que pese a su condición de prostituta, es la miembro de su género más bella que hay en el lugar. Por esa razón es codiciada por cualquier hombre, pero ella sólo está junto al más poderoso, es decir, en un principio Juárez y luego Real. Es así como a causa de esta compañía por conveniencia es que la Lujanera termina convirtiéndose en la única visible testigo de la muerte de Real. Asimismo, tal vez de lo viso por esta mujer es que surge el nombre de la historia, pues ella vio a un desconocido, un hombre, pegarle la puñalada al Corralero". Creemos que la Lujanera cumple también una función social: insistir en que se mantega el statu quo reinante. Por eso, ante el desafío-ofensa de Francisco Real ella insiste en darle el cuchillo a Rosendo Juárez: "Y se jué a su hombre y le metió la mano en el pecho y le sacó el cuchillo desenvainando y se lo dio con estas palabras: Rosendo, creo que lo estarás precisando.

Irene González ofrece esa visión de corifeo que tiene para el resto de las mujeres e incluso para la colectividad de hombres, haciéndose portavoz del coro:

> De todas ellas, tratadas con el término dialectal de "chinas", la única que se individualiza es la Lujanera y ello quizá porque sirve como representante de ese grupo de mujeres que, a través de todo el relato, solo aparecen como soporte de los personajes centrales. La Lujanera, a su vez, cumplirá en ese sentido un papel de legitimadora de la "hombría" que pueda tener o adquirir uno de los actantes, pues quien la posea será el "más hombre". El mundo femenino aparece así subordinado, supe-

246 González, "Título", op. cit., p. 28.

ditado a los esquemas machistas que rigen esas sociedades en las que, como en este caso, el hombre posee la supremacía[246].

El escenario es un lugar sórdido que tiene como función crear el marco de la puesta en escena: sería el lugar adecuado para la acción que se desarrolla: el «salón de Julia» (un prostíbulo, un quilombo) en un barrio poco recomendable y en una noche cualquiera, donde Rosendo es bastante conocido por ser uno de sus matones (de sus «hombres») que ha tratado de situarlo Sorrentino muy adecuadamente:

Los límites oficiales del barrio de Villa Santa Rita están dados por las calles Condarco, Miranda y Joaquín V. González y la avenida Gaona. Al norte tiene a Villa del Parque, y al sur, a Floresta (...) El prostíbulo se hallaba entre el camino de Gauna (es decir, la actual avenida Gaona) y el arroyo Maldonado[247](la actual avenida Juan B. Justo). Las dos avenidas, en ese barrio, se hallan a sólo una cuadra de distancia. Por lo tanto, el prostíbulo de Julia tenía que estar situado en la cuadra que corre entre ambas avenidas de cualquiera de las siguientes calles: Joaquín V. González, San Nicolás, Emilio Lamarca o Concordia. Y en ninguna otra, porque, a partir de allí, y a medi-

247 J. G. Anjel R, "Borges y el tango", [en línea], Dirección URL: <http://www.taringa.net/posts/info/926679/Borges-y-el-tango.html> (Consultado el día 6 de septiembre de 2009): "La orilla del barrio de Borges era un límite doble y real: margen de la ciudad pero también ribera de las aguas, porque tanto Palermo como la Boca (los dos principales barrios de milongas y malevos) lindaban con cauces derivados del Río de la Plata: el Arroyo Maldonado (hoy entubado) y el Riachuelo, respectivamente".

248 Sorrentino, "Cuando", op. cit. Reproduzco parte de la entrevista que llevó a cabo Sorrentino con el autor:

"J.L.B.: []. El arroyo Maldonado parece que por cualquier parte en Palermo, o en Villa Crespo, o en los fondos de Flores creaba barrios malos, barrios de prostíbulos, de malevaje.

da que se dirigen hacia el este, Juan B. Justo y Gaona se van alejando más y más una de la otra[248].

Uno de los instrumentos definitivos y trascendentes de esta obra que no gustaba a Borges es el lenguaje. Por entonces, un Borges con veintiocho años estudiaba el lenguaje de los argentinos y publicaba una obra que llevaba por título El idioma de los argentinos (1928), donde llevaba a cabo un compendio de los temas que más atención despertaban en él: Buenos Aires, la eternidad y el lenguaje. Entre los ensayos breves que aparecen en el libro y abordan éste se encuentran: "El idioma de los argentinos", "Otra vez la metáfora", "Indagación de la palabra"... que serán determinantes en la influencia de Hombre de la esquina rosada.

Borges no aceptó a lo largo del XX los derroteros orales que fue tomando la sociedad argentina y su obra es un claro paradigma en ese sentido. En cierto modo, entendemos que con ello se adelanta, con la proyección oral que de su relato puede desprenderse, y es un anticipo a la denuncia de un estadio reinante, aunque hay diversas versiones en torno a esto y matices disímiles como veremos, que adquiriría en los años 70 mayor carta de naturaleza cuando desde el poder de Juan Domingo Perón

F.S.: ¿Ahí situó usted su "Hombre de la esquina rosada"?

J.L.B.: Sí, pero lo situé un poco más lejos. Lo situé ya más allá de Flores y le di una fecha indeterminada. Lo hice deliberadamente. Porque creo que un escritor no debe intentar nunca un tema contemporáneo, ni una topografía muy estricta. Porque inmediatamente van a descubrir errores. O, si no los descubren, van a buscarlos, y, buscándolos, los encontrarán. Por eso, yo prefiero situar mis cuentos siempre en lugares un poco indeterminados y hace muchos años.

De manera que, según creo, no nos equivocaremos si llegamos a la conclusión de que "Hombre de la esquina rosada" sucede, digamos, hacia el año 1900".

instituye una

> Política nacionalista de marcado criollismo, folklore, particularidades lingüísticas rioplatenses y regionalismo y un nunca abandonado lunfardismo salido triunfal y paradójicamente de la censura que en años del primer peronismo prohibía los términos lunfardos de las letras de los tangos[249].

Como recordaban Walter Bruno Berg y Markus Klaus Schäffauer en su obra, «Borges asistía disgustado al regreso de aquella sintaxis oral de Hombre de la esquina rosada»[250] a la política argentina y a esa orden desde el poder de expresarse en un sentido concreto.

Es curioso, no obstante, que en los años veinte y en torno a la revista Martín Fierro, en la que participó, existió en él –como ya decíamos- una voluntad de fundamentar el criollismo intelectual y, precisamente, de uno de los elementos que se echó mano como propio para caracterizarlo fue de la fonética (como veremos más adelante) y en su capacidad digestiva de asimilación. Lo que no significaba que ese criollismo intelectual supusiera una caída, como dicen los autores en

> La 'babilonia' del lenguaje simplemente falso de los inmigrantes que se encuentra parodiada en el teatro criollo sino ese tipo de la oralidad codificada de la literatura arrabalera cuyo ejemplo más destacado sigue siendo, para muchos, Hombre de la esquina rosada del propio Borges. No es difícil, sin embargo, demostrar que el famoso cuento –según otra lectura- también es el canto del cisne del intento de los martinferristas de con-

249 W. B. Berg y M. K. Schäffauer, Oralidad y argentinidad: estudios sobre la función del lenguaje hablado en la literatura argentina, Tübingen, 1997, pp. 42-43.
250 Ibidem, p. 43.

ciliar los extremos, es decir, la escritura vanguardista por una parte, la afirmación de un modelo monolítico de la argentinidad por la otra, cuya cercanía con los modelos propuestos por el movimiento nacionalista nadie podía ignorar[251].

En esa polémica nos hallamos cuando surge la obra de Borges en 1935 y desde el inicio los elementos orales, el habla oral (y, por tanto, elementos fonéticos) predominan en el relato puesto en boca de uno de sus protagonistas, «un yuyo de esas orillas» (un hierbajo). Borges reproduce su habla regada de lunfardismos y oralidades que acercan el habla al andaluz en algunas variantes fonéticas, y crea a la vez una narración vivaz cuya evolución lingüística es tan sorprendente que otro registro lingüístico cambiaría totalmente el sentido del texto.

Sin embargo, en Hombre de la esquina rosada se produce ya una decadencia gradual de lo gauchesco revelada en ese lenguaje también, un lenguaje que no pretendían ponerlo de modelo en absoluto sino que era una consecuencia del propio sentido del texto, porque para Borges[252] y su grupo

El ideal de estilo 'limpio' y 'elegante', salpicado –cuando la verosimilitud lo exigía- de reproducciones pintorescas del habla popu-

251 Ibidem, p. 25.
252 D. Gómez, "Borges, un amigo intelectual en castellano", Konvergencias literatura, núm. 5, 2007, p. 21: "Un castellano de elegancia objetiva, impersonal, no idiosincrásico, reservado o más bien y sobre todo de giros y expresiones usuales y coloquiales, retraído en la expresión de la personalidad (...) Mas Borges, siendo un escritor versátil y, sobre todo, lingüísticamente competente o más bien erudito, también usó una expresión coloquial en su conocida obra referente al mundo de los cuchilleros y compadres, como Hombre de la esquina rosada".
253 I. Abelar, Alegorías de la derrota: la ficción postdictatorial y el trabajo del duelo, Santiago de Chile, 2000, p. 132.

lar, fue la norma para el grupo de escritores que rodeaban a Borges[253].

En esta tesitura entre lo arrabalero y lo elegante se movió siempre Borges que discrepó de que el español de la metrópoli fuera el acertado para la expresión por sus condicionamientos expresos y alimentó una polémica extraordinaria con Américo Castro y otros. Por supuesto, tampoco estaba de acuerdo con este lenguaje de orilleros que aparece en Hombre de la esquina rosada, que algunos escritores querían introducirlo para darle color local a sus obras ni con el habla de los inmigrantes que bastardeaban el idioma, pero lo cierto es que

Lo que más le importaba en ese momento, con todo, era afirmar la prioridad de la "heterogénea lengua vernácula de la conversación porteña" en su inspiración literaria, como lo dice en su prólogo a Luna de Enfrente. Borges está afirmando de esta manera la supremacía de lo porteño contra lo no porteño (...); asimismo, establece el poder cultural de su clase social contra la ralea cocolichesca de los inmigrantes. Como lo ha advertido Olea Franco, el fiarse a los recursos de la conversación porteña para asentar valores literarios significativos implica la capacidad de abandonarse a inflexiones instintivas que no pueden ser adquiridas o copiadas. Sólo los porteños de rancia prosapia ejercen naturalmente esta norma, que excluye por igual a los españoles autoritarios, a los provincianos reaccionarios y a los italianos advenedizos. Interpretado de este modo, el programa de Borges es a la vez nacionalista, unitario y burgués y, como puede preverse, es también un programa ganador; tan es así

254 A. Di Tullio, "El idioma de los argentinos: cultura y discriminación", [en línea], Dirección URL: <www.lehman.edu/ciberletras/v06/bordelois.html> (Consultado el día 7 de septiembre de 2009).

que en realidad, éste programa nos ha regido hasta nuestros días[254].

En las primeras palabras Borges, con una voluntad evidente de que el lector visualice la situación, ha introducido a todos los personajes y su «espacio social». Francisco Real no es del barrio que visita. Rosendo Juárez es un «mozo acreditado», «de los que pisaban fuerte». Y el Corralero es un hombre de «tantas mentas», es decir, muy nombrado. Expresiones de tiempo como «arriba de tres veces», donde «arriba de» tiene el significado del intensificador 'más de'; «Tan luego», que significa después; «recién después», más tarde…

La mayor parte de los términos y expresiones que siguen, por tanto, son propios del lunfardo. Entre ellos hay múltiples referencias a la actividad realizada o a cualquier tipo de actos llevados a cabo, acciones y también oficios como sabía tallar; guitarrear o improvisar con desconocimiento total; sabía llegar de lo más paquete al quilombo: por sabía llegar con desconocimiento al prostíbulo; planazo (golpe dado de plano con la hoja de un arma); iba a los barquinazos (desliz de la mujer); írsele encima (echarse encima); la atropellada (el acometicimiento, la embestida); arriarlo (aquí no se trataría obviamente de echar la velas sino echarlo de un lado a otro); atajaba los golpes (aseguraba los golpes); hacer espaldas (estar apoyado); pechar (pedir, dominar, alcanzar); carnear (descuartizar una res); meter música (tocar); aviar el hombre (desarreglar o desnudar el hombre); bailongo (baile, aunque también puede ser desorden o pelea); biaba (paliza); tener zoncera (tener algo de poca importancia)…

La mujer, que no tiene entidad en un mundo gobernado por los hombres, es llamada china; pero existen otros términos referidos a personas como menta: fama, voz u opinión acerca de alguien; referido al físico: cara esquinada, con experiencia; musicante: músico; moro, soldado que guarda la cárcel; chamuchina, chusma; bolacero y balaquero, mentiroso, pero también fanfarrón; yuyo, hierbajo; guacha, mujer de mala vida... Hay también expresiones relativas al ámbito de la personalidad o el comportamiento como si la soledá juera un corso, donde corso significa locura.

Existen también algunos arcaísmos o expresiones empleadas en castellano hasta el XIX y en la lengua oral hasta muy avanzado el siglo XX en zonas rurales: naide o naides (nadie).

Sobre objetos y cosas podemos encontrar placero (coche de plazas); crencha (cabellera rústica); beberaje (bebida alcohólica)... Sobre el tamaño: galopón, una pechada poderosa a la puerta. Frases hechas de carácter distributivo: jué ver... y jué venírsele. Hay cambios en algunas grafías: la ge por la jota: alijeraron (aligeraron); la equis por la ese: esplicar (explicar).

Pero, sobre todo, donde existe una mayor incidencia es (aparte de los lexemas a los que hemos hecho referencia) en los fenómenos fonéticos que lo emparenta con las hablas andaluzas:

1.El cambio de timbre en algunas vocales: guerriar (guerrear), peliar (pelear), pisotiando (pisoteando), aporriao (aporreado), loquiar (loquear o hacer locuras o divertirse), forcejiaba (forcejeaba)...

2.Caída de la dental sonora final de palabra como en andaluz: soledá (soledad); usté (usted); amistá (amistad); entrá (entrad); abrí (abrid); pare (pared), en este caso con cambio en la acentuación, y deja de ser oxítona para pasar a ser paroxítona.

3.Pérdida de la dental entre vocales: aporriao (aporreado), estao (estado).

4.Aspiración de la labiodental fricativa sorda: juera (fuera), jué (fue), jui (fui), ajuera (afuera), dijunto (difunto).

5.Nasalizaciones en el interior de palabra y en posición implosiva: dende (desde).

6.Pérdidas diversas de consonantes y, en algunos casos asimilación: pal baile (para el baile), pa (para), m´hija (mi hija).

7.Seseo: salivasos (salivazos).

8.Epéntesis de la bilabial entre vocales: traiba (traía)

9.Prótesis vocálica: asegún (según).

10.Desaparición de grupos consonánticos: oservé (observé).

 Desde el punto de vista gramatical existe una falta de concor-
dancia en el número entre el adjetivo indefinido y el nombre al
que modifica, y también desde el punto de vista del género: cua-
lesquiera cuneta (cualquier cuneta). Expresiones de tipo popular: la cosa es que, lo más feliz, el primer sucedido...

XI

ETCÉTERA

Etcétera es el primer acercamiento que realiza Borges al llamado "relato fantástico" pero también es un conjunto de historias que deben ser contempladas desde el ámbito de la intertextualidad y leerlas implica no sólo un acto de intertextualidad
también sino de creación subjetiva al mismo tiempo. Sus componentes fueron tildados de hecho como "relatos de magia"[255]:

> *Borges´s tales impose a certain rigor and laberynthine structure on the rea-
> der´s reconfiguration of them, constitute miniature taste cases for a pheno-
> menological approach to mistery because they seem like textual worlds
> enclosed within their intricate structures. In highly artificial such as these,
> can we still talk about the world in the fiction? Is mystery —as least in the
> case of Borges- finally only a particular kind of verbal game?*[256]

Se trata de alegorizaciones, relecturas, reescrituras de textos
anteriores que a la nueva luz del proceso histórico del texto lite-

255 H. Gil Navarro, "Poética de Historia universal de la infamia" en Rafael
Olea Franco (Editor), In memoriam. Jorge Luis Borges, El Colegio de México,
Centro de Estudios Lingüísticos y Literarios, México, 2008, pp. 55-78 [70-71].
Afirma la autora que "si ciertamente este primer acercamiento al género no tuvo
la repercusión que años más tarde logró la famosa Antología de la literatura fan-
tástica de 1940 que Borges realizó junto con Bioy Casares y Silvina Ocampo, no
puede olvidarse, sin embargo, que ya un lustro antes, Borges comenzaba a rede-
finir lo fantástico transgrediendo los modelos hasta entonces en boga".
256 T. Weiss, "Mystery in a jellabah: Cultural worlds in Borges´s Historia
Universal de la infamia" en Analecta Husserliana, Mystery in its passions.
Literary explorations (Anna-Theresa Tymieniecka, edit.), Kluwer Academia
Publishers, Netherlans, vol. LXXXII, 2004, p. 85.

228 | La infamia como sinfonía estética

rario alcanzan un nuevo sentido:

> Así como el laberinto del mundo, en Borges, supone un recóndito orden, la estructuración aparentemente caótica de esta obra, con un título designativo de la universalidad y una sección denominada Etcétera, supone el desafío de un oscuro orden, a sugerir una lectura alegórica, pasible de detectar una pluralidad y una jerarquía de sentidos[257].

Y en última instancia, estas historias sugieren que no hay nada finito:

> *The fact that this "and otherwise" is constituted by translations and readings further suggests the forms of an ending that is not definitive. Several of the parables show the only possibility of an epic or finite ending to be precisely a display of magic, a "(mis) respresentation" that its observers are all too willing to believe*[258].

Lo fantástico ha sido un elemento preciso en el magma retórico de Borges como ya advirtió en "Tlön uqbar, orbis tertius" cuando decía que "la literatura de Uqbar era de carácter fantástico y que sus epopeyas y sus leyendas no se referían jamás a la realidad"[259]. De hecho, en "El milagro secreto" el escritor Hadlik defiende la idea de que la irrealidad es una condición del arte (y se refiere en concreto a la poesía). Su distinción es evidente y su relación con lo secreto y la magia también. Una literatura en la que abundan los elementos ideales, en donde los

---

257 M. da Penha Campos Fernandes, Jorge Luis Borges: la alegoría irónica y los sentidos de la historia (Un manual de iniciación), Ediçoes Ecopy, Porto, 2005, p. 48.

258 K. Jenckes, Reader Borges after Benjamín. Allegory, afterlife, and the writing of history, State University of New York Press, 2007, p. 92.

259 Borges, "Tlön", op. cit., p. 317.

poemas famosos están compuestos por una sola enorme palabra, en un lugar donde nadie cree en los sustantivos. Hay una suerte de idealismo en Uqbar que lo invade todo hasta el punto de que no se busca la verdad ni la verosimilitud sino el asombro. Un lugar en donde los libros de ficción tienen un solo argumento con todas las permutaciones posibles. En donde todo se duplica como en un espejo.

No todas las historias que componen Etcétera en la edición que manejamos tuvieron su origen al mismo tiempo. En Diario Crítico (1933-1934) aparecieron inicialmente "El brujo postergado", "El espejo de tinta", "La cámara de las estatuas", "El teólogo" y "Dos que soñaron". En la edición de 1935 de la Editorial Tor surgen algunos cambios en dos títulos: "Un teólogo en la muerte", (antes, "El teólogo") e "Historia de los dos que soñaron" (antes, "Dos que soñaron"). A ellas se van a agregar en la edición de 1954, "Un doble de Mahoma", "El enemigo generoso" y "Del rigor de la ciencia". En la edición de Prosa Completa de Editorial Bruguera (1980) que manejamos se han suprimido "El enemigo generoso" y "Del rigor de la ciencia"

---

260 En el "Epílogo" de su obra El hacedor, en la edición de 1960, decía Borges sobre los textos recogidos en la obra que se trataba de misceláneas que el tiempo había compilado y no él, "piezas pretéritas que no me he atrevido a enmendar, porque las escribí con otro concepto de la literatura". En este sentido ha de ser entendida la introducción de piezas como "El enemigo generoso" y "Del rigor de (en) la ciencia", que tenían menos sentido en su obra "Etcétera" formando parte de Historia Universal de la Infamia, pues parecían extemporáneas o fuera de ubicación. Más sentido lo tienen en esa miscelánea a la que alude Borges. De hecho califica esta obra de El hacedor como "colecticia y desordenada silva de varia lección" y en su valor de miscelánea han de ser contempladas las susodichas obras suprimidas.

230 | La infamia como sinfonía estética

(que aparecerán, en el segundo caso con una preposición cambiada "Del rigor en la ciencia", en la obra El hacedor, 1960)[260].

El título que le da a la compilación de estas breves historias, Etcétera, revela cierto desdén pues el término encierra el sentido de "resto de una exposición o enumeración que se sobreentiende". Una displicencia en el título que no va en consonancia con los textos que siguen, que forman parte del ideario estético de Borges y de su alegorización de la realidad, de sus mitos y preocupaciones vitales. Pero este distanciamiento del título, lo es también un distanciamiento vital, el mismo con el que contemplaba el mundo y sus creaciones, su propia existencia:

> The title of the section itself is enough to suggest an ending that is neither finite, transcendent, nor epic but one that leads to an ongoing alterity: "cetera" means "for the rest" or "otherwise". The fact that this "and otherwise", is constituted by translations and readings further suggests the form of an ending that is not definitive[261].

Mucho tienen que ver las historias de Etcétera con la traducción y la lectura, con la recreación libresca, con el lúdico juego de intertextualidades y de hipocampos, pues todas ellas llevan al final entre paréntesis un comentario bibliográfico sobre el libro o la obra literaria que ha servido de inspiración a la misma o su procedencia última como fuente inspiradora:

> Etcétera es una articulación predilecta de Borges, que se observa no sólo en la Dispositio general del volumen sino en cada uno de

---

261 K. Jenckes, Reading Borges after Benjamín: allegory, afterlife, and the writing of history, University of New York Press, 2007, p. 92.
262 Kliengut de Abner, Marcel, op. cit., p. 284.

los títulos interiores en los que pueden distinguirse tres categorí-
as: el nombre propio y la calificación binaria de su índole[262].

En total son seis historias que llevan los siguientes títulos y la
correspondiente procedencia:

1. "Un teólogo en la muerte" que procedería de Arcana coelestia de Emanuel Swedenborg.

2. "La cámara de las estatuas" del Libro de las 1001 noches,
noche 272.

3. "Historia de los dos que soñaron" del Libro de las 1001
noches, noche 351.

4. "El brujo postergado" del Libro de Patronio de Don Juan
Manuel, que lo derivó del árabe Las cuarenta mañanas y las cuarenta noches.

5. "El espejo de la tinta" del libro The Lake regions of
Equatorial Africa de R. F. Burton.

6. "Un doble de Mahoma" de Vera Christina Religio (1771),
también de Emanuel Swedenborg.

Pero mucho tienen que ver estas historias también con la
especial percepción del "realismo irreal" de Borges que transita
los orígenes de Stevenson sobre el concepto literario, de
Browning y de Schwob, un principio de imaginación particulari-
zadora que nace de la economía verbal y el impulso de la reso-
nancia creadora. Un método borgeano que se puede resumir en
lo siguiente:

En el realce sistemático de la historia, a través de una compleja
simplicidad, lograda por la omisión de un discurso explicativo; la

263 Keingut de Abner, Marcel, op. cit., pp. 273-274.

predilección por una moral inclinada al plano estético y el sentimiento de una vida captada en la síntesis de un momento[263].

Todo ella implícita la aseveración de unas vidas fijadas y mar-
cadas, conocidas, y sobre las que presta una atención precisa
hasta el punto de que las convierte en algo distinto, pues ya se
sabe que las repercusiones del lenguaje diacrónicamente sobre
la recepción del lector alcanzan sentidos diversos en el tiempo
y con esta percepción juega Borges, que considera que no sólo
evoluciona la recepción y, en consecuencia, el lector sino también el lenguaje de la obra en sí. En su especial concepción de
la poética narrativa Borges afirmaba que un mismo texto (y eso
parece suceder con los integrantes de Etcétera) puede pertene-
cer a diversos géneros literarios si es leído desde diferentes actitudes a priori:

> En su primera obra narrativa, Historia universal de la infamia
> (1935), Borges lleva a la práctica este postulado estético. En la ter-
> cera y última sección, titulada Etcétera, el autor incluye una ver-
> sión de la Arcana Coelestia de Swedenborg, una obra teológica
> contextualizada ahora en una sección de relatos de magia, lo que
> definitivamente afecta a la actitud a priori de los lectores, quienes
> lo leen como perteneciente al género de lo fantástico[264].

Sin embargo, algunos nos hemos preguntado y nos pregunta-
mos por qué estas historias de Etcétera, ¿qué elementos de relación existen entre ellas y el resto de los grandes infames de esta
HUI? ¿Dónde se consolida la infamia de sus protagonistas? Al
respecto Waisman consideraba que están en la misma estela de
las historias anteriores con las diferencias precisas:

> *There is actually very little difference between the process that leads to the*

264 Gil Guerrero, Poética, op. cit., pp. 59-60.

creation of these texts and to that of the others in Historia universal de la infamia. In both, Borges rereads a previous text, chooses the elements he wants to use for his own text and enacts a series of creative infidelities to form a new version in a linguistically and culturally Argentine context[265].

Incluso algunos, como López Nevado, estipulan que «quizá estos ejemplos de magia no pertenezcan tan propiamente a la historia de la infamia; pero que aún así tienen perfecta cabida en el volumen»[266]. ¿Por qué? , ¿en qué radica la naturaleza de sus actos infames? Esta duda que plantea López Nevado, y resuel ve a su modo, quizá tenga más aristas en la recepción interpretativa y unos planteamientos más profundos que la simple aseveración, como dice Gil Guerrero:

> ¿Por qué decidió Borges rescribir (=crear) estos fragmentos y reunirlos en una misma sección? La lectura de los diferentes relatos evidencia una característica común que éstos comparten: el uso en sus composiciones de transgresiones de las categorías de espacio, tiempo e identidad[267].

Entendemos que las razones, aparte de las citadas por la profesora Gil Guerrero a los que la profesora Kleingut de Abner llamaba "ejemplos literarios de una modalidad divergente de la infamia"[268], deberían ser entendidas como ejercicios de estilo y percepciones últimas de su forma de entender el mundo, una forma en la que la realidad es tan amplia como su valor inter-

---

265 S. G. Waisman, Borges and translation. The irreverence of the periphery, Associated University Presses, Danvers, Massachussetts, 2005, p. 92.

266 López Nevado, "Borges", op. cit.

267 Gil Guerrero, Poética, op. cit., p. 115.

268 Kleingut de Abner, Marcel, op. cit., p. 279.

pretativo y en las que los infames llegan desde Melanchthon hasta el falso Mahoma.

Arcana coelestia[269] de Swedenborg inspira la historia "Un teólogo en la muerte", una obra sobre la que existía una referencia evidente:

> Se recordará que "Un teólogo" aparece en la antología de la literatura fantástica que Borges con A. Bioy Casares y Silvina Ocampo publican en 1940, y donde es destacado en la introducción como uno de los relatos que serán inolvidables (Bioy Casares, 13). O sea que, en concordancia con su comentario al libro de Leslie D. Weatherhead, se desprende que Borges consideró a Swedenborg como maestro del género fantástico, y de

269 Arcana coelestia, quae sunt en Scriptura Sacra seu Verbo Domini, detecta (o "Celestial Secrets") es la primera gran obra de Swedenborg de su periodo teológico. Fue escrita y publicada en Neolatín, en ocho volúmenes, un volumen por año, desde 1749 a 1756. Se trata de una exposición del sentido de los libros Génesis y Éxodo. El hecho cardinal de su vida humana ocurrió en Londres, precisamente unos años antes, en una de las noches de abril de 1745. Swedenborg mismo lo ha denominado el grado discreto o grado de separación. Lo precedieron sueños, plegarias, períodos de incertidumbre y de ayuno y, lo que es harto más singular, de aplicada labor científica y filosófica. Un desconocido, que silenciosamente le había seguido por las calles de Londres, y de cuyo aspecto nada sabemos, apareció de pronto en su cuarto y le dijo que era el Señor. Directamente le encomendó la misión de revelar a los hombres, ahora sumidos en el ateísmo, en el error y en el pecado, la verdadera y perdida fe de Jesús. Le anunció que su espíritu recorrería cielos e infiernos y que podía conversar con los muertos, con los demonios y con los ángeles. Kant mostró interés por Arcana, y después de haberla leído manifiesta su escepticismo y afirma que lo que escribía Swedenborg era una sarta de disparates".

270 J. C. Piñeyro, "La degradación de Swedenborg en el discurso borgeano", [en línea], Dirección URL: </www.letralia.com/ed_let/borges/ensayo/pineyro.htm> (Consultado el día 15 de octubre de 2009).

ahí que con él no haya cometido esa omisión que dice haber cometido con otros pensadores[270].

Comienza Borges o Swedenborg la historia con la muerte de Melanchton (entendemos que Philipp Melanchthon[271] –tierra negra en griego-, seudónimo de Philipp Schwartzerdt, nacido en Bretten el 16 de febrero de 1497 y fallecido en Wittenberg el 19 de abril de 1560, fue un reformador religioso y erudito alemán), jefe de la iglesia luterana tras la muerte de Lutero. Desde el comienzo no sólo existe una alegorización sobre el tema de la muerte sino una deformación caricaturesca e irónica sobre el ascenso a los cielos de este religioso alemán: «Los ángeles me comunicaron»:

> Este texto, como cabría esperar, tiene fuertes componentes teológicos, sin embargo no quiero subrayar eso, sino el principio: los ángeles me comunicaron, a partir de aquí uno sabe que entra en otro mundo, donde todo es posible[272].

Esta ironización y deformación caricaturesca se prorroga cuando afirma, entre paréntesis, que todos los fallecidos piensan que tendrán una casa igual que en la tierra: «(A casi todos los recién venidos a la eternidad les sucede lo mismo y por eso

271 En 1521 escribió Lugares comunes de la Teología, una disertación en favor de la Reforma protestante, y reemplazó a Lutero como líder de esta causa en Wittenberg cuando su mentor fue confinado en el castillo de Wartburg. En 1530 presentó las Confesiones de Augsburgo, 28 artículos de fe redactados en colaboración con Lutero, primera exposición oficial de los principios del protestantismo. Un año después publicó Apología, en defensa de la Confesión de Augsburgo, profundizando en algunos de sus aspectos específicos en Variaciones (1540). Trato de favorecer el entendimiento entre católicos y protestantes. Y, en consecuencia, los seguidores más estrictos del luteranismo consideraron heréticas sus opiniones. Murió rezando por la unión de las Iglesias "en Cristo". Philipp Melanchthon se convirtió en el principal jefe del luteranismo tras la muerte de Martín Lutero.

272 López Nevado, "Borges", op. cit.,

273 Borges, Etcétera, op. cit., p. 203.

creen que no han muerto)»[273]. Melanchton continúa con su actividad como si nada hubiera pasado y analiza la fe, pero olvida la caridad. Los ángeles le piden explicaciones y responde que no es necesaria la caridad, sólo la fe. Los ángeles, al oírlo, lo abandonan. A los pocos días la casa de Melanchton se hace sombría y todo comienza a «afantasmarse». Insiste sin ceder y como consecuencia es encarcelado y, al dudar sobre su tesis, le permiten la vuelta. Un día al sentir frío se da cuenta de que su casa ya no es la misma que en la tierra, hay objetos desconocidos... y halla a gente que lo adora por su sabiduría. Sin embargo, acaba por aborrecer a estas personas que no tenían cara y parecían muertos. Determinó escribir sobre la caridad, pero, al no estar convencido, las páginas que escribía se borraban. No encontrándose a gusto en la pieza que se hallaba, cuando recibía visitas, llegó a un pacto con un brujo para que engañara a los que llegaban haciéndoles ver que estaba en el cielo. Sin embargo, fue llevado finalmente por los hombres sin cara y el mago hacia los médanos y se convirtió en sirviente de los demonios.

Tanto éste como otros textos de Borges impregnan el sentido de la recepción literaria y la evolución del proceso creador en aras de esa interpretación. Swedenborg[274] es el elemento inicial

274 En la entrevista realizada por Christian Wildner con Jorge Luis Borges en prólogo a la traducción por él mismo realizada de Emanuel Swedenborg, El Cielo y sus Maravillas y el Infierno, Buenos Aires, Editorial Kier, 1991, dice Borges lo siguiente sobre su conocimiento inicial de Swedenborg: "Lo conocí por Emerson. Porque Emerson tiene un libro: "Representative Men". Ese libro está escrito un poco a la manera de 'On Heroes Heroworship and the Heroic In History', de Carlyle, que fue de algún modo su maestro; entonces, él toma distintos tipos humanos. Recuerdo que son: Montaigne o el escéptico, Swedenborg o el místico, Shakespeare o el poeta, Napoleón o el hombre del mundo y Goethe o el escritor. Yo comencé leyendo ese libro. Ese libro lo leí en

del que Borges toma el texto, pero Swedenborg, a su manera, hace también su propia lectura. Su valor de recepción es diferente, sin embargo, al de Borges. Para Swedenborg hay una percepción teológica, para Borges, literaria[275].

En 1980 Borges publica Borges oral, donde se reúnen cinco conferencias que le propuso la Universidad de Belgrano. Uno de ellas llevaba por título "Emmanuel Swedenborg", pero hay

Ginebra en el año 14 ó 5; y luego, mi padre tenía un ejemplar de 'Heaven and Hell', 'Caelo et Inferno'; él lo tenía en una edición de la Everyman's Library. Bien, yo leí ese libro y encargué a Inglaterra los otros tres publicados por la misma editorial. Publicaron cuatro libros de Swedenborg de acuerdo con la Sociedad Swedenborg de Londres. Y luego en francés conozco solamente una versión de 'Caelo et Inferno'. Swedenborg fue a Inglaterra porque quería conocer a Newton, y finalmente no pudo lograrlo, qué raro, eh? Yo he hablado mucho sobre Swedenborg con el pintor y místico argentino Xul Solar, yo era muy amigo de Xul, iba a casa de él en la calle Laprida 1214, y leíamos a Swedenborg, leíamos a Blake, leíamos a los poetas alemanes, leíamos al poeta inglés Swinburne y muchos otros textos".

275 Piñeyro, "Degradación", op. cit. Como nos recuerda "más difícil resulta encontrar la presencia de Swedenborg en el discurso narrativo, aunque podría establecerse un paralelo entre la realidad de Tlön y la realidad de los reinos sobrenaturales visitados por el místico, ya que en ambos universos, los objetos son producto de la proyección de los pensamientos y deseos, ya sea de los tlönianos (OC 1: 439), ya de los ángeles o demonios swedenborgianos (vid. Lamm, 267). También podría verse en "Tres versiones de Judas", una alusión a la teoría swedenborgiana de las correspondencias, cuando en una de las interpretaciones de la traición de Judas, Nils Runeberg reflexiona acerca de una relación entre el orden terrenal y el celestial (OC 1:515).

276 Ibidem, El origen del convencimiento de que Borges fue profundo admirador de Swedenborg se halla, entonces, en declaraciones del propio escritor, como asimismo en la relativa frecuencia con que un lector tropieza con su nombre en las páginas de Discusión (OC 1:236 n); Historia de la eternidad (360); Otras inquisiciones (OC 2:82, 100, 109 n, 126 n, 149); o en las de algunos de los numerosos prólogos que escribiera (OC 4:40, 507, 516). Sin embargo, esta hue-

muchas otras referencias a Swedenborg[276] en su obra a lo largo de los años. Parte de la teoría teológica de este estudioso[277] sueco (que tendrá repercusión en la historia de Borges) es la interpretación de que "nadie es juzgado y llevado al cielo o al infierno, sino que, a lo largo de la vida, uno va preparándose para uno de esos dos destinos póstumos"[278]. Esta idea estará presente siempre en Borges, pero en el fondo lo que trató de conseguir con esta historia unos siglos después fue lo siguiente:

Quizá Borges en este breve relato condensó todo lo que Swedenborg había aportado a la humanidad. Reconozco que es

lla —que no deja de ser esporádica— aparece como referencia erudita entre las múltiples que se manifiestan en los textos de Borges (…) Borges introdujo la obra de Swedenborg en épocas y ámbitos diferentes, y ejerciendo funciones distintas, esto es, como traductor y como conferenciante. Durante la primera época peronista, el escritor se convirtió en un exitoso disertante entre cuyos temas ya se encontraba Swedenborg (Rodríguez Monegal, 356). De estas conferencias no hay manuscritos publicados pero, en 1978, Borges dictó cinco clases (en la Universidad de Belgrano, Argentina), las que fueron editadas en Borges oral (1980), y hoy recogidas en el cuarto tomo de las Obras completas..

277 Según Swedenborg, el infierno y el cielo están en el hombre, que asimismo incluye plantas, montañas, mares, continentes, minerales, árboles, flores, abrojos, peces, herramientas, ciudades y edificios. El Infierno es la otra cara del Cielo. Su reverso preciso es necesario para el equilibrio de la creación. El Señor lo rige, como a los cielos. El equilibrio de las dos esferas es requerido para el libre albedrío, que sin tregua debe elegir entre el bien, que mana del cielo, y el mal que mana del infierno. Cada día, cada instante de cada día, el hombre labra su perdición eterna o su salvación. Seremos lo que somos. Los terrores o alarmas de la agonía, que suelen darse cuando el moribundo está acobardado y confuso, no tienen mayor importancia. Podemos creer o no en la inmortalidad de las almas, pero es indiscutible que la doctrina revelada por Swedenborg es más moral y más razonable que la de un misterioso don que se obtiene, casi al azar, a última hora. Nos lleva, por lo pronto, al ejercicio de una vida virtuosa.

278 O. Ferreri y J. L. Borges, En diálogo, Siglo XXI Editores, México, 2005, p. 75.

una idea algo extrema, pero a Borges le hubiera gustado: que un visionario llenara páginas y páginas de pesadísimos tratados para que un poeta dos siglos después alcanzara la inspiración para tres páginas brillantes.[279]

No obstante, también ha habido críticos que han considerado que la trascendencia de Swedenborg en la obra de Borges no es tal y la reducen considerablemente:

Swedenborg aparece como referencia curiosa e interesante, es decir, marginal, por lo que la influencia que señala una parte de la crítica es más bien un deseo que una realidad textual (…) Por otro lado, y más allá de la intencionalidad del autor real, se ha constatado una intencionalidad degradante manifestada en la forma en que se introduce la obra del místico:

1.Los escritos teosóficos se presentan en un género diferente al del original, transformando así textos religiosos en profanos, de modo que se desconoce la virtualidad sagrada y mística de los mismos, y

2.Si se considera la presentación de Swedenborg en el contexto narrativo (Libro de los seres), se hace evidente que se manifiesta la intención de menoscabar la experiencia mística del mismo, lo que limita la profunda admiración reivindicada por Lawrence.Considerados separadamente, el discurso erudito y el narrativo presentan a Swedenborg desde dos perspectivas diferentes, esbozando una figura anfibológica que posibilita interpretaciones que se adecúan a la visión del mundo de cada intérprete, lo cual explica la sobrevaloración que se ha estable-

279 Hiniare, "Lo que Borges me contó sobre Swedenborg", [en línea], Dirección URL. <http://lamanoblancadelaluna.blogspot.com/2010/02/lo-que-borges-me-conto-de-emanuel.html> (Consultado el día 12 de marzo de 2010).

cido en ámbitos allegados al místico. Considerados en conjunto, ambos discursos se complementan para realizar el artificio retórico de realzar y degradar a la figura representada, relativizando así su valor intrínseco[280].

Consideramos que la historia de Melanchton es una posibilidad más para Borges en la línea de pensamiento de la creación del relato fantástico que se sostiene básicamente, al menos en ese proceso de conformación del mismo a finales del XIX y principios del XX[281], de elementos sobrenaturales, como es el caso que nos ocupa. La infamia de Melanchton es su injustificable posición en torno a la caridad, la razón del amor a los demás y, en definitiva, de la trascendencia de su bonhomía. Pero a Borges le interesa más el personaje por lo que tiene de fuerza dramática, su actitud soberbia y su ignorancia al pretender la existencia cuando ya estaba muerto. Melanchton aparece como un personaje grotesco e impotente ante su destino. En este proceso los espacios adquieren un especial alcance por cuanto coadyuvan en la formación del personaje que si, al principio, goza de un espacio parecido al de la tierra, a medida que su persistencia en la sinrazón de la caridad sucede, los objetos se afantasman e incluso llega un momento en que los aposentos ya no son los mismos de la tierra. La relación espacio-tiempo, que tanta importancia tiene en la obra de Borges, se explicita en estos términos. Su impostura es tratar de escribir sobre la caridad cuando realmente no cree en ella, por eso "las páginas escri-

280 Piñeyro, "Degradación", op. cit.

281 En este sentido es interesante la tesis doctoral de D. Roas Deus, La recepción de la literatura fantástica en la España del siglo XIX, Universidad de Barcelona, 2000.

282 Borges, "Teólogo", op. cit., p. 204.

tas hoy aparecían mañana borradas"[282]. Su escritura es falsa y esa falsedad crea su propia negación del escrito como tal. A partir del momento en que el espacio le resulta inadecuado surge la alianza con un brujo para que lo ayude a mostrar esplendor y serenidad; sin embargo, al final la verdad se impone a la impostura. Su condena a ser sirviente de los demonios es un proceso normal en su elección de un camino en el que la caridad no tiene existencia. La metáfora de Borges apuesta porque el proceso de relación entre tiempo-espacio sea accesible desde cualquier instancia y en su gestación pueda generar el infierno o la gloria. El cielo y el infierno, como decía Swedenborg, están en el hombre; la elección de Melanchton es su propia condena:

Otra vez el mito, viejo productor de sentido, de palabra, da que hablar. Fuera del espacio al que la historia nos tiene acostumbrados, desfasado en el tiempo, extraño, un mito cobra otra intensidad (...) Para el lector, tampoco nada corresponde a su habitación en esta tierra: Melanchton, por un lado, esos hechos medio divertidos, medio desconcertantes, por otro. El humor, además, una amable manera de burlarse de los mitos, de los que los soportan, de los que los construyen y los mantienen, pero también una proposición de relectura. Múltiples sentidos de los mitos que Borges denuncia, no para destruirlos ni para darles una nueva explicación, sino para aprovechar aún más su riqueza. Se otorga, y nos otorga, el derecho de soñar, de lo que uno quiera, de no quedarse a merced de la imaginación de los

283 S/A, "La Argentina en los mitos de Borges", Cuadernos Hispanoamericanos, núm. 505-507, julio-septiembre 1992, p. 403.

otros, que el tiempo ha institucionalizado y disecado[283].

Tanto "La cámara de las estatuas" como "Historia de los dos que soñaron" están inspiradas en la lectura de "Las mil y una noches", libro de extraordinario interés para Borges. En Historia de la eternidad dedicaba un apartado que llevaba por título: "Los traductores de las 1001 noches" con referencias muy eruditas a diversos traductores como el español Rafael Cansinos-Assens. Muchas de sus historias de Ficciones y El aleph también están inspiradas en esta maravillosa obra, cuya trascendencia radica en su valor mágico y fuente inspiradora de una literatura fantástica que él comienza a experimentar en estas historias:

> These tales have distinct features that link them with the magical, Oriental world of Alf Layla wa layla (The Thousand an one nights). The are eminently intertextual, and to read them is to read author who knew The Arabian Nights in several languages, they reference a fictional Oriental world and construct not only an atmosphere but also a certain kind of being and knowing associated with that world[284].

"La cámara de las estatuas"[285] desarrolla la historia de un hombre malvado que se adueñó del poder y rompió una larga tradición de los reyes anteriores (hasta veinticuatro) que, cada vez que morían, añadían una cerradura a un castillo mágico de una ciudad: Ceuta o Jaén, sin precisar. Su curiosidad por descubrir lo que había detrás de aquellas puertas le haría encontrar su propia destrucción. Esta decisión se corresponde también con

---

284 T. Weiss, "Mistery in a jellabah: cultural world's in Borges Historia Universal de la Infamia" en Analecta Husserliana (Ed. A-T. Tymeniecka), Kluwer Academic Publishers, 2004, vol. LXXXII, p. 85.

285 Fue publicada en Revista Multicolor, el año 1, núm. 17, p. 5, 12 de diciembre de 1933, con ilustración de Pedro Rojas.

la de Yakub el Doliente en "El espejo de tinta", en tanto ambos rompen un orden creado. La ruptura de ese orden y el intentar fragmentar el proceso natural de los elementos mágicos o fantásticos engendrará su destrucción. Aquí radicaría la infamia, la maldad, la vileza o el descrédito.

En la primera cámara se hallaron árabes en metal y madera sobre rápidos caballos y potros guardando un orden y silencio. En la segunda, la mesa de Solimán, el hijo de David en piedra verde esmeralda con propiedades mágicas. En la tercera, había dos libros: uno negro, que enseñaba las virtudes de los metales de los talismanes y los días; y, otro blanco, que no se pudo descifrar. En la cuarta cámara, encontraron un mapamundi con todos los reinos, castillos y peligros. En la quinta, un espejo de Solimán en el que se podía ver a toda la familia desde Adán. En la sexta, había un elixir que tenía la propiedad de transformar las cosas en oro. En la séptima, no había nada pero era tan larga que nadie podría atravesarla con una flecha y, en la última, había una leyenda donde decía que si alguna mano abría la puerta los guerreros de metal de la entrada, transformados en carne, se apoderarían del reino. Así sucedió que en el año 89 de la hégira Tárik se apoderó de esa fortaleza y del reino, vendiendo a sus mujeres e hijos y desoló sus tierras. Así se extendieron los árabes por Andalucía:

> History is constructed through a generational transmittance of knowledge and by the addition in every day generation of another lock to keep it safe[286].

La indeterminación del comienzo, "En los primeros días", nos advierte de la entrada en unas aguas misteriosas. Si bien es

286 Jenckes, Reading, op. cit., p. 93.

verdad que, una vez que la contundencia misteriosa de la historia se revele, se indicará el momento exacto: el año 89 de la hégira[287]. El tiempo y el espacio (aparte de la anécdota en sí de la historia) conforman un maridaje que navega en esa misma dirección; de ahí que el lugar (Lebtit, Ceuta o Jaén) coadyuva en ese mismo sentido. Esta indeterminación permite al escritor la libertad de creación y la posibilidad de que ésta no sea destruida por supuestos estudios historicistas al respecto. Estamos ante el reclamo de la ficción y la fantasía.

Su comienzo, en el que se niega tanto el tiempo con el espacio así lo advierten, pero también el primer elemento de la historia: la función de la puerta del castillo. No es para entrar ni para salir sino para estar cerrada. Cualquier lector entiende que la trascendencia de una puerta es su valor de elemento comunicativo. Su abertura o su cerrazón son calificaciones que determinan su efecto existencial. Si una puerta tiene la función de estar cerrada, crea un espacio al misterio. Pero en ese proceso de construcción del misterio, las cerraduras nuevas que cada rey añade son fruto también de ese proceso de construcción ascendente de lo misterioso-fantástico. La ruptura de ese orden fantástico precedente se resuelve con la llegada del "hombre malvado" (del que se salva afirmar que sea rey: "no era de la casa real") que ordena la apertura de las puertas:

The sense of mystery in this story derives for the interplay between the reader's curiosity about what lies behind the locked castle doors and a careful progression of effects. Each details serves the story's end, either introducing a new element of mystery or reinforcing it; in the conclusion, the magical, spectacular aspect of the tales resolves into the quotidian and the

287 El año 89 de la Hégira.

historical. In terms of mystery, the tale a tripartite structure corresponding to the following process of journey: 1) a barring of the way, 2) entry into a hermetic space, and 3) revelation.[288]

El misterio siempre ha tenido su sentido pleno en la ocultación y la oscuridad. La cerrazón de las puertas inciden en su conformación, y de hecho existe toda una amenaza cuando, tras la apertura de la primera puerta, "con la mando derecha", se dice en el relato "que arderá para siempre". El misterio posee un potencial tal que ni todas las riquezas del mundo pueden sustituir su poder. Misterio asociado a la curiosidad en una extraña alianza:

The locked door that the king is warned not to open is a prevalent motif in the Thousands of One Nights, this metaphor is polysemous, but one of its significances would seem to be a universal division between what is known (the present) and what is unknown (the future), and between what is permitted and what is forbidden or what is beyond human limitations. The door is a apt metaphor for the phenomenological quality of mystery itself: a barring of the way, an opening and closing, a concealing and revealing. Mystery has a structure, but this structure depends in part on the readers[289].

La quiebra de este principio básico siempre ha engendrado el maleficio. Así sucede ahora. La alusión a su "astucia maravillosa" (lo que en realidad no es sino empecinamiento en descubrir el misterio que encierra aquella puerta con veinticuatro[290] cerraduras) sólo tiene sentido en el marco de la ironía del descubrimiento. Se resiste a las cuantiosas riquezas que se le ofrecen porque hay algo más importante que el oro: la resolución del misterio, la curiosidad de descubrir, de saber; en definitiva, la

288 T. Weiss, *Translating Orients*, University of Toronto, 2004, p. 27.
289 Ibidem.
290 El número veinticuatro tiene una larga tradición en la numerología y sobre todo en relación con la existencia del día y las vinticuatro horas de duración, así como por ser múltiplo de otros de larga tradición esotérica.

voluntad de conseguir el conocimiento:

> Para el héroe de HUI el pasado, absoluto como el héroe épico tradicional (se entiende absoluto para el lector), debe permanecer sellado (ahora, según Borges, se entiende para el héroe mismo) y no actúa ni para impulsar hacia el futuro, como en la Eneida, ni para renovarse en el presente como en la Iliada. En otros relatos, el cambio de nombre (cifra de la identidad) es otra manera de sellar el pasado, o borrarse a sí mismo junto con ese pasado[291].

La apertura de la puerta se hace con la mano derecha ("que arderá para siempre"), una mano, sin embargo, no maldita. Al menos así es en la tradición cristiana, en la árabe la mano derecha...

Los elementos simbólicos de las siete puertas a las que alude la historia son:

1.Los árabes en metal y madera sobre camellos y potros encabritados que no tocaban el suelo. Pero sobre todo produce espanto "el orden y silencio excelente que se observaba en ellas". Y esto es así porque el orden crea inquietud en tanto no se produce de modo regular sino a través de un proceso racional e inteligente. La racionalidad como elemento que produce estremecimiento frente al desorden que manifiesta menor inquietud. Su mirada va en dirección a poniente (a la Meca, no se dice, pero es manifiesta la alusión).

2.La mesa de Solimán con sus poderes mágicos escondidos también genera principios elementales para la continuidad de la existencia: serena las tempestades (el peligro físico), mantiene la castidad del portador (la castidad y la pureza como bienes grandes y preciados), ahuyenta la disentería y los malos espíritus (la

291 Gallo, "Unidad", op. cit., p. 243.

enfermedad), decide favorablemente un litigio (la justicia) y es de gran socorro en los partos (el nacimiento a la existencia).

3.El libro (como elemento mágico donde los haya) es el tercer elemento a tener en cuenta. A través de dos formas: el libro negro y el libro blanco. El primero (en relación más con la magia negra) enseña las virtudes de los metales de los talismanes y de los días, la preparación de los venenos y de los contravenenos. El libro blanco, irónicamente, no se puede descifrar, "aunque la escritura es clara". ¿Por qué no se puede descifrar? Formaría parte de la magia blanca[292].

4 Un mapamundi con los reinos y los peligros.

5.El espejo (como la mesa obra de Solimán). Siempre ha sido un elemento extraordinariamente mágico en la tradición. En esta obra su contemplación en su luna hace que se vean los padres y los hijos desde el primer Adán hasta "los que oirán la Trompeta".

6.El elixir que convierte en oro la plata.

7.El vacío como elemento mágico.

El motivo del sueño y su trascendencia en cuanto complemento de la realidad (elemento fantástico donde los haya) alcanza su voluntad literaria en "Historia de los dos que soñaron", donde logra el valor de orden intemporal (por cuanto la riqueza vuelve al que ya la poseyó, restableciéndose un orden roto) sino también en cuanto compensación de equilibrios o como catarsis o revelación, en muchas ocasiones asociado al agua, como en este caso preciso.

Según Víctor Bravo el sueño es para Borges uno de los ámbitos referenciales más reiterados respecto a la realidad del mundo

---

292 Gallo, "Unidad", op. cit., p. 243.

y existen en él dos visiones precisas según un razonamiento aristotélico:

> El mundo es un sueño de alguien, por ejemplo de un Dios menor; y el sueño es una realidad, por lo tanto el mundo puede ser un sueño[293].

El sueño no posee un ámbito irrealizable. Teoría que postula y defiende más explícitamente en "Tlön Uqbar, Orbis Tertius" (de Ficciones, 1944) con el motivo del espejo y la enciclopedia como ámbitos más precisos. En "Las ruinas circulares" esa visión en torno al concepto del sueño llega a través del hombre que nadie ve desembarcar en la unánime noche y "sabía que su inmediata obligación era el sueño"[294]. Conocía que los habitantes de la región habían "espiado con respeto su sueño" y esperaban o temían su magia. Este hombre sólo tenía por objeto vital dormir y soñar. Porque en el sueño estaban las respuestas a sus fantasmas:

> Comprendió que el empeño de modelar la materia incoherente y vertiginosa de que se componen los sueños es el más arduo que puede cometer un varón.[295]

Y esa respuesta definitiva le advertirá que también él es materia de sueño, pues "comprendió que él también era una apariencia, que otro estaba soñándolo"[296].

En "El milagro secreto" el escritor checo Hladik pretende sal-

---

293 V. Bravo, El orden y la paradoja. Jorge Luis Borges y el pensamiento de la modernidad, Beatriz Viterbo Editora, Rosario, 2004, p. 143.

294 Borges, "Las ruinas circulares" en Ficciones, op. cit., p. 342.

295 Ibidem, p. 343.

296 Ibidem, p. 346.

varse de la muerte a manos de los nazis gracias a las noches de sueño; en esta obra Borges también había dicho que los sueños pertenecían a Dios y que Maimónides había dicho

> Que son divinas las palabras de un sueño, cuando son distintas
> y claras y no se puede ver quién las dijo[297].

Pero esta temática estará especialmente presente en "El sueño de Coleridge" (de Otras inquisiciones, 1952) cuyo texto comienza a multiplicarse y germinar en el sueño[298]. Tras analizar diversos sueños nos llega a hablar sintéticamente de la posibilidad de la existencia de un arquetipo no revelado a los hombres:

> Quizá la serie de los sueños no tenga fin, quizá la clave esté en
> el último. Ya escrito lo anterior, entreveo o creo entrever otra
> explicación. Acaso un arquetipo no revelado aún a los hom-
> bres, un objeto eterno (para usar la nomenclatura de
> Whitehead), esté ingresando paulatinamente en el mundo[299].

Su valor nace de su condición. En la literatura oriental, los sueños son evidencias, forman parte de su propia cultura. A Borges siempre le fascinó este poder de los sueños que en escritores como Calderón, Shakespeare, Coleridge, Nietszche o Freud había alcanzado evidentes repercusiones. María Gabriela Rebok ha estudiado

297 Borges, "El milagro secreto" en Ficciones, op. cit., p. 417.
298 En esta obra Coleridge logra, gracias al sueño, crear un poema de tres-cientos versos. También refiere el caso de Havelock Ellis que soñaba que el Diablo ejecutaba en el violín una prodigiosa sonata. O el caso de Stevenson, a quien un sueño le dio el argumento de Olalla y el de Dr. Jekyll y Mr. Hide. Pero hay muchas más referencias a los sueños, como el del emperador mongol del siglo XIII que sueña un palacio y lo edifica conforme a la visión. Borges se encuentra realmente encantado con todos estos ejemplos que trascienden lo racional y amplían el concepto de realidad.
299 J. L. Borges, "El sueño de Coleridge" en Otras inquisiciones, op. cit., p. 146.

este ámbito en diversas historias de Borges y afirma lo siguiente:

> "Todo sucede con una razón estética", acota Borges en su diálo-
> go con Ferrari– y ello incluye a Dios y a los dioses. Por lo cual
> habría que pensar en una teología estética. Una capacidad estéti-
> ca señera es el soñar, que se corresponde con la "esencia soñado-
> ra de la vida" proclive al amor-donación. Así, toda literatura
> empieza por lo fantástico, es decir, a partir de los sueños (…) El
> sueño es invención poética y descubrimiento, un juego de la liber-
> tad y de la imaginación. Pero un juego peligroso, porque se juega
> con el destino. Platónicamente se dice que es el alma la que en el
> sueño se libera del cuerpo. Sin embargo, cabe conjeturar que bien
> puede ser que dicha libertad se contagia al cuerpo, lo cual permi-
> te comprender en parte esas experiencias oníricas de una insólita
> libertad del cuerpo, una suerte de cuerpo etéreo que, por ejem-
> plo, vuela, transita otros espacios y confunde los tiempos. El
> sueño tiene su propia fecundidad, sale en busca de explicaciones
> y del relato. Como la vida, espeja la infinitud en cada cosa, y cum-
> ple así con su labor vincular[300].

Según Borges en "Historia de los dos que soñaron", cuenta el historiador arábigo El Ixaquí que había un hombre en El Cairo de nombre Mohamed El Magrebí que perdió todas sus riquezas por su liberalidad y magnanimidad estando forzado a trabajar para sobrevivir. En uno de sus sueños un hombre empapado que sacó de su boca una moneda de oro le dijo que en Isfaján (Persia) tendría su fortuna, pero nada más llegar es detenido,

---

300 M. G. Rebok, "Entre el espejo y el sueño" en Criterio, núm. 2243, septiembre 1999. También este texto, recientemente publicado por la gaceta de cultura Idea viva, fue presentado en Austria, en el VII "Encuentro de Escritores.
Borges en Viena", título que dio tema a esa reunión, realizada en marzo y organizada por el Österreichisches Lateinamerika-Institut (Instituto Austríaco para
América Latina) y la Biblioteca Nacional de Austria.

encarcelado y apaleado por el capitán de la policía. Ante la pregunta de qué hace en Persia, Mohamed responde que por un sueño. El policía le llama ingenuo y se mofa de él porque él había tenido un sueño en el que aparecía una casa de El Cairo, y un jardín con una fuente bajo la que había un tesoro. El policía se apiada de él, lo echa de la cárcel y le da unas monedas, ignorando que gracias a ello, Mohamed, una vez en casa realmente se haría rico:

> In this tale mystery concerns the nature of dreams and the divine; the intentionality of Allah , who seems to employ suffering and misdirection as part of the intrigue, seems inscrutable. It would appear that Allah like hermeneuticists such as Paul Ricoeur, prefers la 'voie longue', or the long road to meaning (Le conflict des interpretations 20), that is to say, the Cairoan can understand his dream (or subjectivity) only by way of the journey he takes and his interpretation of another man's dream[301].

La historia se sostiene sobre el principio de que los sueños tienen existencia real y el que cree en ellos logra su objetivo. Pero, en este caso concreto, la riqueza vuelve a aquel que ya la poseía con anterioridad si acaso como compensación a su liberalidad y generosidad.

Pero también en el sueño existe una vocación de ordenar el mundo si este se había desequilibrado o roto. Mohamed el Magrebí era un poseedor de riquezas y cae en la pobreza. El sueño, como elemento de orden, restablece este equilibrio roto, y ordena un destino. Su creencia en el sueño, salva a Mohamed el Magrebí; su no creencia, como le sucede al capitán de la policía, lo mantiene en su vulgaridad. Sin embargo, las certidumbres en los sueños no se sostienen por sí mismas (como en general

301 Weis, Traslating, op. cit., p. 29.

en la cultura oriental existe un elemento positivo-negativo incardinado en cualquier toma de posición) y la creencia en el sueño no lo salva.

Previamente, Mohamed el Magrebí (como todo iniciado) debe soportar una serie de sacrificios: largo viaje, los peligros del desierto y las naves, de los piratas, de los idólatras, de los ríos, de las fieras y de los hombres. También debe sufrir la cárcel y los azotes con varas de bambú; incluso la mofa del capitán de la policía. Después de haber sobrellevado todas estas adversidades, Mohamed el Magrebí ha merecido una "purificación" necesaria y, en consecuencia, está preparado para alcanzar el sueño reparador: la riqueza. Este transcurso es habitual en las leyendas épicas de todas las culturas con las que también posee elementos de interacción esta historia y forman parte del paisaje creativo de las mismas. Algunos han visto también en este proceso iniciático el de cualquier religión en su tránsito de crecimiento, con sus líderes espirituales correspondientes:

> *The tale, then, is an allegory of life for devout Muslim: follow the dictates of Allah, and you will be rewarded in the end is its message. Here, then, the cultural context seems to play an important part in guiding our interpretation of this tale, establishing the particular emphases of the moral. This particular cultural context, if the reader has the capacity to enter it imaginatively, orients the hermeneutic of mystery*[302].

El motivo de la magia y la codicia-generosidad sostiene el entramado narrativo de "El brujo postergado"[303], inspirado en Las cuarenta mañanas y las cuarenta noches, texto árabe del que

---

302 Ibidem.

303 Fue publicado en Revista Multicolor, año 1, núm. 4, p. 8, el día 2 de septiembre de 1933, con ilustración de Rodríguez Molas. Interesantes son los estudios de J. Bobes Naves, "El valor semántico del tiempo en el cuento de don Illán, de don

pasará al Libro de Patronio de Don Juan Manuel en su cuento
XI:

> *The temporal and geographic displacements are foregrounded by Borge´s
> acriollamiento of this medieval text. Furthemore, at the end of the story,
> in the parenthesis in which the source is named Borges points out that don
> Joan Manuel also had a pre-text from which he drew (...) As a mins-
> translation of a minstranslation, "El brujo postergado" exemplifies
> Borge´s formulation of literature*[304].

Ese es sin duda el origen y los cambios producidos en el
mismo son evidentes hasta el punto de que algunos consideran
que la versión de Borges es tan diferente que se puede hablar de
una historia distinta:

> A pesar de la fidelidad que guarda con respecto a su fuente,
> diferencias más importantes que variantes morfológicas o léxi-
> cas separan el texto de Borges del de don Juan Manuel. Acaso
> la más evidente sea la impuesta por el título.[305]

Sin embargo, Borges contaba en un programa de televisión en
1979 que el cuento, al que se refería como "el cuento de las perdices", lo había oído de pequeño en boca de su padre y años
más tarde decidió reescribirlo sin haber leído el texto de don
Juan Manuel[306] ni la versión que hizo Azorín de éste. No obstante, Gil Guerrero no cree en demasía estas declaraciones de

---

Juan Manuel", en Archivum, núm. 36, 1986, pp. 163-185; C. González, "Don Juan
Manuel y Borges: 'El gran maestro de Toledo' y 'El brujo postergado', dos versiones de un ejemplo", en Ínsula, núm. 371, 1977, pp. 1 y 14.

304 Waisman, Borges, op. cit., p. 93.

305 Así lo afirma M. A. Diz, "El brujo de Toledo, Borges y don Juan Manuel"
en MLN, Vol. 100, núm. 2, Hispanic Issue (Mar., 1985), pp. 281-297 [281].

306 Así lo refiere Gil Guerrero, "Poética", op. cit. p. 72.

Borges porque afirma que su texto coincide mucho con el de don Juan Manuel para no haberlo leído. Considera que el atractivo de esta historia se revela a través de la derivación de lo fantástico que en él se conduce, tan atractivo para Borges.

En la versión de don Juan Manuel existe una intención moralizadora final que había sido vista durante el siglo XVII por Gracián como una ponderación de la ingratitud de los que "levantados a gran fortuna se olvidan de sus amigos y aun corresponden con agravios a los mismos que les ayudaron a subir". Y que Jolles[307] percibía como la inducción hacia un compendio de moral de corte harto ingenuo que nos anunciaba la continuidad en la forma del cuento de hadas. Pero también debe ser entendida esta historia de don Juan Manuel en el sentido apuntado por Luis Galván:

> El cuento de don Illán es, en fin, una respuesta al entorno histórico y a un reto de carácter literario. En primer lugar, se enfrenta con las tensiones producidas por la situación de la Iglesia y el comportamiento de ciertos eclesiásticos (…) Ahora bien, tales choques no sólo contrariaban las ambiciones del aristócrata, sino que también abrían un conflicto con convicciones sustentadoras del mundo medieval[308].

Si bien es verdad que desde el punto de vista formal, don Juan Manuel lleva a cabo un "experimento literario para salvar los límites entre los géneros realistas y fantásticos"[309], también es cierto que esa perspectiva moralista la sobrepasa Borges, cuyo valor trata de indiciarlo en torno al concepto de realidad y los

---

307 A. Jolles, Einfache Formen, 2ª ed., Halle, Max Niemeyer, 1956, pp. 173-180.
308 L. Galván, "Horizontes de lectura en el ejemplo XI del Conde Lucanor" en RFE, núm. LXXXIV, 2004, p. 298.
309 Ibidem, p. 299.

elementos mágicos como inmanentes al discurso fantástico, así como una especial tasación de otros componentes que le preocupaban especialmente como el concepto de tiempo: tiempo de la narración, tiempo en la narración, tiempo real y tiempo fantástico: "Borges y Anderson se ocuparon del rigor en la construcción, de la mezcla de la realidad y la fantasía y del juego con el tiempo"[310]. El arte narrativo es consustancial al proceso creador y siempre que estemos en presencia de un texto de Borges surgirá en seguida su especial percepción sobre la realidad y/o la creación novelesca. Precisamente así lo aborda en "El arte narrativo y la magia" (de Discusión, 1932) tras afirmar la inextricable complejidad de los artificios novelescos que difícilmente se pueden desprender de la trama de la obra. A través de ese proceso de concreción revela algunas ideas en las que creía profundamente:

1.El concepto de verosimilitud y la apariencia de veracidad que debe presidir cualquier creación novelesca.

2.En el mundo real a los individuos nos basta la palabra de una persona para que ésta sea creída y esta fe en las palabras también es necesaria en el lector que ha de sentir esa necesidad de creer en las palabras del narrador, sabiendo que existe un pacto ficticio necesario.

3.La importancia de "significar la atracción" narrativa con las palabras adecuadas.

4.La eficacia de la sugerencia y la insinuación (lo esbozado) como elementos esenciales en el proceso narrativo. Y dice Borges citando a Mallarmé:

Nombrar un objeto, dicen que dijo Mallarmé, es suprimir las

---

310 Ibidem, p. 300.

tres cuartas partes del goce del poema, que reside en la felicidad de ir adivinando; el sueño es sugerirlo. Niego que el escrupuloso poeta haya redactado esa numérica frivolidad de las tres cuartas partes, pero la idea general le conviene y la ejecutó ilustremente en su presentación lineal de un ocaso:

Victorieusement fuit le suicide beau

Tison de gloire, sang par écume, or, tempête!

5. El problema central de la novelística es "la causalidad" o concatenación de motivos, explicada en el siguiente proceso, al que llama ley de la simpatía siguiendo a Frazer:

> Que postula un vínculo inevitable entre cosas distantes, ya porque su figura es igual –magia imitativa, homeopática- ya por el hecho de una cercanía anterior –magia contagiosa (…) La magia es la coronación o pesadilla de lo causal, no su contradicción (…) Esa peligrosa armonía, esa frenética y precisa causalidad, manda en la novela también (…) He distinguido dos procesos causales: el natural, que es el resultado incesante de incontrolables e infinitas operaciones; el mágico, donde profetizan los pormenores, lúcido y limitado. En la novela, pienso que la única posible honradez está con el segundo. Quede el primero para la simulación psicológica.

En la historia de "El brujo postergado" los vínculos causales organizan la estrategia de la trama. Surge esa ley de la simpatía a la que se refería Frazer porque hay un vínculo entre cosas distantes (de valor mágico evidentemente) que contaminan la narración hasta hacer creíble la anécdota de la historia. Evidentemente se produce el proceso mágico, lúcido y limitado que tiene en los procesos temporales y la aventura del tiempo unas de las razones que fundamentan esta fábula:

> La dilatación del tiempo vivido por los protagonistas, el deán de Santiago y el mago de Toledo −quienes viven unos minutos como si se tratara de años−, se convierte en el elemento fantástico del relato[311].

Refiere Borges la historia del deán de Santiago y cómo su codicia impidió el conocimiento y los beneficios futuros. El deán de Santiago[312] visita al mago don Illán de Toledo para que le enseñe las artes de la magia. Don Illán lo conduce a un lugar profundamente fantástico (acaso como Cervantes a Don Quijote en la Cueva de Montesinos) ubicado bajo el lecho del Tajo a través de una escalera que conducía a una celda y luego a una biblioteca y a un gabinete con instrumentos mágicos. Este espacio maravilloso es fundamental para iniciar todo este entramado en el que el tiempo se acelera, pues, estando en ello, van a pasar meses y meses aunque no se muevan de esta especie de gabinete-aleph donde tienen lugar todos los acontecimentos. Igual que sucedería en "El espejo de tinta" o en "La cámara de las estatuas", la concentración del tiempo y de todos los acontecimientos en un solo punto y en un solo instante.

311 Gil Guerrero, "Poética", op. cit., p. 72.

312 Sobre esta relación entre Santiago y Toledo (y el lugar de prelación de Toledo dentro de las artes mágicas viene ya de antiguo, como recuerda Galván, "Horizontes", op. cit., pp. 294-295: "Sobre las otras dos ubicaciones del cuento, Toledo y Santiago, ya se han pronunciado investigaciones anteriores. Toledo tenía una larga fama de relación con la ciencia mágica. La pugna entre el mago de Toledo y el deán de Santiago puede representar la existente entre esas dos sedes archiepiscopales, que se decantaba ya a favor de Toledo en el siglo XIII". Y la búsqueda del deán de Santiago de esas dotes mágicas ha de ser interpretada como una salida jerárquica airosa a la sede de Santiago.

258 | La infamia como sinfonía estética

En ese lugar mágico, el deán de Santiago y don Illán reciben sucesivas visitas que le comunican nombramientos encadenados al que llega el deán. Estas visitas entendemos que son instrumentos para el comienzo de ese camino iniciático que ha detener cualquier héroe. Primero el deán será nombrado obispo, después arzobispo de Tolosa, más tarde cardenal y finalmente Papa[313]. Al menos esta es la versión que ofrece Borges (diferente a la original) que está justificada en algunos casos por la tendencia a la simetría y el rigor. Don Illán a cada cargo pide para su hijo un beneficio que el deán aplaza sine die. Una vez elegido Papa, el deán tilda a don Illán de brujo y le obliga a volver a España sin acceder a darle comida para el viaje. Entonces se resuelve "el arte mágica" pues de pronto el deán pasará de Papa a simple deán de nuevo por su ingratitud.

Las diversas versiones (la de don Juan Manuel y la de Borges) también advierten de dos diferencias en el proceso narrativo; si en don Juan Manuel se ha querido ver una especie de prueba, en el caso de Borges se ha querido ver una trampa. En la ver-

---

313 Así es al menos como lo cuenta Borges. En la versión de don Juan Manuel la jerarquía que aparece no es la misma. Mucho se ha discutido al respecto sobre este punto, pues en esa promoción personal es nombrado arzobispo de Santiago, obispo de Tolosa, cardenal y Papa. Don Juan Manuel en esa carrera de ascensos "baja" al deán de arzobispo de Santiago a obispo de Tolosa, cosa que corrige Borges, que habla del obispado de Santiago y el arzobispado de Tolosa. Sin embargo, otros como Galván, "Horizontes", op. cit., p. 296 consideran que "ya se ha demostrado que el obispado de Tolosa supone un avance desde el arzobispado de Santiago, considerando la decadencia de la sede gallega en el siglo XIV, frente al esplendor y riqueza de Tolosa hasta 1317, más la buena conexión con el papado en tiempos de Juan XXII; es decir, implica un progreso no sólo en términos absolutos sino desde un punto de vista culminante que alcanzará la carrera del deán". Elementos de análisis que, evidentemente, no tuvo en cuenta Borges en su historia al cambiar el "valor" último de las sedes eclesiásticas.

sión de don Juan Manuel el mago ofrece al deán muchas oportunidades para realizar su promesa así como la reparación por sus servicios, indicándole los erroes al deán y la reparación a través de la mendicidad; en cambio en la versión de Borges todos los reproches son eleminados:

> *In Don Juan Manuel's story, the failure of an individual to pass a test exemplifies his moral short-comings. In fact, the deacon's visit to a master of dark powers is itself suspect in the original*[314].

Desde el punto de vista formal, también se han visto algunas diferencias perceptibles en el pasaje del universo narrativo de uno a otro:

> El mundo posible de la secuencia englobada tiene propiedades semejantes a la de la secuencia englobante, caracterizada por lexemas vinculados al mundo de la magia y de la jerarquía eclesiástica. En ambos mundos posibles, las isotopías fundamentales son: olvido versus recuerdo y codicia versus generosidad. La transción de un destino a otro está lexicalizado en torno a un verbo —descender- que contrapone los semas de superficialidad-profundidad (...) La secuencia englobada, caracterizada por estructuras sintácticas paralelas, instaura un proceso de mejoramiento efectuado por la expansión de sintagmas y la nominalización del protagonista según el cargo[315].

En la historia existe también un elemento trascendente porque es un elemento esencial de traslación entre un tiem-

---

314 E. Kristal, Invisible work. Borges and Translation, Vanderbilt University Press, 2002, p. 74.

315 L E. Chávez y Mª B. Cóceres, "El destino: un espacio abierto para la percepción simultánea de posibilidades textuales" en XI Jornadas Nacionales de Literatura Francesa, del 13 al 15 de mayo de 1998, Santa Fe, Argentina, p. 338.

po (el tiempo real) y otro (el tiempo mágico que sucede en el subsuelo del lecho del Tajo): las perdices. Don Illán advierte a la sirvienta de que tuviese perdices para la cena, pero que no las pusiera a asar hasta que la mandaran. De hecho, como recuerda Gil Guerrero, "la función de las perdices como elemento intersticial entre dos realidades temporales diferentes será retomada por Borges en relatos posteriores"[316] (por ejemplo, la función del umbral en "El Sur"; también en "El hombre en el umbral" donde "hombre antiguo" está situado entre el presente y el pasado), pero además la dilatación del tiempo en el ámbito mágico permite constatar la fundamentación de la prueba y el fracaso en sus pretensiones del deán de Santiago que se percibe como el infame de turno por su falta de bondad, algo similar (la bondad, la generosidad, el amor al prójimo, la caridad, en definitiva) que producía la razón de ser de la infamia de Melanchton en "Un teólogo en la muerte":

> Como Diz (1985) ya ha advertido, el texto de Borges omite los reproches de don Illán e insiste en las cualidades mágicas de éste, quien "con superioridad y control, sabe que posee la carta definitiva (…) el deán no cumplirá su promesa y el brujo tiene en sus manos el destino final" (1985:290). Dicha preferencia en Borges por el procedimiento mismo se manifiesta ya desde el título. "El brujo postergado" sugiere desde el comienzo la trasgresión temporal, frente al título de don Juan Manuel en el que los reproches del mago de Toledo tras la prueba ganan en importancia[317].

Aunque también es verdad que las razones temporales en el

316 Ibidem.
317 Ibidem, p. 73.

texto de don Juan Manuel también poseen una importancia eminente, como ha visto Escudero Martínez y Hernández Valcárcel, pues su dilatación crea una percepción temporal diferente:

> El gran hallazgo de don Juan Manuel consiste en que el engaño de un tiempo mágicamente dilatado por don Illán afecta no solo al personaje sometido al experimento sino al lector, cuya percepción temporal coincide con el del deán y experimenta la misma sorpresa final que él[318].

De nuevo la magia está presente en su obra siguiente, "El espejo de tinta"[319] (inspirado en el libro The lake regions of Ecuatorial Africa de R. F. Burton[320]) que avanza en otro de los grandes motivos de toda la literatura de Borges: el espejo,[321]

---

318 C. Escudero Martínez y M. C. Hernández Valcárcel, Acercamiento a lo literario. Guía de lectura, Aula de Mayores, Universidad de Murcia, 2005, p. 268.

319 Fue publicado en Revista Multicolor, año 1, núm. 8, p. 3, el 30 de septiembre de 1933, ilustrado por Güida.

320 Entre los traductores de las 1001 noches figuran Eduardo Lane, Mardrus, Littmann, Galland y el cónsul inglés R. F. Burton a quien Borges comenta en "Los traductores de las 1001 Noches" (de Historia de la eternidad, 1936). En ella dice Borges que tiene un prestigio previo con el que no ha logrado competir ningún arabista.

321 Ya decíamos con anterioridad, citando a Rebok, "Espejo", op. cit. que el sueño y el espejo son elementos trascendentales en la obra de Borges y circulan con absoluta normalidad en todas sus obras porque forman parte de su concepción existencial y de su particular noción de la realidad. Dice Rebok que "la relación de Borges con el espejo está signada por el horror de que el espejo se manifiesta dentro de un halo de luminosidad tremenda. En este horror se repite, al modo kierkegaardiano, las originarias experiencias infantiles de miedo a la alteración. El espejo condensa la culminación del predominio y exaltación de la vista en Occidente. Constituye, junto con la escena, el espacio propio del

que es la imagen que produce vértigo y horror, al mismo tiempo que duplica la realidad y es un laberinto, y un símbolo de la perplejidad. A él le dedicó el siguiente poema[322]:

> ¿Por qué persistes, incesante espejo?
> ¿Por qué duplicas, misterioso hermano,
> El menor movimiento de mi mano
> ¿Por qué en la sombra el súbito reflejo?
> Eres el otro yo de que habla el griego.
> Y acechas desde siempre. En la tersura
> Del agua incierta o del cristal que dura
> Me buscas y es inútil estar ciego.
> El hecho de no verte y de saberte
> Te agrega horror, cosa de magia que cosas
> Multiplicar la cifra de las cosas
> Que somos y que abarcan nuestra suerte.
> Cuando esté muerto, copiarás a otro
> y luego a otro, a otro, a otro, a otro...

Renacimiento y de la Modernidad. Es la época del cuidado del vínculo consigo mismo. El yo constituido por la reflexión y su pensar especulativo se erige en fundamento indubitable de lo que es. En consecuencia, plasma un mundo como imagen y objetividad. Se representa en el espejo de la conciencia, capaz también de duplicarse en el reflejo. Pero dicha escisión lo arroja al demonio de la separatividad, termina siendo víctima de una posesión diabólica, con pérdida de lo simbólico. Lo contrapuesto y arrojado enfrente sólo puede reproducir la mismidad solipsista. La conciencia especular muere en el encierro y por asfixia; en todas partes se ve a sí misma". Para más información sobre esta temática, véase J. Alazraki, Versiones, inversiones, reversiones. El espejo como modelo estructural del relato en los cuentos de Borges, Gredos, Madrid, 1977. También J. García Méndez, Espejos abominables. A propósito de la escritura de Borges, Universidad Autónoma de Querétaro, Querétaro, 1984.

322 J. L. Borges, Obras completas, Emecé, Buenos Aires, vol. II, 1989, p. 110.

También podemos leer en "Tlön Uqbar, orbis tertius" lo siguiente:

> El espejo nos acechaba. Descubrimos (en la alta noche ese descubrimiento inevitable) que los espejos contienen algo monstruoso. Entonces Bioy Casares recordó que uno de los heresiarcas de Uqbar había declarado que los espejos y la cópula son abominables porque multiplican el número de los hombres[323].

Así sucederá en "El espejo de tinta", que recoge la atroz muerte de Yakub el Doliente, quien ve en el espejo la suya propia. Y añadía más adelante Borges hablando del espejo con su especial énfasis en el simbolismo propicio:

> Copulations and mirrors are abominable. El texto de la Enciclopedia decía: Para uno de esos gnósticos, el visible universo era una ilusión (o más precisamente) un sofisma. Los espejos y la paternidad son abominables (mirrors and fatherhood are hateful) porque lo multiplican y divulgan[324].

Borges refiere la historia de Yakub el Doliente y su muerte. Yakub fue un cruel gobernador del Sudán que murió el día catorceno de la luna de Barmajat (año 1842). Había diversas versiones sobre su muerte: una decía que el hechicero Abderráhmen el Masmundí lo remató con un puñal o con veneno; otros afirmaban que la muerte natural fue lo más verosímil que pudo acaecer; pero el capitán Richard Francis Burton (autor de The lake regions of Ecuatorial Africa) contó su propia versión sobre los hechos:

Tras la muerte de Ibrahim por voluntad de Yakub, su herma-

---

323 Borges, "Tlön", op. cit., p. 315.
324 Ibidem, p. 316.

no el hechicero Abderráhmen le dijo que si le perdonaba la vida le "mostraría las formas y apariencias aún más maravillosas que la del Fanusí jiyal (la linterna mágica)". Abderráhmen comenzó a mostrarle pruebas de su poder que consistían básicamente en enseñarle "las apariencias del mundo", cosas imposibles de describir. En ese mundo también surgió la figura de un Enmascarado sobre el que conjeturaron quién podría ser. Pero las apariencias del espejo de tinta no lo revelaban. Estando en el catorceno día, Yakub le ordenó su deseo de ver una muerte. Ante esta imposición observaron que el hombre que iba a morir era el del lienzo blanco, el Enmascarado. Sin embargo, Yakub, no satisfecho aún, deseó ir más allá y conocer la identidad del Enmascarado antes de contemplar su muerte. Abderráhmen se negó porque consideraba que sobre él cargarían una serie de culpas, pero Yakub lo eximió de las mismas, haciendo responsable de ellas y ordenándole que le quitara la máscara. Al contemplar al Enmascarado quedó espantado al comprobar que era él mismo quien iba a ser ajusticiado: "Estaba poseído por el espejo: ni siquiera trató de alzar los ojos o de volcar la tinta":

'The Mirrok of ink' teaches that everything in the world is related. If one is cruel with others, one will be dealt cruelty in return; this constitutes a salient message in Oriental tales, but also in folk tales and Greek tragedy, and so one could not argue that this trait in itself is culturally specific. There is something more here, though. The tale particularly illustrates the all-powerfullness of Allah, the final arbiter, and concludes with this culturally specific recitation: 'Glory to Him who endureth forever and in whose han are the keys of unli-

325 Weiss, Traslating, op. cit., p. 31.

mitied Pardon and everlasting Punishment[325].

Hay elementos en esta historia que forman parte ya de una época temprana de la literatura borgeana poblada de mitos, símbolos, leyendas y licencias literarias del escritor argentino. Una de ellas, sin duda es el valor trascendente del aleph en su obra y la relación con el espejo. El aleph en Borges quedó definido en su obra El aleph cuando lo definía del siguiente modo:

> Aclaró que un Aleph es uno de los puntos del espacio que contiene todos los puntos (...) El diámetro del Aleph sería dos o tres centímetros, pero el espacio cósmico estaba ahí, sin disminución de tamaño. Cada cosa (la luna del espejo, digamos) era infinitas cosas, porque yo claramente la veía desde todos los puntos del universo (...) Dos observaciones quiero agregar: una sobre la naturaleza del Aleph; otra, sobre su nombre. Este, como es sabido, es el de la primera letra del alfabeto de la lengua sagrada. Su aplicación al disco de mi historia no parece casual. Para la Cábala, esa letra significa el En Soph, la ilimitada y pura divinidad; también se dijo que tiene la forma de un hombre que señala el cielo y la tierra, para indicar que el mundo inferior es el espejo y es el mapa del superior[326].

Esta relación entre el espejo y el Aleph se evidencia en estas palabras de Borges, donde el espejo no se identificaría totalmente con el Aleph, pero más adelante Borges sí parece relacionarlos totalmente para identificar el espejo con ese punto que contiene todos los puntos, ese lugar que refleja todo el universo:

> Pedro Enríquez Hureña descubrió en una biblioteca de Antos un manuscrito suyo que versaba sobre el espejo que atribuye el

---

326 J. L. Borges, "El aleph" en El aleph, Prosa Completa, Bruguera, Barcelona, Vol. 2, pp. 119-124.

Oriente a Iskandar Zu al-Karnayn, o Alejandro Bicorne de Macedonia. En su cristal reflejaba el universo entero. Burton mencionar artificios congéneres –la séptuple copa de Kai Josrú, el espejo que Tárik Benzeyad encontró en una torre (1001 Noches, 272), el espejo que Luciano de Samosata pudo examinar en la luna (Historia Verdadera, I, 26), la lanza especular que el primer libro del Satyricon de Capella atribuye a Júpiter, el espejo universal de Merlin…"[327]

El espejo en la historia de "El espejo de tinta" es un aleph[328], pues en el círculo de tinta del mismo se puede reflejar todo el universo:

Luego dibujé un cuadro mágico en la mano derecha de Yakub y le pedí que la ahuecara y vertí un círculo de tinta en el medio. Le pregunté si percibía con claridad su reflejo en el círculo y respondió que sí[329].

En el Zohar[330]se cuenta la leyenda de que el aleph, primera letra del alfabeto hebreo, se presentó ante Dios con motivo de la creación del mundo y Dios le asignó el poder de ser la prime-

327 Ibidem, p. 124.

328 Como nos recuerda R. Pérez Bernal, Borges y los arquetipos. Interpretación de tres textos de El aleph según la teoría junguiana, Plaza y Valdés S. A. de C. V. y Universidad Autónoma del Estado de México, 2002, pp. 69-70, "el nombre de Aleph lo extrajo Borges seguramente de La Cábala (…), Cábala significa 'el poder de las 22 letras del alfabeto', o 'el alfabeto de los 22 Poderes'. Se trata de una ciencia judía que rescataron los gnósticos y los cátaros en el sur de Francia, en Cataluña y en Alemania. A través de La Cábala se pretende explicar que todo en el universo se relaciona y que, por tanto, no hay nada que quede al azar".

329 J. L. Borges, "El espejo de tinta" en Obras completas, op. cit., p. 211.

330 Es el libro central de la corriente cabalística. Está conformado por exégesis bíblicas y dividvidas en tres cuerpos o apartados. Analiza el significado oculto de los textos bíblicos.

ra de todas las letras y la única en la que se encontrará la unidad universal, convirtiéndose en la base de todos los cálculos y de todos los actos que se realicen en el mundo:

> El Señor le dijo: Alef, Alef, aunque comenzaré la creación del mundo con la Beth, tú serás la primera de las letras. Mi unidad sólo se expresará a través tuyo, sobre ti se basarán todos los cálculos y operaciones del mundo, y la unidad solamente se expresará por la letra Alef[331].

Y sólo en el aleph se podrá encontrar la unidad. También designa el principio masculino de la dualidad, siendo Beth, el principio femenino de la misma:

> Así pues, al elegir el nombre del Aleph, Borges ya tenía en mente una perspectiva totalizadora. Emir Rodríguez Monegal señala como una de las inquietudes principales en El Aleph el tema de la fusión de los destinos individuales de los personajes en un destino único e impersonal [Rodríguez Monegal: 40/370]. A esta inquietud se añaden la inmortalidad personal y colectiva, el carácter ficticio

Este "espejo" o "aleph" reúne en su finitud toda la infinitud del universo. Ahí radica la gran paradoja. Pero, a la vez se produce lo que Olea Franco llamaba la trasgresión de las dos realidades:

> La realidad aceptada como real en la ficción, en la que se encuentran el hechicero y el tirano, y aquella que se ve en el espejo de tinta, la muerte del mismo. Sucesos ocurridos dentro

---

331 S/A, "Sefer Ja Zohar", [en línea], Dirección URL: <http://www.angel-delaguarda.com.ar/zohar_espaniol/Zohar.pdf> (Consultado el día 1 de agosto de 2010).

332 Olea Franco, Memoriam, op. cit., p. 74.

de esa realidad mágica[332].

Y estos sucesos dentro de la ficción del espejo de tinta afectarán a la realidad más efectiva y concreta pues se producirá la muerte del tirano. Se crea esa especie de simbiosis universo eterno/espacio concreto, por un lado; y, ficción/realidad, por otro. Estos elementos asociados y relacionados en un mismo punto conforman la visión precisa de Borges sobre la realidad, muy diferente a la interpretación al uso, pues los elementos mágicos también alcanzan su sentido propio así como los elementos ficcionales en su valor como entes verosímiles.

Las apariencias del mundo que el hechicero Abderráhmen El Masmundí va mostrando a Yakub el Doliente tienen tanto poder real como la realidad misma de sus crímenes horrendos. Unas apariencias que, si eran momentáneas e inmóviles al principio, se iban haciendo complejas a medida que el proceso iba avanzando. Hasta el punto de que llega un momento que el espejo posee al cruel gobernador.

Es un relato que anticipa otros posteriores con los que está relacionados como ya hemos advertido: "El aleph"..., pero también "El Zahir", "La escritura de Dios" y "El libro de arena". Por ejemplo, en "La escritura de Dios" hay frases tan en relación con esta historia como: "No hay proposición que no implique el universo entero" (entenderíamos aquí la proposición como un espejo o un aleph, en cierto modo), también la idea de que en una palabra de un dios puede hallarse la plenitud... O, por ejemplo, "El libro de arena" en el que se compendia la finitud con la infinitud y la atracción que ejerce lo incomprendido o lo inexplicable, con esa tendencia a rechazarlo cuando no es el compendio de nuestra visión de la realidad:

-No puede ser, pero es. El número de páginas de este libro es

exactamente infinito. Ninguna es la primera, ninguna la última
(...)

Declinaba el verano, y comprendí que el libro era monstruoso.
De nada me sirvió considerar que no menos monstruoso era
yo, que lo percibía con ojos y lo palpaba con diez dedos con
uñas. Sentí que era un objeto de pesadilla, una cosa obscena
que infamaba y corrompía la realidad[333].

Pero todos estos ya estaban asentados teóricamente en las
ideas que había postulado y desarrollado en su primer libro,
Discusión (1932), con textos tan interesantes como "La penúltima versión de la realidad" (con la trascendencia del espacio y
el tiempo), "Una vindicación de la Cábala!" (la hipótesis misteriosa de la divinidad: el Espíritu, por ejemplo), "La postulación
de la realidad" (el concepto de imprecisión como algo tolerable
y verosímil para la literatura), "El arte narrativo y la magia"
(donde defiende el concepto de lo mágico para la novela)...

En su último texto, "Un doble de Mahoma", que fue publicado por primera vez en "Los anales de Buenos Aires" en mayo
de 1946, y añadido en la edición de 1954 de Historia universal
de la infamia, sigue a Swedenborg en Vera Christina Religio de
1771 y plantea una ironización sobre Mahoma con la existencia
de un caballero de Sajonia (doble de Mahoma) convertido al
Islam y reemplazado finalmente. ¿Por qué esta relación entre
Sajonia y Mahoma? ¿Un sajón el doble de Mahoma?:

Here Borgesian irony undermines religious certainties providing at the

333 J. L. Borges, "El libro de arena" en Prosa completa, Bruguera, Barcelona,
Vol. 2, pp. 533-534.
334 E. Kefala, Peripheral (post) Modernity. The syncretist aesthetics of
Borges, Piglia, Kalokyris and Kyriakidis, Ed. Peter Lang, 2007, p. 99.

same time an excellent example of the shifting grounds of subjectivity,
which is quite often manifested by the topos of the double and which one
again constitutes a favourtie theme of Piglia, Kalokyris and
Kyriakidis[334].

A través de un "yo" narrativo que aparece al final del texto
("Me han dicho [...] Yo lo vi"), se parte del principio, acaso
sofisma, de que "en la mente de los musulmanes las ideas de
Mahoma y de la religión están indisolublemente ligadas" y por
ello "el Señor ha ordenado que en el Cielo siempre los presida
un espíritu que hace el papel de Mahoma". Este principio sustenta la historia que a continuación se cuenta en la que uno de
esos delegados (pues no siempre era el mismo) fue un ciudadano de Sajonia que les habló de Jesús como el hijo de Dios y fue
preciso reemplazarlo a partir de ese momento. En la segunda
parte de la historia se dice que "el verdadero Mahoma" no es
visible a sus adeptos, y que fue exiliado al Sur y lo reconocieron
como Dios por instigación de los demonios. El narrador dice
que él vio ese Mahoma traído de los infiernos, "se parecía a los
espíritus corpóreos que no tienen percepción interior y su cara
era muy oscura". Y se hundió al pronunciar "yo soy vuestro
Mahoma":

In the context of this chapter´s analysis, we might read this playful
passage as a the proposition at mystery, like religion, has a univer-
sal aspect and, like the indissoluble connection for Muslims between
Mohamed and religion, a sociocultural aspect[335].

Esta hipérbole alegórica en la que Borges afianza su perspectiva sobre lo fantástico pulsa el instrumento de las visiones que

335 Weiss, Translating, op. cit., p. 35.

los seres humanos tienen en torno a sus dioses y seres mágicos donde los haya. Con absoluta naturalidad la fantasía se adueña del texto, como no podía ser de otro modo, porque en lo tocante a dioses y héroes todo lo es, sin embargo, su percepción cambia pues es como si esa fantasía tuviese una mayor cabida en la realidad. La fantasía de las religiones soportan una verosimilitud que aprovecha Borges para sus propósitos creadores.

El sincretismo del texto, su dimensión ligera como espacio narrativo, no impide la consecución de una serie de procesos constructivos que estaban en la mente del escritor. Si el narrador, en una primera instancia, permanece ausente de la narración (de hecho no sabemos quién es el narrador hasta que aparece la referencia a "me han dicho"), a través de un estilo indirecto que nos invade con un discurso muy lejano a la creación libresca, más en el ámbito de lo ensayístico, después acude para dar la verosimilitud de historia narrada de oídas ("Me han dicho"), para, finalmente, acceder a la primera persona de narrador fehaciente y certero que pretende dar verosimilitud a lo inverosímil de la acción: "En esta ocasión yo lo vi". Esta aseveración induce a pensar al lector que las conjeturas anteriores no admiten dudas ante esta declaración de principios inherente a la vista como elemento de realidad absoluta, puesto que lo visto debe tener, sin ninguna duda, valor real. Pero llama la atención que es precisamente en el momento más inverosímil de todos, cuando Mahoma es traído de los infiernos, cuando el narrador afirma la razón de ser, su afirmación de esa realidad: yo lo vi. El proceso narrativo, a través de esta visión del narrador que pretende estar ausente inicialmente para hacerse presente finalmente en el momento de mayor inverosimilitud, forma parte de la esencia del discurso creador de Borges sostenido sobre el principio de que es real todo aquello que alguien dice que es real, en este caso basándose en los sentidos. Pero no porque realmente él creyera que esto debía ser así, sino porque comprendía que estaba en el discurso receptor del lector. Da esa versomilitud a través de ese "yo lo vi" porque realmente es lo que el lector está demandando para creer la historia contada. Porque la razón última de lo fantástico-borgeano se sostiene en la necesidad de ser creído, o al menos en su verosimilitud.

Los elementos religiosos y ficcionales se aúnan para crear una parodia en la que existen varios Mahomas.

TERCERA PARTE

A MODO DE CONCLUSIÓN: EL LECTOR BORGES Y SUS ENTES DE FICCIÓN

Antes que escritor, Borges siempre se consideró lector: "Un libro, cualquier libro, es para nosotros un objeto sagrado"[336]. Es más, su escritura no dejó de ser una forma de transgredir aún más sus lecturas, un apéndice de la lectura. Una especie de quebrantamiento o desobediencia de esa voluntad de lector. Sus lecturas siempre estaban sumergidas en su escritura y esta nacía de aquellas. ¿Qué habría sido del escritor Borges sin las lecturas precedentes, sin las intertextualidades, sin ese reguero de citas y alusiones, imitaciones y frases textuales? Quizá porque la lectura era una forma de conectar con el pasado, de saber qué fuimos y hacia dónde iríamos. De ahí la imposibilidad de anularlo mientras los libros tuvieran vigencia y Borges deseaba conectar con ese pasado y acaso sentirse parte de su creación, como el Dios de la novela Niebla de Unamuno. Acaso porque la existencia del mismo, como dijo Mallarmé, dependiera de los libros precedentes: El mundo existe para llegar a un libro. Y esta imposibilidad de luchar contra lo evidente, la función del libro en la historia, impidió al emperador chino Shih Huan Ti, su propósito: quemar todos los libros anteriores. Ante la imposibilidad, afirmó: "Los hombres aman el pasado y contra ese amor nada puedo"[337]. Que, en el fondo, opinaba como Paul Valéry cuando afirmaba que la historia de la literatura debería ser la historia del espíritu.

Borges se consideraba un «lector hedónico» que leía por mero

336 Borges, "Del culto de los libros", Obra completa, vol. 2, op. cit., p. 229.
337 Borges, "La muralla y los libros", Obra completa, vol. 2, op. cit., p. 133.

placer y en absoluto mediatizado por un sentimiento de deber sino por el mero hecho de la lectura deleitable:

> Ni probé fortuna dos veces con autor intratable, eludiendo un libro anterior con un libro nuevo, ni compré libros —crasamente- en montón[338].

Y uno de los elementos que más admiró siempre en ellos fue la imaginación. Consideraba que en ella radicaba una de las grandes ausencias de la literatura argentina, su falta de imaginación, aplicable también a la vida cotidiana. Lo que le llevó a apuntar tras reflexionar sobre "La perpetua carrera de Aquiles y las tortuga": "Aceptemos el idealismo"[339]. Y la aceptación definitiva de que el mundo "requiere irrealidades visibles".

De hecho, nunca se animó a escribir una novela extensa. Decía que no eran necesarias tantas palabras para decir unas cuantas ideas. También hubo reparos a la escritura. Inmerso en una época dominada por las vanguardias, Borges entendía que su mundo no podría ya ser el realismo decimonónico ni tampoco esos efluvios juveniles indiciarios de comienzos de siglo. Y optó por un modelo de literatura en la que se sustanciaban dos elementos aparentemente contradictorios (realidad/fantasía) que él llevaba a una perfecta imbricación a partir de procesos escriturales mágicos, metafísicos o intertextuales. Aunque en una tardía fecha como 1970 dijera en el "Prólogo" de El informe de Brodie que sus cuentos eran realistas:

338 Borges, "Paul Groussac", Obra completa, vol. 1, op. cit., p. 77.
339 Borges, "La perpetua carrera de Aquiles y la tortuga", Obra completa, vol. 1, op. cit., p. 98.

Observan, creo, todas las convenciones del género, no menos convencional que los otros y del cual pronto nos cansaremos o ya estamos cansados.[340]

Sin embargo, todos sabemos que lo fantástico ocupó gran parte de su literatura y esa apariencia realista en la invención de hechos circunstanciales solo fue la puesta en escena de su visión profunda de la realidad en la que tenía cabida lo fantástico con tanta o más fuerza que lo "real". Él propone una revisión de la literatura de principios del XX según unos cánones propios en los que se muestra la fusión perfecta entre lo fantástico y lo real. Y esa declaración de El informe Brodie es una contradicción con el proceso narrativo anterior dominado por lo fantástico. Así dirá Méndez:

Una aparente contradicción con todo el aparato fantástico que había venido desarrollando, no sólo en sus narraciones, sino incluso en sus ensayos, algunos de los cuales fueron presentados bajo esta denominación, cuando en realidad se trataban de ficciones, como por ejemplo en "El atroz redentor Lazarus Morell" y otros artículos de este tipo, donde Borges abruma al lector con citas y referencias eruditas que muchas veces sólo existen en su imaginación[341].

Sin embargo, sí hay elementos fantásticos en los cuentos de El informe Brodie, solo que están imbricados en la realidad como hechos más de tipo extraordinario o acontecimientos al límite. Ahí está la variante de los años 70; en cambio, cuando en

340 Borges, "Prólogo" de. El informe de Brodie, op. cit., p. 373.
341 L. M. Méndez, "Borges y su incursión en la literatura realista", [en línea], Dirección URL: < httpwww.letralia.com/ed_let/borges/ensayo/mendez.htm> (Consultado el día 11 de julio de 2010).

1932 proponía "La penúltima versión de la realidad", afirmaba claramente que, aparte del espacio y el tiempo, para penetrar en esta dimensión "es necesario profundizarla". Y esa profundidad, indefectiblemente, lo hará llegar a lo fantástico que, unas décadas antes, había estado de moda de la mano de madame Blavatsky y el ocultismo finisecular. Y en la complementaria "La postulación de la realidad" alababa a Cervantes, su "notoria ineficacia", porque consideraba que la "imprecisión es tolerable o verosímil en literatura, porque a ella propendemos siempre en la realidad"[342]. Y el concepto de la realidad, en consecuencia, admitía matices diversos como un concepto cercano a "la confianza" (que lo situaríamos próximo a la verosimilitud, quizá) para anteponerlo a los textos románticos que se caracterizaban por "el énfasis o la mentira parcial". Entonces Borges creía en una realidad compleja, y sus textos a la sazón lo eran, como los de la Historia universal de la infamia. De ahí su defensa de las "exasperadamente verosímiles" obras de Defoe o las "novelas imaginativas" de Wells. En consecuencia, postulaba en su momento lo mágico como el elemento trascendente del relato:

> Procuro resumir lo anterior. He distinguido dos procesos causales: el natural, que es el resultado incesante de incontrolables e infinitas operaciones; el mágico, donde profetizan los pormenores, lúcido y limitado. En la novela, pienso que la única posible honradez está con el segundo. Quede el primero para la simulación psicológica[343].

Durante muchos años su refugio fue la literatura de aventuras y la filosofía. Lector de Roberto Arlt, de Hernández y su Martín

342 Borges, "La penúltima versión de la realidad", Obra completa, Vol. 1, op. cit., p. 61.
343 Ibidem, p. 76.

Fierro, Kipling[344], Chesterton, la literatura inglesa de aventuras de los siglos XVIII y XIX, la literatura barroca española, especialmente Quevedo y Cervantes, la literatura oriental (fundamentalmente Las 1001 y una noches), la Biblia y los libros sagrados, El Corán… eran su mundo.

De hecho el primer libro publicado en prosa es de 1932, Discusión, ya una edad avanzada para un escritor, un ensayo en el que aborda los grandes símbolos de la literatura argentina, el concepto de realidad y lector, la idea en torno a las versiones y las traducciones, la poesía de Whitman o el destino de Flaubert:

> El acto de leer es el acto de aceptar una mentira, tratando de fingir a fondo para lograr algo que fuera lo más parecido a la verdad, aún con trampas, como las citas falsas de autores que nunca existieron[345].

En cualquier caso, lo que nos demuestra Historia universal de la infamia es el amor que Borges sintió siempre por el libro, por la lectura. Él se consideraba antes buen lector que escritor, y este amor por el libro, la base de todas las historias que se cuentan aquí, nace de esa profunda pasión y de aquel principio que puso de moda Mallarmé cuando decía que El mundo existe para llegar a un libro:

> El hombre que lo ejecutó era asaz desdichado, pero se entretuvo escribiéndolo; ojalá algún reflejo de aquel placer alcance a los lectores[346].

344 De quien decía en "Prólogo" de El informe de Brodie que sus últimos relatos superaban sin duda a los de James y Kafka, y eran "lacónicas obras maestras", p. 371.
345 Ramírez, "Primeras", op .cit.
346 Borges, "Prólogo", op. cit. p. 150.

Pero, en última instancia, estos escritos de Borges deben ser vistos como una síntesis entre los manjares del gran lector que siempre fue, los rudimentos de la erudición, el proceso de simbiosis entre géneros (que algunos en el momento actual lo dan como una novedad, ¡qué ironía!) y la capacidad de seducción del lenguaje como hecho creador máximo: «La simple lectura nos plantea la dificultad de decidir dónde Borges se atiene a la verdad y dónde la falsea»[347].Se trataba de relecturas (para Borges lo fundamental fue siempre el placer de la relectura) de Stevenson, Chesterton[348] y los primeros films de Von Sternberg[349] con las aportaciones de la biografía de Evaristo Carriego…

Esa trascendencia de la lectura se precisa a través de un aire historiográfico que le da a algunos fragmentos de sus relatos, que parecen sacados directamente de una disertación de erudición. Supo convertir a los infames en préstamos para él rescribir la historia, subvertirla, tergiversarla, trasladarla a otros límites y procesos escriturales. La lectura fue el sustento y la recreación como forma de escritura final borgeana.

La 'infamia', en consecuencia, es la creación de textos originales a espaldas de otros originales también, formando así una cadena infinita de textos, una red dialógica[350]. Y él actuó también como una especie de traductor, tergiversador, relector, escritor, como hizo Cervantes en El Quijote. Porque como afirmaba Bacon, al que cita en "Del culto de los libros":

La historia universal es una Escritura Sagrada que desciframos y escribimos inciertamente, y en la que también nos escriben

347 Rey, "Polifonía", op. cit.
348 Borges, "Sobre Chesterton" op. cit., pp. 205-208.
349 Servelli, "Mirando", op. cit.
350 Toro, "Jorge", op. cit., p. 115.

(…) La historia es un inmenso texto litúrgico, donde las iotas y los puntos no valen menos que los versículos o capítulos íntegros, pero la importancia de unos y de otros es indeterminable y está profundamente escondida (L´ame de Napoleon, 1912). El mundo, según Mallarmé, existe para un libro; según Bloy, somos versículos o palabras o letras de un libro mágico, y ese libro incesante es la única cosa que hay en el mundo: es, mejor dicho, el mundo[351].

En esa estela libresca incide en lo que la historia de la literatura ha atesorado, como una intensificación y extensión de lo hagiográfico, lo histórico, lo sociológico o lo meramente literario e imaginado por sus dotes fantásticas. Un libro en el que nos escriben y en donde escribimos. Como creadores y creados. El universo es un libro y Borges se basa en los modelos de malhechores para crear sus propios modelos que ya son definitivamente Borges. Actúa librescamente. Al comienzo más como lector[352] que como escritor, aunque a resultas conforme su propio mundo: "Toda su experiencia es una experiencia leída, no vivida, extraída de las páginas de los libros"[353].

A través del principio rector del "anacronismo deliberado", su afán por distraer y conmover, crea el asombro literario, producto de la libertad creadora y las técnicas del narrador intruso y distante o la persona interpuesta. De ahí la dependencia de Cervantes en el terreno estrictamente personal y en la creación propia, en sus juegos literarios, en sus ocultaciones, en sus despechos y alianzas entre lo ensayístico y literario, intentando variantes de tipo formal o psicológico.

351 Borges, "Culto", op. cit., p. 233.
352 Cordua, "Borges", op. cit..
353 Ruiz Pérez, "Borges", op. cit. p. 113..

De ese afán literario, de ese afán de lector también surge su cercanía a Quevedo, en el conceptismo lingüístico, a Stevenson del que admiraba su prosa, a Schwob, a Chesterton y un largo etcétera.

El Borges lector es, como Pierre Menard, el autor de una obra que ya existía. Si Pierre Menard quería crear El Quijote y no «otro Quijote»: "Su admirable ambición era producir unas páginas que coincidieran –palabra por palabra y línea por línea- con las de Miguel de Cervantes", Borges quiso hacer algo parecido en su Historia universal de la infamia[354,] con el sustento de la lectura como instrumento o pilastra creadora. Para ello Menard, siguiendo la suprema ironía de Borges, debe primero conocer bien el español, recuperar la fe católica y ser Miguel de Cervantes. Y, entre ironías y veras, van apareciendo una serie de problemas que estarían en la mente del Borges creador cuando toma la determinación de instaurar los relatos de Historia universal de la infamia, pues casi todos ellos venían avalados por el conocimiento de unos precedentes. Borges conocía ya las historias. Igual que Menard conocía El Quijote de Cervantes. Y así dirá Menard:

> Mi problema es harto más difícil que el de Cervantes. Mi complaciente precursor no rehusó la colaboración del azar: iba componiendo la obra inmortal un poco *à la diable*, llevado por inercias del lenguaje y de la invención. Yo he contraído el misterioso deber de reconstruir literalmente su obra espontánea. Mi solitario juego está gobernado por dos leyes polares. La primera me permite ensayar variantes de tipo formal y psicológico; la segunda me obliga a sacrificarlas al texto "original" y a

354 Borges, "Pierre Menard, autor de El Quijote", Obra completa, vol. 1, p. 334.

razonar de un modo irrefutable esa aniquilación… A esas tra-
bas artificiales hay que sumar otra, congénita[355].

Menard plantea un problema muy importante como es el de
la creación cuando se trata de construir una obra sobre un precedente. Obrar sobre fragmentos, obrar sobre expolios, sobre
lecturas… como obra Borges al construir sus relatos de Historia
universal de la infamia. De ahí esas variantes de tipo formal, a
las que alude, o de tipo psicológico, pero también la impronta
del texto original. Sobre Borges caerá el ruido de la recepción o
de la interpretación, sobre su adecuación o no a los materiales
originales de sus obras o hasta dónde llega el débito de estas.
Menard proscribía en sus obras el color local, también lo hace
Borges, buscando un nuevo sentido al cuento.

Y algo muy importante que le acaece a Menard y corre también paralelo a Borges en torno a las ideas desarrolladas en una
obra. Se ha visto en la obra de Cervantes una subordinación del
autor a la psicología del héroe, sobre todo en el "hábito resigna-
do o irónico de propagar ideas que eran el estricto reverso de
las preferidas por él"[356]. Esto es muy frecuente en El Quijote y
ante ello Menard lleva a cabo una interpretación más ambigua y
ahí radica su riqueza. Algo similar a lo que haría Borges en
Historia universal de la infamia: no es sospechoso de estar en la
misma línea de sus héroes, como Lazarus Morell o la viuda
Ching. Pero existe una ambigüedad que genera riqueza, un
juego literario novedoso, una voz literaria diferenciada, rica y
nueva. Un proceso que llevaron a cabo Menard-Borges que
tenían como principios los trasladados a sus obras literarias:

---

355 Ibidem, p. 336.
356 Ibidem, , p. 337.

Pensar, analizar, inventar (me escribió también) no son actos anómalos, son la normal respiración de la inteligencia. Glorificar el ocasional cumplimiento de esa función, atesorar antiguos y ajenos pensamientos, recordar con incrédulo estupor lo que el doctor universales pensó, es confesar nuestra languidez o nuestra barbarie. Todo hombre debe ser capaz de todas las ideas y entiendo que en el porvenir lo será. Menard (acaso sin quererlo) ha enriquecido mediante una técnica nueva el arte detenido y rudimentario de la lectura: la técnica del anacronismo deliberado y de las atribuciones erróneas[357].

La filosofía que encierra este texto aplicada a Menard era la misma de la que se sentía partícipe Borges, cuya "humildad" le impedía hablar de modo directo al reconocer sus valores propios como literato creador de la deliberada técnica del anacronismo y de las atribuciones erróneas. De ello está plagada toda su obra. Todo ese conjunto bibliográfico que ha inventado para la literatura desde su afán de lector que crea. La eficacia de una página, en consecuencia, es un proceso en el que cuentan muchos componentes, las lecturas iniciales, los mecanismos de creación y las habilidades aparentes del escritor, no solo el argumento.

Como decíamos anteriormente y siguiendo a Valéry, sostenía que más que hablar de Historia de la literatura convendría hablar de Historia del Espíritu como productor o consumidor de literatura. Noción que lleva indefectiblemente y como cuentas de un rosario a otras como la unicidad del concepto de literatura, la literatura como lo esencial (y no los escritores), el valor

357 Ibidem, 339.

ecuménico de esta y su relación con el sentido de la copia y la creación personal, así como el valor de la lectura como precedente en la génesis de cualquier texto literario.

Existiría en palabras suyas un transcriptor (translator[358], según alguna terminología o el concepto de sincretismo) de una fuente histórica (pero es una fuente no aclarada, no mostrada) lo que produce dudas en torno a su autenticidad, convirtiéndose así el escritor en una especie de mediador. Y observamos que Borges es organizado, contenido, remiso a la expansión literaria y sumiso al original, ofreciendo pocas novedades y sí bastante fidelidad al modelo inicial tomado librescamente. Y se vale en todo ello de la ironía, el desdoblamiento de los procesos significativos, las recreaciones, las deformaciones, las aportaciones novedosas, las ambigüedades, el retorcimiento del proceso creador hasta crear un nuevo elixir literario:

> "Pormenores lacónicos de larga proyección", esto es, momentos privilegiados de una narración que disponen una concatenación de motivos donde las justificaciones verosímiles ceden su función a un ordenamiento mágico, "donde profetizan los pormenores[359].

La alianza entre la literatura anterior y la suya propia, la trascendencia del intertexto y el subtexto en toda su producción, este juego de alianzas que a su vez genera otros textos diferentes partiendo de la idea de que la realidad presenta una singladura caótica y la literatura ha de crear un orden determinado y

---

358 Algunas de las obras ensayísticas sobre Borges llevan en su título y en su interior esa voluntad, como, por ejemplo, E. Kristal, Invisible work. Borges and Translation, Vanderbilt University Press, 2002.

359 Servelli, "Mirando", op. cit.

fuerza una nueva literatura, la eliminación de lo complementario o lo innecesario y la predisposición a un lenguaje de enorme elevación literaria. Es la voz de Borges.

Tampoco se puede olvidar en esta capacidad de creación de Borges la técnica de la síntesis y el resumen, la reducción a la mínima expresión de una historia que lleva implícita. Algunas técnicas para causar en el lector un impacto más visual que psicológico, especialmente las enumeraciones heteróclitas (que recurren a elementos de un ambiente determinado que no guardan entre sí otra relación que no sea sintáctica), la ruptura de la continuidad narrativa, y la reducción de una vida a dos o tres escenas emblemáticas. Algunas de esas técnicas —el uso de enumeraciones heteróclitas y el rompimiento de la continuidad narrativa— deben mucho a Stevenson. También el valor de lo apócrifo, como elemento que provoca la credibilidad de su escritura, que, como recuerda Aguinis, tenía la singularidad de las muñecas matrioskas y permite que la realidad se encierre en matices que la tornan irreal, con lo cual se disuelven las fronteras entre vigilia y sueño. Aporta en su invención indefectiblemente la restauración, renovación o recreación literaria (el refrito al que se refería Abós) creando un nuevo producto. Finalmente y a veces, como a Stevenson, se le critica que haya reducido la vida real a una imagen atenuada e imprecisa.

BIBLIOGRAFÍA

BIBLIOGRAFÍA DEL AUTOR

BORGES, J. L.: Historia universal de la infamia, Prosa completa, Bruguera, Barcelona, Vol. 1, 1980.

—-: "Sobre los clásicos", Prosa completa, Bruguera, Barcelona, Vol. 1, 1980.

—-: "Pierre Menard, autor de El Quijote", Prosa completa, Bruguera, Barcelona, Vol. 2, 1980.

—-: "La supersticiosa ética del lector", Prosa completa, Bruguera, Barcelona, Vol. 1, 1980.

—-: "Borges y yo", Prosa completa, Bruguera, Barcelona, Vol. 2, 1980.

—-: "Del culto de los libros", Prosa Completa, Bruguera, Barcelona, Vol. 2, 1980.

—-: "Prólogo a la edición de 1954", Prosa completa, Bruguera, Barcelona, Vol. 1, 1980.

—-: "La duración del infierno", Prosa Completa, Bruguera, Barcelona, Vol. 1, 1980.

—-: "Sobre Chesterton", Prosa completa, Bruguera, Barcelona, Vol. 2, 1980.

—-: "La flor de Coleridge", Prosa completa, Bruguera, Barcelona, vol. 2, 1980.

—-: "Nathaniel Hawthorne", Prosa Completa, Bruguera, Barcelona, vol. 2, 1980.

—-: "La supersticiosa ética del lector", Prosa completa, Bruguera, Barcelona, vol. 1, 1980.

——: "El muerto", Prosa Completa, Bruguera, Barcelona, Vol. 2, 1980.

——:"Prólogo", Prosa Completa, Bruguera, Barcelona, Vol. 1, 1980.

——: "Historia", Prosa completa, Bruguera, Barcelona, Vol. 2, 1980.

——: "Magias parciales del Quijote", Prosa completa, Bruguera, Barcelona, vol. 2, 1980.

——: Historia de la eternidad, Prosa completa, Bruguera, Barcelona Vol. 1, 1980.

——: "Quevedo", Prosa completa, Bruguera, Barcelona, vol. 2, 1980.

——:"Los teólogos", Prosa completa, Bruguera, Barcelona, vol. 2, 1980.

——:"El aleph", Prosa completa, Bruguera, Barcelona, vol. 2, 1980.

——:"El zahir", Prosa completa, Bruguera, Barcelona, vol. 2, 1980.

——: "Historia del guerrero y la cautiva", Prosa completa, Bruguera, Barcelona, vol. 2, 1980.

——:"Hombre de la esquina rosada", Prosa completa, Bruguera, Barcelona Vol. 1, 1980.

——: "Historia de Rosendo Juárez", Prosa completa, Bruguera, Barcelona, vol. 2, 1980.

——: "El sueño de Coleridge", Prosa completa, Bruguera, Barcelona, vol. 2, 1980.

——: "El espejo de tinta" Prosa completa, Bruguera, Barcelona Vol. 1, 1980.

——: "La muralla y los libros", Obra completa, Bruguera, Barcelona, vol. 2, 1980.

——: "Paul Groussac", Obra completa, Bruguera, Barcelona

Vol. 1, 1980.

——:"La perpetua carrera de Aquiles y la tortuga", Obra completa Bruguera, Barcelona Vol. 1, 1980.

——. "Prólogo" de El informe de Brodie, Obra completa, Bruguera, Barcelona, vol. 2, 1980.

——: "La penúltima versión de la realidad", Obra completa, Bruguera, Barcelona Vol. 1, 1980.

BIBLIOGRAFÍA ESPECÍFICA

ABELAR, I: Alegorías de la derrota: la ficción postdictatorial y el trabajo del duelo, Santiago de Chile, 2000.

ABÓS, A.: "Antes que Scorsese, Borges", La Nación, 7 de febrero de 2003.

AGUINIS, M.: "Borges enamora en Washington", La Nación, 26 de mayo de 2006.

ALFIERI, T.: "Jorge Luis Borges ante la condición humana", [en línea], Dirección URL: < http://www.ensayistas.org/critica/generales/C-H/argentina/borges.htm> (Consultado el día 3 de agosto de 2010).

ALMOND, I.: "Borges the Post-Orientalist: Images of Islam from the Edge of the West", MFS Modern Ficcion Studies, Vol. 50, num. 2, summer 2004, pp. 435-459.

ANDERSON IMBERT, E.: "Chesterton en Borges" [en línea] Dirección URL:<http://www.ucm.es/BUCM/revistas-/fll/02104547/articulos/ALHI7374110469A.PDF>. (Consultado el día 1 de noviembre de 2006), pp. 469-494.

ANGELO, B. D´: "Borges y las magias del Quijote", www.interletras.com.br., vol. 1, núm. 5, julio-diciembre 2006.

ANJEL R, J. G.: "Borges y el tango", [en línea], Dirección URL: <http://www.taringa.net/posts/info/926679/Borges-y-el-tango.html> (Consultado el día 6 de septiembre de 2009).

ANNICK, L. : Jorge Luis Borges: œuvre et manœuvres, Paris, 1997.

BALDERSTON, D.: "El precursor velado: R. L. Stevenson en la obra de Borges" [en línea]Dirección
URL:<http://www.uiowa.edu/borges/bsol/db3.shtml

(Consultado el 8 -de enero de 2007).

BARROS-LÉMEZ, A.: "La infamia de Borges. Apuntes para otra historia posible", [en línea] Dirección URL: <http://letras-uruguay.espaciolatino.com/barros/las_infamias_de_borges.htm>. (Consultado el día 2 de septiembre de 2006).

BIANCHI, O.: "Hombre de la esquina rosada" [en línea] Dirección URL:

<http://www.todotango.com.ar/spanish/biblioteca/cronicas/jlborges.html> (Consultado el día 3 de septiembre de 2009).

BRAVO, V.: El orden y la paradoja. Jorge Luis Borges y el pensamiento de la modernidad, Beatriz Viterbo Editora, Rosario, 2004.

BOON SEO, Y. y MACÍAS, C.: "Sobre el suicidio y un cuento japonés de Borges", México y la cuenca del Pacífico, octubre-diciembre 1998, pp. 27-29.

—-: "Suicidios y/en un cuento de Borges", Sincronía, invierno 2001.

CARLO, I.: "Ideas de Jeca-Tatu. Borges sensacionalista", [en línea], Dirección URL:<ivancarlo.blogspot.com/2006_11_01_archive.html. (Consultado el día 4 de julio de 2006).

CHAMPION, P. : "Marcel Schwob et Stevenson", Revue Universelle, 10 de diciembre de 1926, pp. 528-541.

CHÁVEZ L E. Y CÓCERES, Mª B.: "El destino: un espacio abierto para la percepción simultánea de posibilidades textuales" en XI Jornadas Nacionales de Literatura Francesa, del 13 al 15 de mayo de 1998, Santa Fe, Argentina, p. 338.

CORDUA, C.: "Borges y los servicios de la palabra" Borges Studies Online. On line. J. L. Borges Center for Studies & Documentation, [en línea] Dirección

URL:<http://www.uiowa.edu-/borges/bsol/cordua.shtml>. (Consultado el día- 3 de octubre de 2006).

COSTA, R. DE: "De cómo Borges escribe para divertir", La Raza, 17 de julio de 2005.

COZARINSKY, E.: Borges y el cine, Emecé, 2002.

DABOVE, J. P.: "Sobre algunas ficciones de violencia en la obra de J. L. Borges: bandidaje, melancolía, ley", Variaciones Borges, núm. 22, 2006, pp. 167-189.

DADON BENSEÑOR, J. R.: "Borges, los espacios geográficos y los espacios literarios", Scripta Nova. Revista electrónica de geografía y ciencias sociales, Universidad de Barcelona, 15 de julio de 2003, vol. VII, núm. 145. También [en línea] Dirección URL:<http://www.ub.es/geocrit/sn/sn-145.htm>, (Consultado el día 22 de noviembre de 2006).

DIZ, M. A. : "El brujo de Toledo, Borges y don Juan Manuel", MLN, Vol. 100, núm. 2, Hispanic Issue (1985), pp. 281-297.

ESCUDERO MARTÍNEZ C. Y HERNÁNDEZ VALCÁRCEL, M. C. : Acercamiento a lo literario. Guía de lectura, Aula de Mayores, Universidad de Murcia, 2005.

ESTAÑOL, B.: "Jorge Luis Borges, ¿escritor realista?", [en línea] Dirección URL:<http://www.revistadelauniversidad.un am.mx/2506/pdfs/89-98.pdf>. (Consultado el día 15 de septiembre de 2006).

FUSTER LAVIN, A.: "Los cuchilleros de Borges, por detrás del film Pandillas de New York" [en línea] Dirección URL: <http://www.elconfesionario.net/noticias/282.htm>. (Consultado el día 23 de noviembre de 2006).

GARGAN, E. A.: "Jorge Luis Borges, a master of fantasy and fable, is dead", New York Times, June 15, 1986.

GALLO, M.: "Unidad y dispersión del héroe épico en

Historia universal de la infamia, de Jorge Luis Borges", El ojo en el caleidoscopio (P. Brescia y E. Romano, coords.), Universidad Nacional Autónoma de México, México D. F., pp. 241-242.

GAMERRO, C.: "Borges y los anglosajones" [en línea] Dirección URL:< http://www.udesa.edu.ar/files/ Events /archivos/Gamerro-Borges-y-los%20anglosajones.pdf.>. (Consultado el día 19 de diciembre de 2006).

GAUTHIER, B. ET GEFEN, A.: "Chronologie" [en línea] Dirección URL:<http://www.marcelschwob.org/Articles /116/chronologie>.(Consultado el 2 de julio de 2006).

GIL GUERRERO, H.: Poética narrativa de Jorge Luis Borges, Madrid, 2008.

GIL NAVARRO, H.: "Poética de Historia universal de la infamia", In memoriam. Jorge Luis Borges (Rafael Olea Franco, Editor), El Colegio de México, Centro de Estudios Lingüísticos y Literarios, México, 2008, pp. 55-78.

GIORDANO, A.: "La creación de una obra" [en línea] Dirección URL: <http://www.uiowa.edu/borges/vb4/giordano.htm>. (Consultado el día 16 de septiembre de 2006).

GLANTZ, M.: "Borges: ficción e intertextualidad" [en línea] Dirección URL: <http://www.elortiba.org/borges.html#Hombre_de_la_esquina_ro-sada> (Consultado el día 16 de septiembre de 2006).

GÓMEZ, D.: "Borges, un amigo intelectual en castellano", Konvergencias literatura, núm. 5, 2007.

GONZÁLEZ M., I: "El título como programador de lectura en Hombre de la esquina rosada de J. L. Borges", Filología y Lingüística XXX (2), 2004, pp. 25-32.

GONZÁLEZ, C.: "Don Juan Manuel y Borges: 'El gran maestro de Toledo' y 'El brujo postergado', dos versiones de un ejemplo", Ínsula, núm. 371, 1977, pp. 1 y 14.

GOTSCHILICH G.: "Lectura borgeana de la literatura gauchesca: ensayos y cuentos" [en línea] Dirección URL:<http://www2.cyberhumanitatis.uchile.cl/16/tx1.html>. (Consultado el día 19 de septiembre de 2006).

HINIARE: "Lo que Borges me contó sobre Swedenborg", [en línea], Dirección URL<http://lamanoblancadelaluna.blogspot.com/2010/02/lo-que-borges-me-conto-de-emanuel.html> (Consultado el día 12 de marzo de 2010).

JENCKES, K.: Reader Borges after Benjamín. Allegory, afterlife, and the writing of history, State University of New York Press, 2007.

KEFALA, E.: Peripheral (post) Modernity. The syncretist aesthetics of Borges, Piglia, Kalokyris and Kyriakidis, Ed. Peter Lang, 2007.

KLEINGUT DE ABNER, B.: Marcel Schwob, Jorge Luis Borges: marginalidad y trascendencia, San Juan: Universidad Nacional de San Juan, 2006.

KRISTAL, E.: Invisible work. Borges and Translation, Vanderbilt University Press, 2002.

LYON, T. E.: "Borges y el narrador (casi) personal y (casi) omnisciente", Revista chilena de literatura, núms. 5-6, 1972, pp. 60-61.

LONA, H. E.: "Borges, la gnosis y los gnósticos, una aproximación a Tlon, Uqbar, Orbis Tertius", Variaciones Borges, 1 enero de 2003.

MARTÍNEZ, T. E.: "Ficciones verdaderas" en Letras Libres, núm. 46, julio 2005, también recogido [en línea] Dirección URL:<http://www.revistasculturales.com/articulos/91/letras-libres/382/4/ficciones-verdaderas-html> (Consultado el día 16 de marzo de 2006).

MÉNDEZ, L. M.: "Borges y su incursión en la literatura realista" [en línea] Dirección URL:< http://www.letralia.com/ed_let/borges/ensayo/mendez.htm> . (Consultado el día 3 de enero de 2007).

MERINO, R.: "Roger Charles Tichborne (1828-1854) y Tom Castro (1834-1898). Mortalmente parecidos", [en línea] Dirección URL: http://www.elmostrador.cl/modulos/noticias/constructor/detalle_noticia1.asp?id_noticia=55874>. (Consultado el día 3 de octubre de 2006).

MIDENCE, C.: "La imagen simbólica en Jorge Luis Borges: una aproximación a su propia realidad" [en línea] Dirección URL:<http://www.grupoese.com.ni/1999/bcultural/112/imagen112.htm>. (Consultado el 19 de septiembre de 2006).

MONROY, E.: "Borges, el arrabalero y el cuchillero", [en línea] Dirección URL: http://www.usergioarboleda. edu.co/ altus/ cultivarte_borges.htm (Consultado el día 24 de agosto de 2009).

NEYRA SÁNCHEZ, A: "Otros Borges (Crónicas desde Ginebra)" [en línea] Dirección URL: <http://www. elhablador.com/borges.htm> (Consultado el día 19 de agosto de 2009).

PAULS, A.: El factor Borges, Barcelona, 2004.

PELLICER, R.: "Historia universal de la infamia en la obra de Jorge Luis Borges", Oro en la piedra. Homenaje a Borges, Murcia, 1987, Consejería de Cultura, Educación y Turismo, Editora Regional de Murcia, 2008.

PENHA CAMPOS FERNANDES, M. DA: Jorge Luis Borges: la alegoría irónica y los sentidos de la historia (Un manual de iniciación), Ediçoes Ecopy, Porto, 2005.

PÉREZ BERNAL, R.: Borges y los arquetipos. Interpretación de tres textos de El aleph según la teoría junguiana, Plaza y Valdés S. A. de C. V. y Universidad Autónoma del Estado de México, 2002.

PÉRSICO, E.: "El compadrito Borges", [en línea] Dirección URL: <http://www.elortiba.org/persico5.html> (Consultado el día 3 de septiembre de 2009).

PIÑEYRO, J. C.: "La degradación de Swedenborg en el discurso borgeano", [en línea], Dirección URL: < http://www.letralia.com/ed_let/borges/ensayo/pineyro.htm> (Consultado el día 15 de octubre de 2009).

PUENTE, G. S.: La lírica japonesa y Jorge Luis Borges, Buenos Aires, La Luna Que, 1999.

QUESADA, R. (Trad.): "Paul le Man. La lección del maestro", La Jornada Semanal de New York Review of Books, 22 de agosto de 1999.

RAMÍREZ, S.: "Primeras letras con Borges", Encuentro Borges y yo, Buenos Aires, Argentina, 8-11 de junio de 1990.

REBOK, M. G.: "Entre el espejo y el sueño", Criterio, núm. 2243, septiembre 1999.

REY, E.: "Polifonía y contrapunto en la narrativa de Jorge Luis Borges" [en línea] Dirección URL
: <http://www.lehman.crit 04.htm> (Consultado el día 13 de diciembre de 2006).

REY BECKFORD, R.: "Jorge Luis Borges: el sentido de la violencia" [en línea] Dirección URL:<http://www.lehman.cuny.edu/ciberletras/v1n1/crit_05.htm>. (Consultado el día 8 de agosto d e 2006).

RUIZ PÉREZ, P.: "Borges, hacedor de ficciones. Una guía del laberinto", Cuenta y Razón, núm. 25, diciembre 1986, pp. 113-130.

S/A: Sefer Ja Zohar, [en línea], Dirección URL: <http://www.angeldelaguarda.com.ar/zohar_espaniol/Zohar.

pdf> (Consultado el día 1 de agosto de 2010).

S/A: "Hombre de la esquina rosada", [en línea] Dirección URL: < http://wapedia.mobi/es/Hombre_de_la_esquina_rosada#6.> (Consultado el día 5 de septiembre de 2009).

SARLO, B.: "Introducción a El informe de Brodie" [en línea], Dirección URL: http://www.uiowa.edu/borges/bsol/bsbrodie.shtml (Consultado el día 30 de agosto de 2009):

SERVELLI, M. F.: "Mirando al sesgo: el cine en el texto borgeano", Everba, 2002-2003, pp. 81-96.

SPIELMANN, E.: "Borges y Fuentes, autores y lectores del Quijote, a propósito de un homenaje en el IV centenario", Revista de Crítica Literaria Latinoamericana, año XXXI, núm. 62, 2º semestre de 2005, pp. 237-249.

SORRENTINO, F.: "Cuando el cuchillero se hizo futbolista", [en línea]. Dirección URL: <http://www.ucm.es/info/especulo/numero21/cuchille.html> (Consultado el día 2 de septiembre de 2009).

TEDIO, G.: "El relativismo de las visiones en la narrativa de Jorge Luis Borges" [en línea] Dirección URL:<http://www.ucm.es/info/especulo/numero20/relativi.html>. (Consultado el día 3 de noviembre de 2006).

TORO, A. del: "Cervantes, Borges y Foucault: la realidad como viaje a través de los signos", conferencia pronunciada el 8 de 1993 en Ibero-Amerikanischen Forschungsseminar de la Universidad de Hamburgo. También en Zeitschrift für Ästhetik und Allgemeine Kunstwissenschaft 2, 39 (1994), pp. 243-259.

——: "Jorge Luis Borges o la literatura del deseo: descentración-simulación del canon y estrategias posmodernas", Taller de Letras, núm. 39, 2006, pp. 101-126.

——: "La 'literatura menor', concepción borgesiana del

'Oriente' y el juego con las referencias. Algunos problemas de nuevas tendencias en la investigación de la obra de Borges", Iberoromania, Heft 53 (2001), S. 68-110. También [en línea], Dirección URL: http://www.uni-leipzig.de/~detoro/sonstiges/borgoriente.htm> (Consultado el día 3 de enero de 2010).

WAISMAN, S. G.: Borges and translation. The irreverence of the periphery, Associated University Presses, Danvers, Massachussetts, 2005.

VÁZQUEZ, M. E.: "Se lanza el primer libro de relatos de Borges", La Nación.com, 28 de agosto de 2005.

VÁZQUEZ, Mª. E.: "Borges, sus días y su tiempo", Javier Vergara Editor, 1984, reproducido también [en línea] Dirección URL: http://www.literatura.org/Borges/Borges_dichos.html> (Consultado el día 10 de agosto de 2006).

WEISS, T.: "Mystery in a jellabah: Cultural worlds in Borges´s Historia Universal de la infamia", Analecta Husserliana, Mystery in its passions. Literary explorations (Anna-Theresa Tymieniecka, edit.), Kluwer Academia Publishers, Netherlans, vol. LXXXII, 2004.

BIBLIOGRAFÍA GENERAL

AVALLE-ARCE, J. B.: Las novelas y sus narradores, Ediciones del Centro de Estudios Cervantinos, Madrid, 2006.

BETANCUR GARCÉS, A.: Aproximación semiótica a la narrativa, Colombia, 2005.

BERG W. B. Y SCHÄFFAUER, M. K.: Oralidad y argentinidad: estudios sobre la función del lenguaje hablado en la literatura argentina, Tübingen, 1997.

BOBES NAVES, J.: "El valor semántico del tiempo en el cuento de don Illán, de don Juan Manuel", Archivum, núm. 36, 1986, pp. 163-185.

COVADLO, L.: "Identidad e impostura" [en línea] Dirección URL:<http://www.lacoctelera.com/imag/ed/otro65x65.png> . (Consultado el día 19 de octubre de 2006).

GALVÁN, L.: "Horizontes de lectura en el ejemplo XI del Conde Lucanor", RFE, núm. LXXXIV, 2004, p. 298.

GONZÁLEZ ECHEVERRÍA, R.: "Oye mi son: el canon cubano", Encuentro de la Cultura Cubana, núm. 33, verano 2004, pp. 5-18.

JOLLES, A.: Einfache Formen, Halle, Max Niemeyer, 2ª ed., 1956.

MERINO, R.: "Roger Charles Tichborne (1828-1854) y Tom Castro (1834-1898). Mortalmente parecidos", [en línea] Dirección URL: http://www.elmostrador.cl/modulos/noticias/constructor/detalle_noticia1.asp?id_noticia=55874>. (Consultado el día 3 de octubre de 2006).

ROAS DEUS, D.: La recepción de la literatura fantástica en la España del siglo XIX, Universidad de Barcelona, 2000.

S/A, "La Argentina en los mitos de Borges", Cuadernos Hispanoamericanos, núm. 505-507, julio-septiembre 1992, p. 403.

SCHOPENHAUER, A.: La estética del pesimismo. El mundo como voluntad y representación, (Ed. de José Francisco Ivars), Barcelona, 1976.

SCHWOB, M.: "Préface", Vies imaginaires [en línea] Dirección URL:< http://www.marcel-schwob.org /Oeuvres/ 170/vies-imaginaires>. (Consultado el 4 de junio de 2006).

TROIANO, F.: "Amor y guerra", [en línea] Dirección URL:< http://www.italica.rai.it/esp/principales/temas/cine/paraventi.htm>. (Consultado el día 23 de noviembre de 2006).

TULLIO, A. DI: "El idioma de los argentinos: cultura y discriminación", [en línea], Dirección URL: < http://www.lehman.edu/ciberletras/v06/bordelois.html> (Consultado el día 7 de septiembre de 2009).

VALLVEY, A.: "La pirata del mar de China", El País, 24 de agosto de 2005.

VERES, L.: "El marco de la ficción en la Brevísima relación de la destrucción de las Indias de Fray Bartolomé de las Casas" [en línea] Dirección URL: <http://www.ucm.es/info/especulo/numero9/bcasas.htm>. (Consultado el día 2 de agosto de 2006).

WEISGERBER, J. : Le Réalisme magique, Éditions L´Age D´Homme, 1987.

WEISS, T.: Translating Orients, University of Toronto, 2004.